© Norma Bengell, 2014

Todos os direitos de publicação reservados à nVersos Editora.

Diretor Editorial e Diretor de Arte	Julio César Batista
Editora Assistente	Letícia Howes
Editor de Arte	Athila Pereira Pelá
Capa, Projeto Gráfico e Editoração	Henrique Barsali
Preparação	Ana Paula Ferraz de Oliveira
Revisão	Alan Bernardes Rocha
Assistente Editorial	Renan Cyrillo

Dados Internacionais de Catalogação na Publicação (CIP)
(Câmara Brasileira do Livro, SP, Brasil)

Bengell, Norma, 1935-2013.
  Norma Bengell / São Paulo : nVersos, 2014.

Bibliografia.
ISBN 978-85-64013-68-1

1. Atrizes - Brasil - Autobiografia 2. Bengell, Norma, 1935-2013 3. Cinema - Brasil I. Título.

14-00536   CDD-792.028092

Índices para catálogo sistemático:

1. Atrizes brasileiras : Autobiografia 792.028092

1ª edição – 2014
Esta obra contempla
o novo Acordo
Ortográfico da Língua
Portuguesa
Impresso no Brasil
Printed in Brazil

nVersos editora
Av. Paulista, 949, 9º andar
01311-917 – São Paulo – SP
Tel.: 11 3382 3000
www.nversos.com.br
nversos@nversos.com.br

Os créditos e direitos autorais das imagens 11, 12, 18, 37, 46, 67, 69, 70, 72, 74 e 91 do caderno de imagens, das fotos das páginas 1 e 7, bem como daquelas creditadas como "Acervo pessoal", ficam reservados aos titulares que comprovadamente detenham os direitos sobre elas. A Editora envidou todos os esforços para localizar os autores das fotografias, sem sucesso.

Algumas pessoas citadas nesta obra tiveram seus nomes substituídos por fictícios, a fim de preservar a sua privacidade.

Cinema

Não, nada de pedidos
Não me peçam culpas
Nem desculpas
Quem vive rápido
Morre rápido
Somos corajosos
Somos covardes
Diante do dever
Corajosos
Entre a vida
Entre a morte
Somos covardes
Heróis
Que me perdoem
Mas hoje estou
No dia de lutar
Pela vida
Já olhei tudo
As selvas de pedra
A pedra de selva
Tenho medo
Por isso não sou
Covarde
As câmeras?
Metralhadoras
Aquele cano preto
Desumano
Aquele cano preto
Documento
Da beleza, da miséria
Do amor, do desamor
Da denúncia visual poluição
Sonora defesa e acusação
Isto é cinema
Nada de muito papo
AÇÃO

Do livro *Mulheres da Vida*, de Leila Míccolis (org.),
São Paulo, Vertente Editora, 1978.

Norma Bengell

"Norma Bengell, com sua força de atriz, marcou uma época no nosso cinema, nos nossos shows, na nossa vida política. Tinha talento e coragem."

Fernanda Montenegro – atriz

"Conheci Norma Bengell quando filmei *Os Deuses e Mortos*, de Ruy Guerra, em 1970. Foi uma verdadeira escola. Uma rica experiência também foi dividir o palco com ela na peça *Os Convalescentes*, na montagem carioca."

Rose La Creta – diretora e montadora

"A partir dos anos 1960, Norma Bengell foi a cara, o corpo e a alma do cinema brasileiro."

Daniel Filho – diretor

"Estava filmando *Sagarana, o Duelo*, de Guimarães Rosa, em Colatina, Espírito Santo, quando recebi um telefonema de Paris. Era Norma Bengell, retransmitindo o convite de Alain Corneau para fazer *France S.A.* Que felicidade! Quando cheguei a Paris, pude ter a honra de vê-la representando uma peça de Marivaux, dirigida por Patrice Chéreau, o mais importante diretor de teatro da época, encenada no principal teatro francês, o TNP. Depois do espetáculo, fomos jantar com Régis Debray, celebrizado por ter lançado um livro sobre sua trajetória com Che Guevara, na Bolívia. No superlativo, 'Norminha, meu Bengell', como dizia Stanislaw Ponte Preta, me proporcionou um dos momentos mais felizes da minha vida!"

Joel Barcellos – ator

"Norma Bengell e José Wilker interpretam dois mendigos no filme *O Banquete*, de Marcelo Laffitte, e, durante as filmagens no Baixo Gávea, enquanto aguardava o set ficar pronto, Norma sentou-se na calçada em frente ao restaurante caracterizada de forma impressionantemente real, tirou da bolsa – rota – de grife um maço de cigarros e acendeu um, quando passou um mendigo verdadeiro que, olhando pra ela com muita intimidade, soltou: 'Aí, colega! Pode me dar um cigarro desses?' Norma ficou tão perplexa como todos nós que assistíamos à cena e já ia dar o cigarro a ele quando o segurança chegou e o tirou dali. Ela, com aquele olhar incrédulo, me perguntou: 'Você viu isso?' E eu: 'Vi! E não acredito no que vi!' A certeza do mendigo de que Norma era realmente uma companheira das ruas reforçou a certeza de que o figurino e a maquiagem do filme estavam mais que perfeitos!

(...)

Durante a produção de Pagu, fui ao Palácio Rio Branco no Centro da Cidade solicitar autorização para filmar nas dependências do local. Fui recebida pelo responsável, um diplomata rude, mal educado e que, ao final da conversa, me saiu com a seguinte pergunta: 'Me diz uma coisa: por que é que tenho que ser descontado em meu salário para financiar filmes brasileiros que tanto detesto?' Ao que respondi de bate-pronto: 'Pelo mesmo motivo que sou descontada no meu salário para custear a boa-vida no exterior de gente como você que mora bem, come do bom e do melhor e só bebe champanhe francês.' E saí batendo a porta. A caminho da produtora, pensava: 'Não devia ter feito isso. E agora? Como vamos filmar lá? A Norma vai me matar.' Pois não foi nada disso o que aconteceu. Norma, quando ouviu meu relato, ficou fula e disse: 'Sorte a dele que foi com você, Denise! Se fosse comigo, tinha sido muito pior!'"

Denise del Cueto – produtora

Depoimentos

"Independente de tudo que já fez como atriz e diretora de cinema, Norma Bengell já merece um espaço na história do cinema brasileiro e uma bela foto na galeria das grandes atrizes e militantes do cinema. Nossos caminhos se cruzaram algumas vezes de formas distintas.

A primeira, por volta de 1968/70, numa Paris agitada politicamente, quando ainda eu era um estudante de cinema no IDHEC - Institute des Hautes Études Cinematographique. A escola funcionava nos porões do Cineteatro Ranelagh. Eu, um pobre latino americano, me virava fazendo biscates.

Um desses biscates foi ajudar a montar a luz de uma peça encenada naquele teatro chamada *Os Convalescentes*. O amigo que me arrumou o trabalho me disse que a peça era estrelada por uma brasileira chamada "bengelle", e que não tinha a mínima ideia de quem era. Depois de alguns dias, fui assistir à peça e qual não foi a minha surpresa quando vi Norma Bengell no palco.

Anos mais tarde, no Brasil, reencontrei-a de uma forma inesperada, militando em prol do cinema brasileiro. Após o fechamento da Embrafilme por Fernando Collor, todos os artistas e técnicos passavam por maus momentos. O cinema estava à beira da cova. Eu era presidente do STIC - Sindicato dos Trabalhadores na Indústria Cinematográfica – e, após o impeachment, conseguimos uma audiência com o presidente da República, Itamar Franco.

Narramos para ele a situação do cinema, o desemprego em massa, a quebradeira das pequenas e médias produtoras de cinema e o possível fechamento do Laboratório cinematográfico Líder (hoje Labocine). Precisávamos fazer algo que provocasse uma retomada da produção. A saída era recuperar o dinheiro da Embrafilme que iria para o fundo financeiro do governo. Conversei com o eterno militante do cinema brasileiro Luiz Carlos Barreto, que de imediato topou ir comigo como representante dos produtores. Uma semana antes tínhamos organizado com outras entidades, artistas e empresários do setor uma imensa manifestação na Cinelândia em defesa do cinema nacional. Mais de cinco mil pessoas compareceram e isso repercutiu muito na mídia.

Convidei Norma para nos acompanhar e ela de imediato topou. Ajudou nos preparativos, mas ninguém tinha dinheiro nem para as passagens de avião. Conseguimos umas passagens pelo Gabinete da Presidência, outra pelo STIC/CUT e Barretão bancou a dele. E lá fomos nós. Os quinze minutos de audiência se transformaram em mais de duas horas. Norma encantou Itamar, que parecia ter reencontrado a musa de sua juventude.

Após ligações aos ministros do Planejamento e da Fazenda, nos deram o caminho das pedras, uma forma de inserir uma emenda parlamentar no Orçamento da União. Teríamos que nos mexer, pois o prazo era até a meia-noite daquele mesmo dia. Eu e Barretão fomos para o Congresso Nacional tentar colocar a emenda no Orçamento da União, abordando os líderes de bancada, como "deputados" do PCB, segundo Barreto, o Partido do Cinema Brasileiro. E assim foi que o cinema nacional renasceu e pudemos retomar as produções.

Lembro-me de quando no momento da despedida Itamar pediu para beijá-la nos olhos para manter a sua imagem dentro dele. O beijo virou manchete de jornal e, mais uma vez, Norma tornava-se a musa e madrinha do futuro Prêmio Resgate."

Jorge Monclair – diretor de Fotografia e professor de Cinema

Norma Bengell

"Eu e minha geração sonhamos com Norma Bengell de todas as maneiras: sonhos eróticos, artísticos e políticos. Tinha 12 ou 13 anos quando o primeiro nu frontal aconteceu no cinema nacional e aquele púbis maravilhoso, cabeludo, pertencia à Norma Bengell. Já a tinha visto no cinema em *O Homem do Sputnik*, quando faz uma paródia de Brigitte Bardot mais bonita do que a original, e *Mulheres e Milhões*. Sou de uma geração que falsificou carteirinha de estudante para entrar em filme proibido para menores de 18 anos; eu, um menino gordinho, imberbe, consegui driblar o porteiro que fingiu acreditar na minha maioridade e me deixou entrar. Fiquei fascinado com aquela mulher de coxas grossas e lábios carnudos.

Com o tempo, fui descobrindo as outras Normas: a *starlet* do teatro de revista do Carlos Machado e a modelo da Casa Canadá só conheci de ouvir falar. Não tinha idade para isso. Acompanhei a do teatro e a das manifestações políticas. Descobri que dentro daquela mulher esplendorosa também morava uma excelente atriz, um ser político pulsante, uma mulher extremamente dedicada e sonhadora.

Era estudante em Paris, nos anos 1970, e Norma já era a grande atriz que se apresentava no Teatro Ranelagh. Marcio Moreira Alves era uma espécie de guru dos jovens exilados. Ele me disse: 'Vai ao Ranelagh assistir à Norma. Pede um ingresso que ela te dá'. Fui, esperei a Diva chegar, falei com ela pela primeira vez na minha vida e ela me deu o convite. Assistia pela primeira vez a uma peça de teatro em Paris e me sentia superimportante por ter trocado duas ou três palavras com La Bengell.

Voltei para o Brasil, virei cineasta, as lutas políticas recomeçaram. Em 1984 lutamos pelas Diretas. Na festa no Circo Voador, e ao som de 'Coração de Estudante', viramos amigos de infância.

No velório do Glauber, em 1981, quando nos aproximamos mais, vi como ela era uma pessoa querida, amiga dos amigos. Depois conheci a Norma cineasta de *Pagu* e *O Guarani* e tantos outros filmes. Passei a conhecer o cuidado de Norma ao elaborar seus filmes. Passei a admirá-la ainda mais.

Entrevistei Norma para o filme *Glauber*, e aí soube de sua amizade com o presidente Jango. Vi que o mundo era pequeno demais, e Norma, uma gigante. Sua empatia com o presidente Itamar foi muito útil para ajudar no renascimento do cinema brasileiro. Inútil foi tudo o que fez para ajudar os outros em momentos de dificuldade, que não lhe valeram em suas próprias desditas.

Acompanhei sua solidão quando teve problemas com a prestação de contas de *O Guarani*. Poucos ombros amigos se ofereceram para ajudá-la. As pessoas ficaram com medo da Norma, de até mesmo cumprimentá-la na rua. Temiam comprometer-se com escândalos. Condenavam uma mulher que fez um filme, o concluiu e o entregou. Cheguei mais perto. Vi duas mulheres sensíveis e solitárias, Norma e sua fiel companheira enfrentando os desafios da vida. Sozinhas, caladas.

Em 2012, fui a um aniversário da Norma onde havia muitos lugares para convidados, mas muito pouco para os presentes. Ali entendi o significado da palavra solidão.

Ela me pediu ajuda para fazer um filme sobre J. Carlos e foi um presentão dos maiores que ganhei na minha vida; que filme, que personagem! Esta história toda quero contar num documentário sobre a Norma. Fui à sua casa. Descobri um mundo de revistas, fotos, roteiros, planos de filmagem. A Norma preparou tudo. Agora nos entrega sua biografia e juntos poderemos descobrir uma alma encantadora."

Silvio Tendler – cineasta

Norma Bengell

Na Copacabana dos anos 1950 havia um requintado ringue de patinação localizado na esquina da Rua Fernando Mendes com a Avenida Nossa Senhora de Copacabana. Ali, todas as tardes, das três "hasta las cinco en punto de la tarde", soberba e soberana reinava Norma, uma adolescente no viço dos seus 15 anos.

Ela usava, habitualmente, um short branco curto, que lhe ressaltava o bumbum de glúteos firmes e coxas e pernas que ondulavam ao ritmo da valsa "Danúbio Azul", de Johann Strauss Jr., ou "Bolero", de Maurice Ravel.

Os poucos pares e solistas que eventualmente estavam na pista, pouco a pouco, iam parando e, como por encanto, ficavam estáticos admirando os volteios daquela patinadora que vestia blusas esvoaçantes. Momentos mágicos, deslumbrantes para nós, a turma do Posto 3, do Bar Alvear na esquina da Rua República do Peru com a Avenida Atlântica.

Dessa turma de rapazes, Lulu Gosling, irmão do médico Hilton Gosling da Seleção bicampeã do Mundo de 1958 e 1962, Mauricio Zacarias, Zezé Bacalhau, que se tornaria genro de Ary Barroso, e eu éramos os mais enfeitiçados pela destreza e inigualável beleza da menina de short branco, cujo nome estranhamente nunca procuramos descobrir. Porém, em nossa imaginação juvenil, inventamos um nome que representasse aquela abstração – Alendoíndia, que passamos a usar para identificá-la.

Os anos se passaram, o ringue de patinação acabou, e nossa abstração mágica virou uma ausência concreta. As tardes daquele cantinho de Copacabana ficaram tediosas e todos nós tomamos os rumos dos nossos caminhos adultos.

De repente, não mais que de repente, nossos caminhos voltaram a se cruzar. Ela não era mais apenas uma abstrata beleza adolescente, mas uma concreta realidade: La Bengell, como

Prefácio

costumava ser citada por Sérgio Porto (Stanislaw Ponte Preta) como uma das cinco mulheres mais belas do Brasil. Agora seu show era a sensação das borbulhantes noites cariocas, encenado na boate Casablanca ali na Gávea, produzido pelo Rei da Noite, Carlos Machado.

Anilza Leoni, Carmem Verônica, Dorinha Duval e Norma Bengell eram uma espécie de geração de ouro das *show-girls*, sendo que a Norma, muito cedo, revelou talentos outros que a levaram para desfilar moda para a Casa Canadá e desempenhar papéis de relevância nas comédias musicais da Atlântida, maior produtora do cinema brasileiro dos anos 1940 e 1950.

Ao eclodir o movimento do Cinema Novo, grupo de autores-produtores que revolucionou o cinema brasileiro, Norma é redescoberta pelo olho atento do diretor Ruy Guerra e explode no papel de protagonista do filme *Os Cafajestes*, numa performance que a consagra internacionalmente com a participação do filme no Festival de Berlim.

Daí em diante, você, leitor, vai conhecer pelas mãos e cabeça da própria Norma sua trajetória, tanto no Brasil quanto no exterior, inclusive sua atuação como militante política na luta contra a ditadura militar, que se instalou no Brasil em 1964.

O texto de Norma não é apenas a narrativa das aventuras artísticas de uma menina que conseguiu furar a barreira do anonimato e saltar o muro enganoso da fama: é uma narrativa cheia de lances humanos e, poderíamos chamar, de saudável caldo humanista, onde a emoção e os sentimentos mais profundos da alma estão à flor da pele.

Norma, a menina do ringue de patinação. Norma, das plumas e paetês e biquínis dos shows da Montecarlo. Norma, das primeiras e mais belas cenas de nudez feminina do cinema. Norma, dos cenários da Cinecittá. Norma, das passeatas contra a ditadura militar.

Norma é vida.

Luiz Carlos Barreto
Produtor de Cinema

Em 2008, conheci Norma Bengell e fui testemunha do início de uma fase cheia de tropeços, na qual a saúde diminuiu e os problemas financeiros aumentaram.

Norma, uma mulher rebelde, contestadora, que viveu como sempre quis: sem normas.

Uma personalidade complexa, cheia de contradições. Uma mulher bélica e ao mesmo tempo capaz de ir às lágrimas por pequenas causas. Dureza e docilidade, criança e mulher, sensualidade e pureza, transitando num mesmo ser. Assim como a fênix, a vi renascer das cinzas algumas vezes.

Como produtora, estou acostumada a resolver problemas. Diante da falta de herdeiros legais e culturais, aconselhei-a a organizar seu acervo pessoal para doação. Ela me delegou esta tarefa. Confesso que não tinha ideia do que iria encontrar, apesar de ter consciência do valor histórico e cultural do acervo.

Durante meses viajei neste mundo de fotos, filmes, reportagens, poemas, crônicas e músicas que registraram mais de cinquenta anos de sua vida. Durante a organização, descobri verdadeiros tesouros, e o mais impactante foram os originais deste livro, que me fascinaram desde a leitura da primeira página.

Vi ali algo que merecia ser publicado, e que existia uma Norma que ia muito além do nu frontal. De todo o acervo, a organização dos originais foi o que me deu mais trabalho. As páginas datilografadas há mais de vinte anos estavam se deteriorando e totalmente fora da sua ordem cronológica. Com o tempo, percebi que existiam dois originais escritos em épocas diferentes, que se complementavam em alguns pontos, mas com registros distintos.

Todo o processo de organização, digitalização e a revisão foi um trabalho árduo, como montar um quebra-cabeça. Mas valeu a pena.

Depois de dois anos de dedicação, cuidado e carinho de toda uma equipe editorial, aqui está o resultado.

Obrigada à nVersos Editora, a todos que autorizaram suas imagens e contribuíram com seus relatos pessoais.

Ao leitor, uma boa e emocionante viagem.

Christina Caneca
Produtora

Apresentação

Sumário

Longe de ser um carrossel, minha infância foi uma montanha-russa
17

Uma pivete vai ganhar a vida
42

A grande fábrica de fantasias
68

Luz, câmera, manifestação
122

Uma fênix
no exílio
161

Uma nova mulher chega ao Brasil
202

Mãe da retomada do cinema brasileiro
227

Vivi muito,
amei muito
250

"Esta é a minha vida. Sempre será. Nada mais importa. Só nós e as câmeras. E aquelas pessoas maravilhosas no escuro.

*Tudo bem,
Sr. DeMille.
Estou pronta,
para o close.*

Norma Desmond, interpretada por Gloria Swanson, na cena final de *Crepúsculo dos Deuses* (Billy Wilder, 1950)

Longe de ser
um carrossel,
minha infância
foi uma
montanha-russa

Papai era lindo. Tinha os olhos azul-violeta. Eu era louca por ele.

Chamava-se Christian Friedrich Bengell e nasceu na Bélgica, filho de uma francesa e de um alemão. Na Europa, os Bengell eram protetores das coníferas da úmida Floresta Negra e também artistas: minha tia-avó era cantora de ópera wagneriana. Logo após a Primeira Guerra Mundial, eles vieram para o Rio de Janeiro, onde Christian se tornou afinador de pianos, como o meu avô, que montou o órgão da Igreja de Nossa Senhora da Candelária.

Christian tinha 35 anos quando foi chamado à casa dos Almeida Guimarães para consertar o piano da família. No casarão estava a bela e dengosa filha do diretor da companhia de petróleo, Maria da Glória, então com 19 anos. Assim que ela viu os olhos de Christian, seu sangue indígena, africano e português passou a correr mais rápido. Eles se apaixonaram.

Tanto amor, no entanto, custou caro a Maria da Glória. Vovô era integralista e disse que ela seria abandonada caso se casasse com um imigrante. Ela optou por Christian e ficou sem um tostão.

Pouco tempo depois, Maria da Glória se tornaria minha mãe.

Aquele 21 de fevereiro de 1935 era um domingo de carnaval. Todo o Rio de Janeiro estava em folia, inclusive papai. A exceção era mamãe, que entrava em trabalho de parto no hospital.

Eu nasci no meio da festa, chorando muito, naquele dia e nos posteriores. Mais do que isso: eu gritava, eu berrava, eu esperneava. O leite de mamãe empedrou e ela não podia me amamentar. Levaram-me

Longe de ser um carrossel, minha infância foi uma montanha-russa

para longe dela, mas eu já era rebelde e inconformada desde aquela época e exigia o calor e o aconchego de mamãe, que também devia estar aflita. Meu primeiro protesto foi ali, no hospital, contra as enfermeiras, ditadoras de farda branca, que impunham, a mim e à mamãe, a rigidez do sistema hospitalar. "Criança é assim mesmo, elas choram, uma hora elas param". Sempre foi difícil, no entanto, me calar.

Papai só reapareceu na Quarta-feira de Cinzas, quando foi ao hospital nos visitar. Ele ainda estava fantasiado e mal havia se recuperado do tremendo porre. Ao me olhar pela primeira vez, disse:

– Estou felicíssimo por ter nascido uma menina. Mas, no fundo, eu preferia que fosse um homem. Sofreria menos.

Essa frase me marcou. Ainda que como um resíduo sutil no inconsciente, que eu levaria sempre comigo, junto com o nome que, então, eu ganhava: Norma Aparecida Almeida Pinto Guimarães d'Áurea Bengell. Registro em cartório da mistura de sangues fortes: português, índio, negro, francês e alemão. Brasileira de corpo, alma e coração.

E começava, assim, minha vida.

Eu amava minha família.

Mas desde que me entendo por gente, nunca ficamos muito tempo no mesmo endereço. Do Rio Comprido passamos pelo Riachuelo e pelo Catete até que, finalmente, nos instalamos naquele apartamento de quarto e sala no número 152 da Avenida Copacabana. Vivemos nesse prédio conhecido como "A Casa Rosada", que ficava em frente à Praça do Lido, que era linda, até meados dos anos 1960.

À noite, eu ouvia gemidos no apartamento conjugado. Não pareciam de prazer, mas de quem estava de saco cheio, e vinham do quarto de meus pais, que era separado por um arco da sala onde eu dormia. Para saber por que eles bufavam, eu espiava por entre as frestas. Era chato ouvi-los; mesmo assim, eu suspendia a respiração e permanecia ali, imóvel, para que não descobrissem meu segredo. Quando eu ia à casa de minha madrinha, também olhava pelo buraco da fechadura. Queria saber se faziam igual.

Minhas tias maternas sempre iam nos visitar. Uma delas namorava a noite toda no corredor. Certa vez, abri a porta e vi um homem com a boca em seus seios, como um bebê mamando. Fiquei boquiaberta e estática. Titia ordenou: "Não conte nada pra ninguém, Norminha!". Tia Diva também veio morar conosco durante um tempo e as tarefas domésticas foram divididas. Eu arrumava o apartamento e lavava os pratos por quinze dias. Nos outros quinze, as tarefas eram dela.

Minhas primas alemãs também apareciam de vez em quando com tio Seibel e tia Antônia para ir à praia. Tia Rita botava guardanapos nos seios por baixo do maiô. Papai descobriu e dizia na praia, em voz bem alta: "Ritinha, dá um guardanapo pra eu limpar a boca!". Era uma festa!

De repente, essa alegria se dissipou. Os sambas e boleros foram proibidos. Os adultos não podiam mais fumar à noite, a não ser com as janelas fechadas. Foi o chamado "blecaute". Eu tinha apenas 6 anos e não entendia nada. Só sentia que a vida não estava muito agradável.

As conversas agora eram sussurradas – medos concretos circulavam pela nossa casa. Os adultos cochichavam assuntos de política e guerra e eu ouvia palavras soltas, sem nenhum sentido para mim. Porém, o mistério atiçava ainda mais minha curiosidade. Quem seriam Getúlio

Longe de ser um carrossel, minha infância foi uma montanha-russa

Vargas, Stalin, Mussolini e Hitler? O que seria "Eixo"? Na minha inocência, "eixo" era simplesmente uma haste que passava por dentro de um brinquedo para fazê-lo girar. Apenas muito mais tarde eu descobriria que as tais "Potências do Eixo" eram um grupo militar formado pela Alemanha de Adolf Hitler, pela Itália de Benito Mussolini e pelo Japão de Tojo Hideki e do Imperador Hirohito, durante a Segunda Guerra Mundial. Referiam-se a ele como o "Eixo Roma–Berlim–Tóquio", apesar de também haver outras nações que participavam.

O Brasil declarou guerra oficialmente em 1942, aderindo aos Aliados, inimigos da Alemanha nazista. A partir desse momento de grande tensão, a situação dos imigrantes alemães ficou insustentável. Em tempos de guerra, belga e alemão era tudo a mesma coisa aos olhos das pessoas. O preconceito contra esses imigrantes era enorme, ainda mais forte e intenso do que quando a família de papai chegou ao Brasil. Por isso mamãe me fez prometer que nunca chamaria papai pelo nome na rua; do contrário, ele poderia até ser preso. E papai, que sempre deu um duro danado para nos manter, foi obrigado a fechar sua loja. Nossa situação financeira piorou muito.

Tudo em casa passou a ser racionado. Cedo, tive de aprender muitas coisas, como viver modestamente, pedir "por favor" e enfrentar as longas filas para comprar leite, pão, carne, gasogênio. Durante a guerra, meus pais também me ensinaram a não temer a morte, a dar carinho a quem precisa e a dividir com os outros: papai me levou para doar meus brinquedos de ferro para as "pirâmides" da Legião Brasileira de Assistência, a LBA, que coletava metais para serem derretidos e aproveitados na indústria bélica brasileira. Foi uma imensa campanha cívica que mobilizou todo o país.

Até ser matriculada na Escola Municipal Marechal Trompowsky, que ficava em uma casa linda, no Leme, eu vivia somente entre adultos e não me misturava com outras crianças. Por isso eu era muito madura para a minha idade e, com apenas 6 anos, eu já sabia até preparar o jantar. A professora dizia que eu era a mais inteligente, a que aprendia tudo mais rápido, que nem precisava estudar. Fui a primeira da turma a aprender a ler e escrever.

Eu também não tinha bonecas ou nenhum outro brinquedo de menina. Papai dizia que gastar com isso era jogar dinheiro fora. Por isso as crianças ricas, cheias de brinquedos e sem qualquer imaginação, me deixavam intrigada. Eu era muito diferente delas e encontrava diversão em qualquer bobagem. Se não tinha corneta, pegava os figos e estava pronta uma. Uma folha podia virar um apito nos jogos de pega-pega e esconde-esconde.

Outras vezes, meus brinquedos eram as pessoas. Eu me encostava em meninos e meninas, brincávamos de marido e mulher e, sem saber, na pura inocência, amantes. Meus amiguinhos me ensinavam como era uma família tradicional e eu ensinava a eles como imitar o sexo que eu via meus pais fazendo. Foi assim, brincando com gente, que fui aguçando minha sensualidade.

Mamãe, que havia sido criada como uma *enfant gâté*, percebeu a seriedade do problema de nossa subsistência, vestiu o avental e foi trabalhar. A menina mimada virou cozinheira e roupeira do Hospital São Francisco de Assis.

Longe de ser um carrossel, minha infância foi uma montanha-russa

Como ela não tinha com quem me deixar enquanto trabalhava, depois da aula eu ia almoçar no hospital.

Certa vez, eu brincava em um pequeno jardim interno, logo em frente à rouparia. Ali havia uma rampa que dava para uma porta. Desci a rampa correndo e, sem conseguir frear a tempo, atravessei porta adentro. Parei diante de uma mesa de mármore, onde uma mulher enorme, negra, com os olhos arregalados e as mãos cruzadas sobre o peito, estava deitada. Ela parecia olhar para mim. Senti meu coraçãozinho pular e disse: "Olá! Como vai?". De repente, uma mão puxou meu braço; era mamãe, tirando-me dali. Olhei para trás e reparei que a mulher não era negra, mas acinzentada.

Depois mamãe me explicou: aquela sala era um necrotério e a morte era uma coisa que não doía. Foi a primeira vez que vi uma pessoa morta. Naquele hospital, sem ainda conhecer a vida muito bem, convivi com a morte como velha amiga. Assim, fui perdendo o medo de morrer.

Certo tempo depois, mamãe foi para o Hospital Cícero Pena, no Posto 3, na Avenida Atlântica, que era especializado em poliomielite. Lá havia uma menina linda, com os cabelos cor de fogo, como os da atriz Maureen O'Hara. Parecia uma estrela de cinema. Seu rosto, no entanto, era todo queimado. Ela sofria de osteomielite e estava condenada à morte. Mamãe me dizia: "Venha, Norminha, coitadinha, ela é doente, apareça para ela te ver". Eu tentava dizer que não, que tinha medo, que não queria. Mas mamãe insistia. Então, mesmo contrariada, eu ia, e lá ficava. Até que me habituei.

Eu não tinha babás nem amigos, apenas alguns coleguinhas do Lido e do edifício. Por isso, muitas vezes, passava o dia em casa, sozinha, quieta, sentada no jardim, esperando meus pais chegarem do trabalho.

Nesses muitos momentos de solidão, eu sonhava. Em casa, arrumava-me e ficava diante do espelho, dançando e cantando. E já dizia a mim mesma: serei uma artista.

Quando acabaram com os bondes da Avenida Copacabana, abriram um buraco enorme no chão. Eu adorava pular ali dentro, da Praça do Lido até o Posto 6. Um dia, numa dessas brincadeiras, caí e bati o nariz. Fiquei toda ensanguentada e fui à casa de uma amiga me lavar, pois eu não podia chegar em casa daquele jeito. Mas limpei tanto a boca para papai não perceber o tombo que meus lábios incharam e ficaram mais grossos do que já eram. Para disfarçar, passei um batom Naná vermelho, "o preferido das estrelas de rádio", que meu pai havia proibido.

Preferi levar bronca por causa do batom.

Eu tinha 10 anos na primeira vez que senti desejo.

Papai estava deitado de lado, na cama, após o farto almoço de domingo. Deitei-me com ele e pedi dinheiro para ir com minha amiga ao cinema e tomar lanche nas Lojas Americanas ou na Confeitaria Colombo, onde eu gostava de comer doce mil-folhas e bomba de chocolate. Papai começou a

Longe de ser um carrossel, minha infância foi uma montanha-russa

brincar comigo, dando-me tostão por tostão. Fui, então, me aconchegando a ele e comecei a sentir um calor e uma vontade diferente. Ele percebeu, me deu o dinheiro todo de uma vez e disse: "Vai, vai para o cinema".

Acho que é por isso que os homens mais velhos sempre me atraíram; ao lado deles eu me sentia protegida. Pensando bem, talvez, numa concepção mais pura, meu pai tenha sido meu primeiro namorado.

Papai tinha um emprego fixo e à tarde, quando chegava, me levava à praia.

Certa vez, enquanto caminhávamos, eu percebia que o clima já não era tão pesado. Nas ruas, a gente ouvia bolero americano, via notas de dólares e uns homens com grandes calças largas de marinheiro, que, aos meus olhos, mais pareciam bonecos, e aportavam no Rio de Janeiro.

Era o fim da Segunda Guerra Mundial. Mas, na minha casa, a batalha pela minha guarda só começava.

Para fugir das brigas, eu ia ao cinema.

Certa vez, saí escondida da casa de minha avó, na Tijuca. O filme em cartaz era *Gilda* (de Charles Vidor, 1946). Fiquei deslumbrada com a imagem de Rita Hayworth cantando *Put the Blame on Mame* em um cassino, insinuando um striptease ao tirar as luvas, e passei a imitá-la. Era a época de ouro da Metro-Goldwyn-Mayer, que hoje conhecemos simplesmente como MGM, então o maior estúdio de Hollywood. No pós-guerra, a Metro lançava filmes com astros como Judy Garland, Fred Astaire, Gene Kelly e Frank Sinatra, e essas produções ditavam até a moda.

Toda vez que eu saía do cinema sentia meu peito bater mais forte. Era ali, naquela tela, que eu queria estar.

Flagrei a empregada transando com o garrafeiro ao entrar em casa.

Na mesma hora, ela pegou o ferro de passar roupas e empunhou-o contra mim:

Se você contar para os seus pais, eu te mato!

Tomei um susto e saí correndo, tomada pelo pânico. Mas não levei a sério a ameaça e contei tudo para os meus pais assim que eles chegaram. Depois desse episódio, passei a ser enviada sistematicamente à casa da madrinha, estivesse ela acamada ou não.

Havia, no entanto, outro importante fator para isso: papai e mamãe brigavam sem parar, cada vez mais.

Eu vivia em estado de choque.

Minha infância, longe de ter sido o lindo carrossel que toda menina espera, era uma vertiginosa montanha-russa, com muitos altos e baixos. Acho que é por isso que eu tenho estes olhos tristes e esta ruga na testa. Basta olhar as minhas fotos.

Longe de ser um carrossel, minha infância foi uma montanha-russa

Estive sempre em meio a tumultos e comia muito para suprir o carinho perdido dos meus pais. Vivia em meio a muita gente, indo e vindo da casa de parentes, mas nunca estava realmente com ninguém. Talvez, por isso, eu tenha tido um poder de adaptação tão grande para sobreviver no exterior quando precisei fugir.

Papai era neurótico de guerra e bebia muito. Tentava matar mamãe sempre que brigavam. Quando isso acontecia, ela me pegava pela mão e me levava à casa da minha madrinha, de madrugada, onde estaríamos protegidas.

Aos domingos, íamos à casa dos avós paternos e dos maternos, de lá para cá. Na casa dos outros, eu via as famílias, com os pais, as mães, os filhos e já pensava: "Eu não quero isso". Tinha a impressão de que aquela era a vida que todo mundo levava e me parecia um destino muito infeliz.

Eu passava muito tempo com minha "Dinda" Isoleta. Ela era rica e tinha uma espécie de tutela sobre mim enquanto meus pais me disputavam.

Dinda era linda, delicada e tinha a pele bem branquinha. Ela me chamava de anjo da guarda e dizia que eu era sua confidente. Porém, ao mesmo tempo, num tom desconexo, socava a boca nos homens, dizia que nenhum deles prestava.

Volta e meia ela me mandava brincar na rua para não desarrumar a casa. Gritava: "Menina, vai brincar no Lido!", "Menina, não mexe aí!". Essa inconstância dela me provocava certo desassossego. Então eu saía, corria pelas ruas, e passava horas e horas na praça, sozinha, muda, com uma cara patética. Às vezes, me chamavam de "Norminha Louquinha".

Eu era boba e precoce.

Eu queria muito ficar na areia, como todo mundo. Mas a madrinha não gostava que eu tomasse sol. Dizia-me: "Menina não deve ficar na praia sozinha", "Uma moça não deve tomar sol, pois estraga a pele". Por isso eu só passeava na praia no fim da tarde, quando papai deixava, e minha pele era muito clara e bonita.

Um dia, no entanto, fui à praia e me queimei demais. Ao chegar à casa de Dinda, fui direto para o quarto, onde eu tomava aulas de matemática com meu padrinho. Mostrei a ele minhas queimaduras no ombro e falei que não estava afim de estudar naquele dia. Ele me deitou na cama:

– Deixe-me ver se queimou as pernas.

Olhei para ele, assombrada. Vi seu membro teso dentro das calças e meu coração disparou pela boca. Aquele homem me viu nascer, ele podia ser meu pai! Empurrei-o e corri, desvairada. Fiquei prostrada no hall do edifício até mamãe chegar. Quando ela me viu, perguntou o que eu estava fazendo ali. Contei. Papai, quando soube, quis matar o compadre. Foi uma confusão danada.

Mas o abuso não tinha acabado. O telefone da casa ficava no corredor e sempre que eu usava o aparelho, ele passava se esfregando em mim. Mas eu ficava calada porque já haviam me dito coisas como: "Esta menina é tão venenosa... É mentira. Imagina se uma pessoa como o meu marido faria uma coisa dessas... Mentira, mentira, mentira!". Então eu simplesmente não tocava no assunto e não olhava para aquele homem. Tinha nojo dele.

Longe de ser um carrossel, minha infância foi uma montanha-russa

Aguentei a situação por algum tempo, até conseguir quebrar o silêncio e contar tudo à Dinda. A filha dela confirmou que o homem era um tarado e que uma vez tentou prensá-la no elevador. Dessa vez, minha madrinha acreditou.

Essa experiência me legou um ódio profundo, escondido dentro de mim. Ódio que botei para fora muitos anos mais tarde, na joelhada que dei num militar na Passeata dos Cem Mil.

A disputa pela minha guarda foi uma batalha que mamãe perdeu. Como ela fazia todas as minhas vontades, papai assumiu minha tutela e fui viver com ele na casa dos meus avós paternos.

Naquela época, como qualquer garota, eu gostava de passear, tomar lanche e ir ao cinema. O combinado com papai era que eu estivesse em casa às seis horas da tarde, sem falta.

Um dia, porém, minha amiga sumiu bem na hora da volta e, por culpa dela, me atrasei. Eram oito horas da noite quando cheguei e vi papai me esperando na porta do prédio. Assim que pisei no hall de entrada, senti na cara o estalo da bofetada. Meu brinco voou longe e um zumbido forte ensurdeceu meus ouvidos. Mas eu não conseguia sentir raiva. O que senti foi uma vergonha imensa. E nunca mais fui passear.

Depois disso, minha avó francesa bordou meu castigo à mão: com um enxoval na valise, fui mandada para o colégio interno. Esse "reformatório" comandado por duras freiras alemãs se chamava Nossa Senhora da Piedade. Lá aprendi o que era o pecado.

Até então eu era a querida filha única, tratada com amor e acordada com beijos. No colégio interno, como eu não conseguia ouvir o sino que a freira pavorosa e sem higiene balançava na porta do dormitório, era despertada com três pancadas matinais na orelha.

Passei a ser obrigada a me confessar. Mas confessar o quê? Eu não fazia nada de errado, e nem poderia – estava encarcerada e tudo o que me restava era seguir as regras. Mesmo assim, fui.

Na igreja, me ajoelhei diante do confessionário. Sentindo-me mal em não dizer nada, soltei qualquer coisa:

– Seu padre, meu pai me bateu!

Silêncio.

A voz fúnebre do padre ecoou pela treliça. Ele queria saber se meu pai também havia tirado minhas calcinhas. Horrorizada, disse que não. Ele me mandou rezar algumas ave-marias, pois, se meu pai havia me batido, eu deveria ter feito algo de errado. Fui embora e não rezei.

No domingo seguinte, papai veio me visitar. Contei a ele que o padre era um sacana. Um pai anglo-saxão não tem pudores em conversar sobre sexo com a filha.

Papai e mamãe me visitavam aos domingos, cada um em um turno.

De manhã, era a vez da mamãe, com quem passei a rejeitar e evitar qualquer contato físico. Mesmo assim, ela sempre me levava um franguinho assado, que depois eu comia escondida na igreja. Era proibido, mas a comida de lá me dava vertigens.

Longe de ser um carrossel, minha infância foi uma montanha-russa

Quando as freiras descobriram, disseram que eu tinha o diabo no corpo e fui obrigada a passar uma tarde toda em pé, diante de uma sopa de aipo, que tive de comer todinha.

Nunca mais suportei aipo.

Todas as minhas roupas eram bonitas, de fustão, bordadas pela minha avó. Mas como eu não usava vestido comprido nem mangas longas, as freiras perguntavam se havia faltado tecido.

Eu queria dançar e representar, mas também não era permitido se expressar. Para as freiras, tudo era maldade. E nem ódio eu podia ter daquelas filhas da puta porque, se eu confessasse ao padre, teria de pagar não sei quantas ave-marias ou salve-rainhas – rezas que eu bloqueei da memória e nunca consegui saber de cor.

Como se não bastasse o moralismo daquele lugar dito "sagrado", ainda me pesava a desigualdade entre as classes. As meninas pobres eram muito discriminadas. E eu, além de não ser rica, tinha pais separados.

Nunca recebi carinho de nenhuma freira e naquela estrutura rígida era impossível alguém compreender o que se passava comigo.

No começo eu não ligava, mas, aos poucos, fui me transformando numa rebelde. Tudo o que proibiam eu fazia escondido. Então, logo me associei a Iracema, uma menina negra, alta e esguia, de pernas finas, boca grande e tão rebelde quanto eu. Ela virou uma amiga que passei a amar muito.

As freiras não suportaram a minha rebeldia e convocaram meus pais. Disseram que minha permanência lá era impossível. Elas não me expulsariam para não me prejudicar, mas eu deveria sair do colégio. Meus pais explicaram a situação, e continuei no calvário.

A repressão sobre mim redobrou e, na mesma medida, minha rebeldia. Eu gritava contra tudo o que achava errado. E uma das coisas mais erradas para mim era aquela educação religiosa, que criava mil demônios na minha cabeça. Todos agiam como se estivessem me salvando, mas eram eles que precisavam de salvação. Eles não sabiam, ou tinham esquecido, que o poder de fazer suas próprias escolhas é o melhor caminho, a melhor salvação que podemos realizar por nós mesmos. Sempre me recusei a fazer o que não acreditava.

Eu estava muito infeliz. Queria ser de novo a menina livre das ruas de Copacabana. Queria carinho, dengo, afagos, palavras de amor. Até que, num certo domingo, minha mãe, penalizada, me confiou uma carta que eu deveria entregar a papai. Mas li a carta antes e descobri: eles voltariam a viver juntos e, finalmente, eu sairia daquele inferno. Mas só depois de passar pela primeira comunhão.

Disseram-me que a primeira comunhão seria o meu casamento com Deus. De fato, eu parecia uma noiva com aquela roupa. E acho que, desde então, fiquei casada com Deus e tive vários amantes.

Na cerimônia usei também um tercinho de Tônia Carrero, que começou a trabalhar com 21 anos, já era uma atriz famosa, e eu dizia que, quando crescesse, seria como ela. A minha madrinha era amiga da mãe dela, a Zilda, mulher do general Porto Carreiro.

Longe de ser um carrossel, minha infância foi uma montanha-russa

Após receber a hóstia na boca, me levantei e vi meu pai, que era protestante e que se tornou ateu depois da guerra, fazer o sinal da cruz. Para as freiras, a vida era eterna, mas para ele... Papai sempre dizia: "Quando eu morrer, não gaste dinheiro comigo; morreu, acabou, a gente é matéria!". Não aguentei e comecei a rir. Quase engasguei.

Entrei no colégio interno limpa e saí de lá com outra cara. As freiras colocaram uma máscara em mim.

Eu era a menina que, no carnaval, sambava nas ruas fantasiada de baiana como a mãe, e fui convertida naquela que tinha de aprender catecismo e saber bordar. Enfim, tudo de que eu não gostava.

Eu gostava de cinema, de tomar lanche e de namorar.

Ser aceita numa escola pública não era tão simples para uma menina com o meu currículo. Mas o marido de minha madrinha de crisma era militar e conseguiu uma vaga. Agora era o Estado quem deveria tomar conta da menor abandonada.

Entrei, então, no Ginásio Brasileiro, com meu único par de sapatos, amarelos, de baile. Fui barrada no primeiro dia de aula. O diretor exigia sapatos pretos. Pintei-os e resolvi o problema.

Mas até que gostei da escola. Havia muitas meninas e meninos, de todas as classes sociais, e fui me habituando a ser mais sociável e a praticar a solidariedade que não existia no colégio de freiras.

Só que havia também medo. Um grupo de meninas, que usava gilete nas mãos, me chamava de branca azeda e me ameaçava frequentemente.

Eu era uma jovem inteligente e aprendia muito rápido. Sabia das coisas por já ter ouvido falar. Passei, então, a disputar a atenção do professor de matemática com a primeira aluna da matéria. De tarde, eu ligava para a casa dele e dava o resultado das equações, sem me identificar. Um dia, descobri que ele gostava da Betty Grable e passei a assistir a todos os filmes dela. Eu o perseguia até dentro do cinema. No fim do ano, resultado: nota dois em matemática. Fui punida pelo diretor, que me fez contar de mil até zero.

Depois disso, comecei a me desinteressar pelos estudos. Eu gostava de jogar vôlei e havia comentários de que eu era uma garota marginal. Vesti essa carapuça e passei a me defender no tapa.

A doce Norminha havia virado uma menina rebelde.

Papai e mamãe tentavam se entender novamente.

No carnaval, nós duas nos fantasiávamos de baianas e dançávamos juntas. Papai, que era bem mais velho que mamãe, nessa época já ficava apenas assistindo, sentado no bar em frente, o Ponto Elegante.

Eles eram bastante rígidos comigo. Eu queria aprender a dançar, ir para a escola de balé, mas mamãe era contra. Ela achava que o meu corpo ficaria muito exposto com a roupa colada. Mesmo assim, eu saía de barriga de fora. Dois dedos apenas, e com a minha mãe do lado, mas saía. Eu já era arrojada.

Longe de ser um carrossel, minha infância foi uma montanha-russa

Eu tinha muita pena de não poder aprender a dançar. Mas, pensando bem, aprender pra quê, se eu já sabia dançar naturalmente? Afinal de contas, quem não sabe? Basta usar a imaginação e mexer o corpo.

Papai tinha ciúme de todos os meus pretendentes. Ele sempre me dizia:

— Norma, você não deve se casar antes de ter relações sexuais com o homem que amar. E, tenha cuidado, senão todos apenas se aproveitarão de você. Aqui não é a Alemanha. Aqui, se eles fazem amor, não casam.

Conheci meu primeiro namorado aos 13 anos. Era um amazonense bonito chamado Gerson. Quando ele chegava ao meu prédio, assobiava lá de baixo *Claire de Lune*, do Debussy. A melodia que ele me ensinou era o nosso código secreto. Eu descia correndo pelas escadas e passava horas deliciosas sentada com ele no banco, bem em frente à minha casa, na pracinha.

Como eu adorava namorá-lo. Com Gerson eu descobria coisas novas. Ganhei dele meu primeiro livro de poemas, *Toi et Moi* (Eu e Você), do francês Paul Géraldy, o poeta dos namorados. Ele recitava para mim: "A gente começa a amar por simples curiosidade, por ter lido num olhar certa possibilidade...". Em seguida, Gerson também me apresentou outro francês, o dramaturgo Sacha Guitry, que dizia: "Sou a favor do costume de se beijar as mãos de uma mulher quando somos apresentados. Afinal, é preciso começar por algum lado". Era muito romântico.

Certa vez, estávamos andando pela rua e começou a chover. Gerson me enlaçou com sua capa de chuva e corremos para a casa de uma amiga. Quando chegamos lá, percebi sangue na minha calcinha. Meu coração disparou, pensei que fosse desmaiar. Fiquei absolutamente quieta e não contei nada para ninguém. Depois minha mãe viu e, sem me dar mais explicações, me entregou uns paninhos tipo fralda e disse que eu deveria colocá-los entre as pernas porque agora eu era moça. Algo mudara em meu corpo.

No encontro seguinte, Gerson me pegou pela cintura e me deu um beijo na boca incrível, inesquecível, de cinema americano. Ele queria avançar o sinal, mas sabia que eu era virgem, uma moça direita. Minha virgindade, no entanto, era apenas física, não mental. Eu tinha apenas 13 anos, mas já me sentia mulher.

Eu pensava em me casar com ele. Queria ser mulher ao seu lado. Ao mesmo tempo, não queria me sentir presa. Eram sentimentos contraditórios, era um impasse agonizante. Até que meus pais proibiram o namoro.

Esse bloqueio mexeu muito comigo. Tenho a impressão de ter passado a vida toda à procura de Gerson em todos os homens que tive. Não encontrei.

Certa vez, disse à mamãe:

– Quero me casar no Outeiro da Glória, às seis horas, de vestido de pérolas, com a igreja toda acesa.

E ela respondeu:

– Tá bem, filha.

Começou, então, a caça ao marido. Naquela época, a gente nascia, crescia, vivia e morria em função de um marido.

Longe de ser um carrossel, minha infância foi uma montanha-russa

Eu gostava de rapazes, mas, geralmente, dos mais pobres e complicados. A família de Dinda dizia, no entanto, que eu tinha que me casar com um militar, pois geralmente eram bonitos. Outra madrinha dizia que deveria ser com um cavalheiro. Apareceram muitos militares e cavalheiros, mas eu não me interessava por nenhum deles.

"Amanhã sua madrinha vai levar você para uma festa em que estarão muitos rapazes". E lá ia eu. Em uma dessas festas, para a felicidade de todos, fui convidada para sair com um desses rapazes de ótima família: rico e chato.

Ele foi me buscar em casa todo vestido de inglês, com boina e cachimbo. Achei hilário. Meus pais passaram a ele todas as recomendações: "Olhe, cuide bem da nossa filha. E saiba que ela tem de voltar às oito horas, no máximo".

Entrei naquele carro *Morris Garages* e, quando passávamos pela Avenida Atlântica, fui capturada pela fantasia de um beijo desentupidor de pia com aquele babaca vestido de Sherlock Holmes em pleno verão carioca de quarenta graus. Não aguentei:

– Pare aí que eu vou descer!

– Como assim? Que lugar é este? Que horas eu venho te buscar? O que vou dizer para sua família? – suas perguntas eclodiam, uma atrás da outra.

– Pare aí que eu vou saltar! – continuei dizendo.

Eu não conseguia explicar a ele – ou a mim mesma – o motivo, mas tinha de saltar, e urgentemente, daquele carro. Eu simplesmente precisava.

Ele parou e eu saltei. Saí andando, rindo sozinha daquela figura. "Vai ver ele é um turista mesmo", pensava.

Quando cheguei em casa, avisei:

– Mãe, desisti de sair. Já vi que não vou casar de vestido de pérola.
E não me casei.

Tive muitos pretendentes. Ricos e pobres, bonitos e feios. Mas eu sentia atração mesmo era pelos rapazes infelizes, desequilibrados, com problemas familiares e emocionais. Aí era identificação plena e imediata. Assim, encontrei outro, outro e mais outro, com os quais fiquei algum tempo, infeliz também.

Aos 17 anos encontrei meu segundo namorado. Mas não foi em nenhuma festa, foi numa página de jornal. Seu nome era Castor Bueno. Ele era filho de uma assassina e, quando vi seu rosto lindo e triste estampado no jornal, arranjei um jeito de descobrir seu telefone e liguei.

Como a mãe de Castor estava presa, ele morava apenas com os irmãos e um dia me levou até seu apartamento. Eu estava loucamente apaixonada e nunca havia sentido um tesão tão forte e verdadeiro. Eu queria sentir prazer com ele. Desejava que ele me tocasse. Mas o que fizemos foi desamor. Senti uma dor terrível e, quando acabou, eu não havia sentido nenhum prazer. Essa foi minha primeira vez.

Estatelada por meio instante, minha infância rasgou minha cabeça como um raio. Levantei num galope e peguei minha calcinha. Olhei o lençol, procurando sangue, e nada. Talvez porque eu já havia brincado com outros rapazes? Eu não era mais virgem e não sabia? Era isso?

Fiquei grávida. Mas eu ainda era aquela menina que brincava no Lido, a mocinha romântica que escrevia poemas de amor, e não sabia o que fazer. Só sabia que ele não me amava.

Longe de ser um carrossel, minha infância foi uma montanha-russa

Fiquei esperando, ansiosa, pelo nosso próximo encontro. Precisava contar a ele sobre a gravidez. Nisso, o vi passar de carro pela Avenida Atlântica ao lado de uma loura fatal, vedete do teatro rebolado. Comecei a chorar.

Fui correndo até a casa dele e fiquei esperando na porta. Quando ele chegou, disse que o havia visto com outra mulher. Ao invés de confirmar a verdade, ele desmentiu. Aí não suportei: chamei-o de mentiroso. Ele respondeu com uma puta porrada na minha cara, um golpe tão forte que eu revirei no ar e caí de costas no chão. O amante da mãe dele chegou, me viu ali, caída, chorando de dor e de medo, vulnerável e débil, e, sem cerimônia, me estuprou. Fiquei lá, prostrada, humilhada, com todos os ossos e músculos da face fumegando, sem ao menos saber se havia nascido virgem.

Depois disso, Castor conversou com uma amiga, a Márcia, que me levou a um médico. Fui sedada e tiraram meu primeiro filho. O médico usou tanta anestesia que eu não acordava. Márcia teve que ligar para mamãe e contar que eu estava muito mal. Mamãe soube que eu não era mais virgem deste jeito: correndo em desespero até a clínica de aborto. Quando finalmente acordei, chorei muito a perda dos meus sonhos e pedi perdão à mamãe.

Quando me restabeleci, houve uma reunião de família na casa de minha madrinha de crisma com a presença de Castor. Perguntaram se eu queria me casar. Olhei pra ele e disse que não, Castor havia batido em mim e amor não era apanhar. Fiquei com muito medo dele e assumi minha solidão.

Em seguida, conheci outro rapaz. Quando Castor descobriu, sentiu-se rejeitado e armou um escândalo. Seus brios machistas estavam em frangalhos, pois a menininha havia tomado consciência de que ele não servia para ser proprietário dela. Porque era isso, afinal, o que ele queria.

A raiva que mamãe tinha do casamento era descarregada em mim.

Coitada. Ela gritava: "Nunca dependa de um homem! Não peça dinheiro nem para um sapato!".

Por isso, o casamento que vi nunca me incentivou a aceitar nenhum pretendente. O dia em que aceitei, me arrependi, pois quem dá quer algo em troca.

Eu só queria ser importante, sustentar mamãe, mostrar que poderia ser alguém na vida.

Meus pais se separaram definitivamente em 1952, quando eu tinha 17 anos. Àquela altura, mamãe já levava uma vida de mulher independente.

Dessa vez, eu já entendia as vicissitudes de cada um e pude escolher com quem iria ficar. Queria igualmente os dois, mas eu só via a liberdade através de mamãe. Eu precisava mais dela. Eu amava papai, mas com ele acabaria solteirona.

Porém, quando o nosso guardião foi embora, começou a escassez em casa, apesar de mamãe trabalhar como louca para sustentar a casa.

Estava desencantada, cheia de frustrações, ansiedades, dúvidas e desamparo. Eu já era adulta e não gostava de bobagens. E já estava de saco cheio de ir para o colégio com as mensalidades atrasadas. Então, no terceiro ano ginasial, parei de estudar e disse à mamãe que iria trabalhar.

EU ERA UMA PIVETE NESTE MUNDO E TINHA
DE GANHAR A VIDA.

1952 1960

Uma pivete vai ganhar a vida

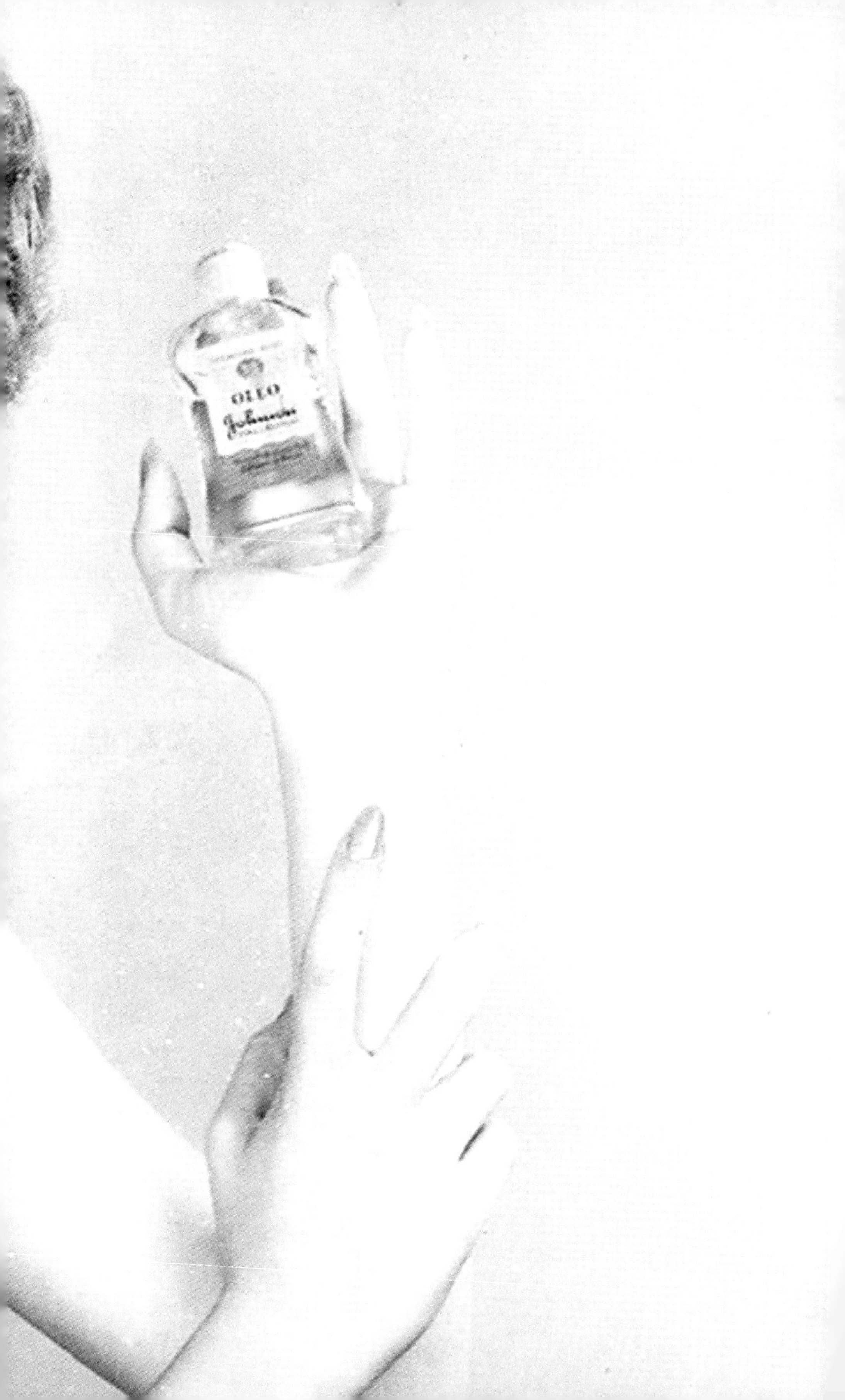

O pressuposto era que eu me casasse com uma pessoa de boa família. Assim, por influência da família de Dinda, aos 16 anos, me inscrevi para participar do desfile da Festa das Rosas, no Copacabana Palace. Quem poderia garantir que eu não encontraria ali um "bom homem"? Afinal, era um concurso de beleza para as meninas ricas da sociedade. Eu era a única pobre.

Mamãe se encarregou dos preparativos e dos cuidados com a roupa. Usei um vestido preto e um chapéu de peninha branca que cobria as orelhas. Mas eu gostava mesmo era do Gerson e tudo aquilo era muito chato. Eu olhava ao redor e não entendia o que estava fazendo ali. Eu queria ser livre. Mas o que era a liberdade, afinal? Não fazia a mínima. No final, Corina Baldo ficou em primeiro lugar no concurso e foi eleita a Rainha das Rosas. Eu fiquei em segundo, com o título de Princesa. Dona Ivete Vargas entregou os prêmios.

Dona Mena Fiala, dona da Casa Canadá, o famoso ateliê de moda, também estava lá. Determinada a mudar de vida, enchi o peito de coragem e fui até ela pedir trabalho. Disse que eu precisava muito e muito. Ela me aceitou.

Comecei a trabalhar, diariamente, como manequim de carne e osso. Os vestidos eram feitos sobre o meu corpo e me espetavam toda com alfinetes para ajustar os vestidos. Quando chegava uma cliente, eu desfilava o modelo para ela decidir se comprava ou não. Eu tinha 1,72 m, mas como era jovem demais e estava um pouco acima do peso, não servia para ser uma manequim destacada. Virei manequim de roupas esportivas.

Uma pivete vai ganhar a vida

Passava o dia inteiro em pé, das oito da manhã às seis da tarde, com o estômago vazio. Era entediante, as horas demoravam séculos. O sonho de ser manequim estava realizado, mas não era aquela maravilha que eu imaginava, aquele glamour que eu via publicado nas revistas.

Resolveram, então, mudar meu nome. Detestei. Como eu, que na minha rebeldia só podia ser eu mesma, poderia me apresentar como Maureen? Pois, nas entrevistas, eu não tinha dúvidas: dizia meu nome verdadeiro e pronto.

Eu comia pouco para não engordar e também porque, às vezes, estava dura mesmo. Se gastasse o dinheiro do almoço, não sobraria para o jantar com mamãe. Quando eu chegava em casa, ela sempre me perguntava:

– Você comeu, filha?

E eu mentia:

– Sim, mamãe, comi.

Numa época de Natal, eu estava tão cansada e fraca que, enquanto esperava o ônibus na Rua Uruguaiana, minha cabeça começou a rodar como um carrossel. Tive de me segurar em alguém para não desmaiar. Saí correndo, aos tropeções, e entrei no Magazine Segadaes, vomitando apenas água, morrendo de vergonha. Melhorei, peguei o ônibus e voltei para casa. Não disse nada à mamãe, que vivia rezando para ganhar na loteria para eu poder parar de trabalhar.

Eu fazia o possível e o impossível por mamãe, que foi criada para casar com um rico, mas casou com um pobre. Eu queria dar a ela tudo o que ela tinha antes de se casar. Entendi, então, que se não tentasse ser alguém, acabaria ficando como mamãe. Mas não havia jeito: ou me casava com um sujeito rico, ou ia trabalhar. Era uma decisão que eu precisava tomar urgentemente. Eu precisava ter uma postura diferente diante da vida.

Refleti. Apesar de ainda um pouco inconsciente, eu não era uma mulher como as outras, moldada para ser objeto. Eu gostava dos homens até o ponto em que percebia que eles começavam a me subjugar. Mais tarde eu viria a ter muitos homens, mas nenhum me ofereceria um amor sem prisão. Eu também teria amores, que não tiveram nada a ver comigo.

Eu era cheia de sonhos e, inspirada nas heroínas dos musicais da Metro, escolhi trabalhar. Aí trabalhei muito, batalhei muito, amei muito, me rebelei muito. Vivi muito. Tudo sempre muito e demais e intensamente.

Naqueles meados dos anos 1950, o teatro de revista ainda era bastante popular. Esse gênero teatral bem escrachado fazia um sucesso enorme com cenários luxuosos, grandes coreografias, figurinos suntuosos e, claro, mulheres deslumbrantes. As atrizes do rebolado, como eram chamadas as vedetes, eram o grande chamariz desses números musicais. Ser vedete era sinônimo de ser bonita, sensual e, em alguns casos, famosa. Ser vedete era a glória. Hoje, esse termo não se usa mais e foi substituído por "estrela".

Eu sabia que tinha carisma, que podia fazer sucesso e ganhar dinheiro. Mas ser artista, naquela época, significava ser marginal, piranha, puta, mulher que não merecia respeito. Por isso meus pais preferiam que eu fosse datilógrafa e taquígrafa bilíngue, como minha prima.

Uma pivete vai ganhar a vida

Escapei desse destino insosso em 1954, quando, aos 19 anos, minha beleza chamou a atenção de Caribé da Rocha, que me convidou para atuar na temporada do show musicado *Fantasia e Fantasias*, que estrearia no Hotel Copacabana Palace.

Eu e todas as outras *show-girls* éramos menores de idade e precisávamos nos emancipar para poder participar. Era um show de moças direitas, como se dizia, mesmo assim papai não concordou em tornar sua filha independente. A saída foi arranjar uma certidão falsa. Esse espetáculo ficou conhecido como *Fantasia das Emancipadas*.

O show estreou com Martha Rocha, nossa eterna Miss Brasil, na plateia. Como eu nunca pude estudar artes, no palco lancei mão da brejeirice aprendida nas rodas de salão do Lido. Quando eu dançava, sentia-me uma menina-moça. Entre tantas outras moças lindíssimas, cheias de plumas, paetês e sonhos, eu me sobressaía com um gesto, um sorriso, uma pirueta improvisada. Era tudo pura intuição.

Certo dia, eu estava de folga, em casa, fazendo as unhas, quando começou uma grande arruaça na rua. As caminhonetes estavam sendo incendiadas e fiquei na janela, assistindo. Minha Dinda disse que tinha estourado a revolução. Era 24 de agosto de 1954. O presidente Getúlio Vargas havia se suicidado.

Quando cheguei ao hotel para mais uma apresentação, recebi uma péssima notícia: o show havia sido temporariamente interrompido. As críticas sociais e políticas que a Revista apresentava eram muito leves, mas para as autoridades bastavam. Pouco tempo depois, no entanto, pudemos voltar a trabalhar, mas a música *O Couro do Falecido*, de Monsueto e Jorge de Castro, teve de ser excluída do repertório. A letra dizia: "Um minuto de silêncio para um cabrito que morreu", o que, para a censura paranoica e delirante, era um desrespeito à morte do ditador. Pura coincidência: a música existia muito antes. Mas as autoridades não quiseram saber e, depois, o show foi interditado de vez.

Na Casa Canadá, conheci Gisela, mulher de Carlos Machado, que nessa época já era conhecido como "o rei da noite". Ele montou uma orquestra para tocar nos cassinos, revelou muitos artistas, como Laurindo Batista e Dick Farney, e dirigiu muitos outros espetáculos – tudo isso sem nenhum estudo musical. Em 1946, porém, quando o presidente Eurico Gaspar Dutra fechou os cassinos, ele começou a montar peças de teatro de revista em casas noturnas e boates. Era um sucesso enorme. Naqueles palcos, Machado lançou cantoras históricas como Linda Batista, Dircinha Batista, Marlene e Emilinha Borba.

Gisela me apresentou para Machado que me chamou para participar de seus shows noturnos nas boates Casablanca e Night and Day, no Hotel Serrador, que ficava no centro do Rio de Janeiro, em frente ao Palácio Monroe, e era o preferido dos políticos.

De dia eu continuava desfilando na Casa Canadá. À noite eu dançava, cantava e interpretava. Era um sacrifício que fazia pela carreira que havia escolhido. Com o salário que eu recebia, comprava roupas e ajudava mamãe. Consegui até alugar um apartamento de dois quartos na Rua Ronald Carvalho e nos mudamos do antigo conjugado. Também pude comprar meu primeiro carro, um Volkswagen preto, alemão original, novinho.

Peguei as chaves sem nunca ter tomado aulas de direção. Abri a porta, sentei no banco do motorista, respirei fundo e me lembrei de meu pai ao volante, que eu sempre observava. Dei partida e o carro pulou, pulou e pulou. Depois de um tempo, foi.

Uma pivete vai ganhar a vida

Numa noite, Carmen Miranda, que havia retornado ao Brasil e fazia um tratamento para se recuperar da dependência de remédios numa suíte do Hotel Copacana Palace, foi assistir ao show do Casablanca em um cassino, na Urca, e me viu no palco. Eu, vedetinha, ainda dançava nas últimas filas. Mesmo assim, ela foi falar comigo:

– Menina, vem cá. Dessa turma toda, você é quem vai ser uma grande estrela. Sabe por quê? Você tem boceta.

Carmen, que falava inglês muito bem mas simulava sotaque para fazer sucesso, faleceria no ano seguinte.

No início, eu era meio puritana. Guardava aquela carinha de anjo recém-saída do colégio de freiras, que não combinava em nada com aquela roupa verde e muito sexy que eu usava e que na verdade pertencia a Núcia Miranda, afastada do show por motivos pessoais.

Núcia voltou e Carla Nell deixou o show para se casar. Dei um passo à frente e assumi o lugar dela ao lado do humorista Walter d'Ávila. Depois, tive de substituir Elizeth Cardoso, "a divina", uma das cantoras mais talentosas de todos os tempos. Era uma grande responsabilidade. Mas cantei muito bem, com sentimento, como avaliou minha madrinha.

Sob as luzes dos refletores, eu me sentia realmente viva. Cada vez que eu entrava em cena, o público ficava sem fôlego. Logo me tornei a atração principal do show, a vedete mais conhecida da boate Night and Day, e fizemos uma turnê que passou por Montevidéu e Buenos Aires. Me tornei uma verdadeira *show-woman*. O jornalista Sérgio Porto, que assinava como Stanislaw Ponte Preta e era um apaixonado por música e um dos melhores cronistas do Rio de Janeiro na época, passou a se referir a mim como "Norma, meu Bengell" em suas críticas em jornais e revistas.

Mas, se para a sociedade daquela época, ser atriz era ser marginal e prostituta, imagine ser vedete, então? O gerente da boate Casablanca um dia foi falar comigo. Ele arrebanhava algumas mulheres para os políticos e me disse que se eu saísse com o ministro do Trabalho ganharia um bom dinheiro. Eu não sabia dessas coisas, realmente não sabia. Pensava que ali éramos apenas artistas. Fiquei tão assustada que fui falar com o Machado, o que resultou numa fofoca dos diabos. Eu não era objeto de prazer.

Da Casa Canadá fui para a Casa Imperial, uma das lojas de moda localizadas no centro do Rio, onde eu desfilava diariamente para as clientes. Ali conheci Murilo, o filho do dono, e começamos a sair. Murilo era bonito, inteligente e elegante, mas tinha uma noiva e era com ela que ele iria se casar.

Ele queria uma ninfeta como eu apenas para o prazer. Eu gostava de namorá-lo, mas tinha medo e não queria saber de compromissos sérios ou casamento. Queria ficar famosa, ser independente, idolatrada e aplaudida. Queria ser alguém, ser de ninguém. Muitos se apaixonaram por mim, porém, naquele momento, era a minha carreira sempre em primeiro lugar.

Eu estava cada vez mais e mais influenciada pela atuação e pela música. Nada no mundo faria com que eu parasse. Se o amor aparecia, eu fugia. E assim fui construindo uma postura de mulher liberada, que, simultaneamente, atraía e afastava os homens.

Hoje sei que sexo por sexo é uma merda, e que paixão e tesão acabam. Tive vários amantes, mas não conseguia parar com nenhum. O que eu buscava era algo que me diziam que não era real, mas eu sabia que existia: o amor.

Uma pivete vai ganhar a vida

Continuei trabalhando para ganhar a vida e poder conquistar meus sonhos.

Em 1958, eu atuava em *Mister Samba*. A cada dia, um homem diferente se aproximava de mim. Foi assim que conheci Arnaldo, um dos secretários de João Goulart, o Jango, que nessa época era vice-presidente de Juscelino Kubitschek.

Arnaldo era vinte anos mais velho que eu, era casado e tinha três filhas. Ele tinha experiência e eu me sentia muito atraída por ele. Mas na primeira noite em que ficamos juntos, ele ligou o aquecedor do quarto e o aparelho explodiu. Com o susto, Arnaldo não conseguiu uma ereção sequer durante a noite toda. Desculpou-se, dizendo que era a emoção. Da segunda vez, fomos ao seu apartamento. Aí foi tudo bem. Ele foi o primeiro homem que me fez gozar.

Nós dois nos apaixonamos e começaram, então, os piores cinco anos da minha vida amorosa. Ele dizia que eu era fria em comparação às mulheres decadentes com as quais andava. Aquilo me soava estranho, porque eu o amava muito e me entregava – só não tinha experiência. Eu era pura e ainda me sentia um pouco virgem. Eu procurava, através do sexo, deixar de ser ninfeta.

Mamãe não gostava nada dessa história e fazia marcação cerrada, acompanhava-me aos shows todas as noites. Na verdade, ela temia que meu pai a processasse e tirasse sua guarda novamente. Por causa dessa superproteção dela, Arnaldo nunca aparecia para me buscar na porta da boate.

Depois das cortinas dos palcos, seriam as lentes das câmeras que se abririam para mim.

Em 1955, gravei o meu primeiro comercial televisivo, o do achocolatado Toddy, que era vendido com soldadinhos de plástico que as crianças colecionavam. Nessa época, os comerciais duravam mais de um minuto, e tem gente que ainda sonha (ou tem pesadelos) com aquele jingle. Eu saía dançando de trás de um pote gigante de Toddy, com um vestido que tinha uma abertura lateral até a cintura, revelando não só minhas pernas como também minha calcinha. "Tomou seu Toddy hoje? Todo mundo vai tomar", eu cantava. No final, em close, eu dizia, maliciosamente, "Toddy é gostoso", e acabava com uma piscadinha.

Esse comercial serviu para reforçar na cabeça de muita gente a minha suposta semelhança com a francesa Brigitte Bardot, estrela internacional lançada por Roger Vadim em *E Deus Criou a Mulher* (1956). A produção foi um grande sucesso de bilheteria e marcou o início da *nouvelle vague* no cinema. O roteiro, baseado em fatos reais, contava a história de dois irmãos que brigam pela mesma garota. Bardot aparecia loira e nua, fazendo beicinho, enganadora. A Legião da Decência, organização ligada à Igreja Católica nos Estados Unidos, condenou o filme pelo seu conteúdo sexual.

Depois desse comercial, o cineasta Carlos Manga foi assistir ao meu show. Ele era diretor da Atlântida Cinematográfica, que produzia as grandes comédias de Oscarito e Grande Otelo, e me ofereceu um papel na chanchada *O Homem do Sputnik* (1959). O filme satirizava a

Uma pivete vai ganhar a vida

Guerra Fria, com direito a espiões soviéticos e agentes americanos (Jô Soares, em seu primeiro papel, interpretava um deles). O protagonista era Oscarito, que se saiu impagável como o caipira em cujo quintal despenca um satélite. Eu faria a agente francesa BB.

Para isso, Manga queria que eu "incorporasse" a imagem de Bardot. Mas como pode alguém tentar ser outra pessoa que não ela mesma? Pra mim não dava, eu sempre fui e sempre serei quem sou. Eu vinha de um teatro caricatural sim, e daí? Mesmo assim, eu disse para o diretor que faria o que ele me pedia: tingi o cabelo de louro e pintei uma boca bem grande.

Manga me levou várias vezes ao cinema para ver como Bardot fazia biquinho. Enquanto eu atuava, além de dar dicas de como seria Brigitte Bardot, ele fazia caras e bocas por trás das câmeras. Ele era muito engraçado, mas se levava a sério, querendo realmente que eu fosse a Bardot brasileira. Mas eu era Norma Bengell. Jamais poderia fazer uma Brigitte Bardot sexy do jeito que ele queria. Eu vinha de um teatro onde imitava Jane Mansfield e Rita Hayworth. Por isso, continuei sendo eu mesma, e em vez de imitar a Brigitte, imitei o Manga. Criei uma Bardot caricatural e o resultado foi cômico.

O Homem do Sputnik foi lançado em 1959 e foi com essa caricatura que estreei no cinema. Há quem diga que a minha participação era a melhor coisa do filme. Pela qualidade da minha interpretação, ganhei até o prêmio de melhor atriz coadjuvante pela Associação Brasileira dos Cronistas Cinematográficos.

Foi uma grande honra trabalhar com Oscarito, um ator muito generoso. Ele era um gênio e representava improvisando a partir do que eu fazia. Contracenar com os atores também foi um aprendizado e tanto.

Aprendi com esses astros a arte de fazer rir, de fazer chorar, e como me comportar em cena. Nosso país tem escolas de teatro, mas a prática com o público e com os grandes artistas é a maior lição que um ator pode ter.

—

No final dos anos 1950, os boleros, as valsas e a série de sambas-canções de Orlando Silva e Nelson Gonçalves eram ótimos, mas a juventude já pedia algo diferente. Nesse contexto, surgia a bossa nova, que apresentava uma temática muito mais próxima do modo de viver do brasileiro urbano, mais alegre, intimista e com novos acordes que inauguravam uma suposta simplicidade. O grande criador desse novo ritmo foi João Gilberto, que trouxe um novo jeito de tocar o violão e de cantar baixinho, sossegado... Como o bom baiano que é.

O grupo que se reunia para tocar essa nova música era formado por Tom Jobim, Vinicius de Moraes, Nara Leão, Ronaldo Bôscoli, Carlinhos Lyra, entre outros. As reuniões eram no apartamento dos pais de Nara, que ficava no edifício Champs-Élysées, em frente ao Posto 4, na Avenida Atlântica, em Copacabana. Tom contava que um dia "colocou alguns acordes aqui e ali, estilo João Gilberto, e que Vinicius apareceu e colocou a letra". Desse jeito surgiu *Garota de Ipanema*. A gíria da época para definir uma coisa original, inteligente, bem-humorada era "esta coisa é cheia de bossa". Diz a lenda que, depois de ouvir a música que o grupinho da Nara fazia, as pessoas saíam dizendo que, além de ser cheia de bossa, era uma "bossa nova". E o nome pegou.

Uma pivete vai ganhar a vida

Em 1959, a gravadora Odeon lançou um daqueles discos com orquestra de músicos brasileiros não identificados vendidos como se fossem LPs norte-americanos. A capa era ilustrada com uma foto linda minha, comprada da revista Manchete, sem o meu conhecimento nem consentimento. A arte tinha sido feita por César Villela, um dos melhores artistas gráficos do país, que também criou capas para discos de Nara, Tom, Vinicius e Edu Lobo.

Minha reação imediata foi ligar para a gravadora Odeon e ameaçar processar. Do outro lado da linha, me perguntaram: "Quanto você quer?". Rapidamente, tive uma ideia marota e mais inteligente. Respondi: "Se vocês gravarem um disco meu, está tudo resolvido". Eles toparam – afinal de contas, naquele momento, eu já tinha feito uma turnê pela América do Sul com Machado, era *habituée* das capas de revistas, e estava prestes a estrear no cinema.

Foi assim que gravei o meu primeiro LP, *Ooooooh! Norma*. É um ótimo disco, do qual muito me orgulho. Para a surpresa dos produtores e do público, o disco já tinha uma sonoridade bem próxima da bossa nova e minha voz – sussurrante, aveludada e sensual – foi comparada à da cantora americana Julie London.

No repertório, interpreto *standards* internacionais como *Fever* (uma exigência minha) e *This Can't Be Love*, e as brasileiras *Hô-Bá-Lá-Lá*, de João Gilberto (e que, na sua opinião, é a melhor interpretação da canção), e *Sucedeu Assim, Eu Sei que Vou Te Amar* e *Eu Preciso de Você*, de Tom Jobim (fui uma das primeiras cantoras a gravar composições inéditas de Tom). Também canto em francês em *C'est Si Bon* e em espanhol, *Drume Negrita*.

Norma Bengell

A capa desse LP, também feita for Villela, dava a impressão de que eu estava nua. Ficou muito elegante. Na contracapa, havia um texto:

Na produção normal de uma Fábrica Gravadora, ocasiões se apresentam que nos levam a provar que não existem fronteiras quando se trata de talento.
O disco pode e deve transmitir ao público qualquer tipo de personalidade.
E procura fazer isso somente com o sentido da audição, sem a ajuda de nossa visão e o que "ela" nos pode oferecer de cor e beleza.
Este LP foi providenciado com esta finalidade: procurar captar, unicamente, em som, o talento indiscutível de NORMA BENGELL.
Confiamos na inteligência e imaginação do ouvinte deste disco, certos de que uma surpresa bastante agradável os espera.
Luz de boate
Música de boate
Ritmos de boate
Voz de veludo
Voz de mulher
Voz de Norma Bengell
...para você
Oh! Norma... – é uma voz sentada ao colo cantando no seu ouvido –

A gravação me rendeu bons trabalhos musicais. Fiz shows no Club 36 e no Beco das Garrafas, um beco em Copacabana que tinha várias boatezinhas. Também recebi um convite para gravar outro disco, em 78 RPM, com versões para *A Lua de Mel na Lua* (1959) e *E Se Tens*

Uma pivete vai ganhar a vida

Coração (1959) – esta canção foi incluída na trilha sonora de meu quarto filme, *Mulheres e Milhões* (de Jorge Ileli, 1961).

Apesar do sucesso, Sérgio Porto, o Stanislaw Ponte Preta, avaliou o disco negativamente. Por ironia, décadas depois, a gravação viraria uma raridade muito disputada e eu iria morar na rua que homenageava o crítico, a Rua Sérgio Porto, na Gávea.

Os primeiros televisores começaram a chegar no Brasil a partir dos anos 1950 e, no fim da década, os programas musicais já faziam um sucesso enorme, com ótima audiência. Foi então que, depois do teatro de revista, do cinema e da música, eu começaria a fazer televisão também.

Minha estreia foi na TV Tupi, num programa semanal sobre MPB. Eu recebia personalidades da música e era dirigida por Abelardo Figueiredo. Depois, na TV Rio, apresentei os programas *Carrossel* e *Noite de Gala*, ao lado de artistas como Lúcio Alves, Carminha Mascarenhas e Elizeth Cardoso. Foi lá que conheci Daniel Filho.

Os estudantes estavam organizando o 1º Festival de Samba-Session na Pontifícia Universidade Católica do Rio, a PUC. O evento aconteceria no dia 22 de setembro de 1959 e fui convidada a participar. Nessa época, no entanto, a expressão "bossa nova" ainda não era popular. Por isso, o nome do festival foi anunciado com antecedência, em cartazes colados pelos membros do diretório acadêmico, que era presidido por Cacá Diegues.

Antes do show, no entanto, fiquei sabendo que os padres que dirigiam a universidade tinham me proibido de cantar. Pensavam que eu, vedete de "má fama", cantaria de biquíni. Nara Leão, Sylvinha Telles e Ronaldo Bôscoli encabeçaram, então, um protesto. Fui parar na capa dos jornais, com manchetes como "Norma no Índex", e me vi no olho de meu primeiro escândalo. Só que pegou mal para a Igreja, e os padres voltaram atrás com a condição de que o show fosse transferido para a Faculdade de Arquitetura, que era mais liberal.

A expectativa e a excitação para ver o "show proibido" eram gerais. O anfiteatro ficou lotado de estudantes com faixas de conteúdos políticos: "democratização do ensino", "reforma agrária", "abaixo o imperialismo" etc. Reza a lenda que lá dentro se espremeram duas mil pessoas, enquanto outras mil, que não conseguiram entrar, protestavam do lado de fora.

Na abertura do festival, um estudante fez um pequeno protesto contra a reitoria por causa da proibição. Depois eu entrei, de tailleur, luvas e meias, toda vestida de preto, com o corpo coberto da cabeça aos pés. Cantei cinco músicas, entre elas *Eu Sei que Vou Te Amar*, de Vinicius de Moraes e Tom Jobim, que estava na plateia. Foi um show inesquecível.

Conheci o cantor italiano Domenico Modugno na boate Night and Day. Ele já era muito famoso pelas canções *Nel blu dipinto di blu* e *Volare* e o empresário dele me prometeu um contrato na Austrália. Ele me ofereceu passagem de primeira classe e 200 dólares por apresentação para cantar antes dos shows de Domenico – era um bom dinheiro na época. Pensei: "Vou ser aplaudida e deixar de ser pobre!". Ser uma artista reconhecida era tudo o que eu queria pra

Uma pivete vai ganhar a vida

compensar a crítica negativa que o Stanislaw Ponte Preta havia feito sobre o *Ooooooh! Norma*. Eu ainda namorava Arnaldo, mesmo assim embarquei nessa grande turnê internacional.

Mas onde seria a Austrália? E se eu morresse? Antes de viajar, telefonei para papai – que já tinha outra mulher –, apesar do ciúme de mamãe. Eu estava sem procurá-lo há quatro anos. Disse a ele que iria viajar e que gostaria de vê-lo no aeroporto.

Papai foi ao meu encontro e, quando nos vimos, nos abraçamos. Ele me entregou uma caixa de bombons de cereja, os meus preferidos, e disse: "Vai, você é igual a mim, corajosa". Parti, abraçada aos bombons, chorando muito enquanto o voo decolava. Seria uma longa viagem, mas fazer as pazes com papai me abriu para um mundo novo.

O avião fez escalas em Nova York, Honolulu, Fiji e São Francisco. Foi uma viagem em grande estilo: em cada aeroporto, eu recebia flores da Braniff Airways.

Durante o voo, adormeci. Quando acordei em Fiji, olhei para a poltrona ao lado e vi meu ídolo, o astro Sammy Davis Jr., que cantava, representava e dançava, sentado ali. Imagina a minha emoção!

Descemos juntos do avião. Senti o bafo do ar quente, muito quente. Davis ia dar uma volta de ônibus pela ilha e me convidou para acompanhá-lo. Durante o passeio, ele me contou que também faria uma turnê na Austrália, de norte a sul, e que depois faria um show no Brasil. Só nos despedimos no aeroporto de Sidney.

Cheguei ao meu destino em 1º de dezembro de 1959, com vinte jornalistas à minha espera e coroada com o título de *brazilian bombshell*. O único problema foi que eu não soube responder aos repórteres que me perguntaram sobre a inauguração de Brasília, que em quatro meses seria a nova capital federal.

Corri o sul da Austrália e passei o Natal no avião. Por fim, a turnê foi um sucesso de público, mas um completo fracasso financeiro. Me apaixonei pelo pianista, mas estava tendo um caso com o empresário, que descobriu, ficou enfurecido e fugiu com todo o dinheiro. Ficamos sem nada e corremos atrás dele até o aeroporto; somente o apanhamos quando ele estava quase embarcando para a Itália. Depois de muitos protestos, xingamentos e reclamações, chegamos a um acordo. Domenico enviaria a minha passagem de volta para o Brasil, e a do pianista para a Itália. Mas teríamos que esperar. Passamos o dia 31 de dezembro de 1959 completamente duros, sentados numa janela de hotel, olhando a lua.

Por causa do fuso horário, esperei dar meia-noite no Brasil e telefonei a cobrar para mamãe. Disse que tudo havia sido um sucesso, pois não queria preocupá-la.

Enfim, a passagem que Domenico nos enviou chegou. Parti para o Brasil pobre e com excesso de bagagem, uma coisa horrorosa e deprimente. Na escala em Nova York, telefonei para a cantora Lillian Briggs, que eu havia conhecido em Punta del Este, durante a excursão de Machado pela América Latina. Lillian era conhecida como "a rainha do rock'n'roll" ao lado de Elvis Presley, que era o rei. Foi a primeira mulher a receber o status de roqueira. Ela foi me buscar e mudei imediatamente meus planos: ficaria em Nova York para tentar o sucesso no exterior.

Lillian me apresentou ao seu poderoso *manager*, Mr. Patrill, empresário do Carnegie Hall, a casa de concertos mais prestigiada do mundo. Ele pagou pelo meu excesso de bagagem, resgatou minhas malas na alfândega e me hospedou em sua casa. Em seguida, levou-me para conhecer Mr. Mayer, dono da MGM. Apresentei a ele meu disco *Ooooooh! Norma*. Ele disse que era "ok", mas queria que eu me transformasse. "Americanizada, como Carmen", pensei.

Arranjaram-me um *coach* e eu passava os dias sendo preparada para o sucesso americano. Fazia poses com o melhor fotógrafo de Hollywood, o Bruno. Eu me sentia estranha com todas aquelas roupas e diante daquela grande estrutura, mas pensava no sucesso e seguia em frente.

Só que o resultado do esforço não aparecia. Fiz alguns shows em *night clubs*, vários testes, mas nenhum havia dado certo. Um dia, eu estava sentada em frente à janela, assistindo à neve cair, e senti, subitamente, uma enorme saudade do Brasil, do sol e dos meus pais. Eu precisava encarar os fatos de frente. Como poderia ficar ali, se nada acontecia? Telefonei para a Varig e agendei minha viagem de volta para a noite seguinte.

Liguei para o empresário e simplesmente disse: "Mr. Patrill, não dá pé, vou embora. Eu não sou daqui e não estou entendendo nada". Ele ficou furioso e sua resposta, na verdade, foi uma pergunta. Ele queria saber como é que eu pretendia pagá-lo, pois lhe devia, ao todo, 700 dólares. Minha angústia aumentou. Propus, no entanto, deixar todas as minhas roupas e meus dois colares, um de pérolas e outro de topázios. Ele topou. Mas pedi que ele não os vendesse – eu ainda seria muito famosa e voltaria para buscá-los. Ele sorriu e eu parti.

Voltei para o Brasil com a cara, a coragem e uma valise na mão. Assim que desembarquei do avião, os repórteres, sequiosos por informações e fofocas, perguntavam onde estavam as minhas malas. Fui rápida na resposta:

– São tantas que decidi que viriam de navio.

Apenas dois anos mais tarde, quando um amigo foi a Nova York, pude resgatar o colar. Mas ele só trouxe o de pérolas – o de topázio já havia sido vendido. As roupas tinham mofado.

Eu voltaria aos Estados Unidos já no ano seguinte. Dessa vez meu destino era Chicago, para a apresentação de um show do Carlos Machado no Hilton Palmer House, onde eu cantaria uma bossa nova, *Bim Bom*, de João Gilberto.

Mas lá, para a Senhora Abott, *manager* e interlocutora de Machado, eu e o resto do grupo éramos apenas empregados dos americanos e não podíamos sequer comer no restaurante do hotel – apenas no café comandado por porto-riquenhos, reservado aos funcionários. Além disso, os artistas negros não podiam vir à frente do palco com os atores brancos. Elizeu Félix era um grande artista, um gênio do pandeiro. Que mal tinha em ser negro? Era tudo muito esquisito na minha cabeça. Eu dizia que no Brasil não tinha disso, não.

Esse Hilton Palmer House era o hotel das convenções: tinha convenção de tudo. Um dia, umas senhoras com chapéus de palha com flores e bandeirinhas com qualquer coisa como "*Nixon is the one*" foram assistir ao show. Eu nem sabia quem ele era. Só sabia que aquelas pessoas eram muito feias, pareciam bruxas, com feições deformadas, baixas e gordas, falando muito alto e soltando risadinhas histéricas. Além disso, eram chatas e inconvenientes: comiam e falavam alto durante o show. Eu sorria enquanto cantava, embora tivesse asco mortal por todas elas.

Quando acabou o show, fui convidada para um grande evento no dia seguinte: era para fazer propaganda para o candidato Nixon num desfile em carro aberto, vestida de baiana, acenando e mandando beijinhos para aquele povo na rua com cara de "somos ricos, maravilhosos e nada nos atinge". Declinei da oferta, obviamente. E dou graças a Deus por não ter topado.

Tem muita coisa que tem preço, mas eu não tinha e nunca tive. Não gostei da ideia de me ver como uma baiana bobalhona, colonizada e americanizada. Eu, simples e definitivamente, não era Carmen Miranda. Realmente, depois de alguns anos, descobri que fiz uma ótima opção. Pra mim, Deus sempre foi brasileiro.

Confesso que passei anos e anos sem poder engolir os americanos. Enquanto estive lá, eles armavam a pior guerra dos últimos tempos, a do Vietnã. Por outro lado, foi nos Estados Unidos onde um médico me indicou o uso do diafragma. Fiquei eufórica com a nova descoberta: eu não teria mais que fazer abortos e poderia ter prazer livre, leve e solta. E o melhor de tudo, sem culpa.

Essa culpa muitas vezes me deixava completamente sem vontade de fazer sexo. Não dava para ir para a cama pensando que poderia engravidar e que teria de tirar logo depois.

No Brasil, Arnaldo me inspecionava para ver se eu estava com o diafragma. Seus brios machistas não permitiam que ele tivesse relações sexuais comigo de diafragma. Ingênua, eu cedia e tirava. Porém, cada vez que eu tirava o diafragma, tirava também um pouco dele da minha vida.

Assim, o relacionamento foi morrendo aos poucos. Ele sempre era o quente, o bom de cama, o top, o cara que trabalhava com o ministro. Era ele, ele, ele, só ele.

Em maio de 1960, soube que Sammy Davis Jr. viria ao Brasil e me ofereci para buscá-lo no Aeroporto do Galeão, que era horrível naquela época. No carro, lembrei-o de como nos conhecemos, no avião, a caminho da Austrália. Enquanto eu falava, ele olhava para cima, boquiaberto, em direção à favela que margeava a Avenida Brasil. Fiquei constrangida com a reação dele diante da miséria. Sammy me perguntou o que eram aqueles bichos pretos voando. Eu não sabia dizer "urubu" em inglês e respondi "*brazilian birds*". Morri de vergonha. Hoje sei da importância do urubu para o ecossistema, porque ele normalmente sinaliza que o lugar está sendo rondado pela miséria, pela fome e pela morte. Quando chegamos ao seu hotel, o Copacabana Palace, na zona sul, havia apenas bem-te-vis, que são bem mais fáceis de apresentar.

Mais tarde, fui assistir ao show dele e fiquei louca. Ele era negro, baixinho e tinha um olho de vidro. De repente, ele se virava de costas para o público e, sem dizer quem pretendia imitar, sofria uma metamorfose. Quando Sammy se voltava novamente para a plateia, era o próprio Marlon Brando. Uma maravilha.

Passei a abrir o show de Sammy no Tijuca Tênis Clube. Eu o apresentava e também cantava em inglês. Afinal, tinha sido bem colonizada por Machado, que me ensinou muito.

Agradei. Mas quem adorou, se encantou de verdade com a minha voz, foi o baterista cubano de Sammy...

Uma pivete vai ganhar a vida

Minha energia sempre foi inesgotável, sempre estive a mil por hora. E aqueles foram anos em que fiz praticamente de tudo: de shows do Carlos Machado à gravação de um disco; de cantar na Austrália a estrear no cinema ao lado do artista mais popular do país, o Oscarito; de comercial de TV a teatro.

E 1960 ainda teria espaço para mais um filme. Era um suspense de baixo orçamento, o *Conceição* (de Hélio Souto, 1960), filmado em São Paulo. Foi o único filme dirigido por Hélio, que era conhecido como "galã vitamina" pelo seu porte atlético. Ele também produziu e atuou nesse filme. O elenco ainda tinha Mário Benvenutti, Miriam Rony e Walter Avancini.

Em seguida, houve uma Semana do Cinema Brasileiro, em Roma, promovida pelo embaixador Hugo Gouthier. Fui convidada e parti para a Itália com uma comitiva que incluía Eva Wilma, Almeida Salles, Rudá de Andrade, Jardel Filho, Alberto Ruschel, Odete Lara, Maria Della Costa, entre outros. Na sala de projeção, estavam Paulo César Saraceni e Gustavo Dahl, que ainda estudavam cinema. E lá, por meio do jornalista Fernando de Barros, conheci Max Rechulski.

Max era o homem de confiança de Mario Wallace Simonsen, dono da TV Excelsior (a televisão de maior audiência), da Panair (a maior companhia aérea do país) e da Comal (a maior exportadora de café), entre dezenas de outras empresas. Enfim, Max era o braço direito do homem mais rico do Brasil. Pouco tempo depois, em agosto de 1961, quando Jânio renunciou e os militares tentaram impedir a posse de seu vice, o Jango, Max assumiria um papel decisivo na história do Brasil. Engajado ao lado da legalidade, Simonsen o enviou para interceptar o vice-presidente, que estava na China sem saber o que se passava no país, e colocá-lo a par dos fatos. O encontro dos dois aconteceu em Zurique. Dali, em vez de seguir para Londres, como era seu plano, Jango voou com Max para Paris, rumo ao Brasil, com escalas nos Estados Unidos, Argentina e Uruguai. Neste país vizinho, Jango aguardou a crise acabar até poder voltar ao país, pelo Rio Grande do Sul. Quando os militares assumiram, Simonsen perdeu tudo e caiu num absoluto e estranho ostracismo.

Max me convidou para ir para a Suíça e eu aceitei. Mas, antes de embarcar, caí numa noitada com a comitiva brasileira no Club 84, uma pequena boate que tinha uma música ótima, a mais badalada de Roma, frequentada por artistas internacionais. Lá, conheci o ator Renato Salvatori, que implorou para ficar comigo. Topei e passamos a noite toda juntos. No dia seguinte, me despedi dizendo que estava indo para a Suíça, mas voltaria logo. Era mentira.

Passei dois dias intensos e vibrantes em Genebra. Max me levou para ver o lago. Foi inesquecível. Contudo, como muitos, ficamos apenas amigos e voltei para o Brasil.

No outono de 1960, eu já era um símbolo sexual nacional – a estrela da coluna do "Lalau", o Stanislaw Ponte Preta, ou melhor, o jornalista Sérgio Porto –, e voltei à Faculdade de Arquitetura da PUC para participar de outro show histórico, o 1º Festival de Bossa Nova. O evento também ficou conhecido como *A Noite do Amor, do Sorriso e da Flor*.

Fazia muito calor no anfiteatro ao ar livre, de novo lotado. Todo mundo queria conferir João Gilberto, que lançava seu segundo álbum, recheado de futuros clássicos. Nana e Dori Caymmi, Johnny Alf, Chico Feitosa, Elza Soares, Roberto Menescal, Pedrinho Mattar, Caetano Zama, Nara Leão e Os Cariocas também se apresentaram no evento.

EU ENTREI NO PALCO, ELÉTRICA E LOIRA, CANTANDO *MENINA FEIA*, DE CARLOS LYRA. DESSA VEZ, COM AS PERNAS DE FORA. FOI UM ESTOURO.

A grande fábrica de fantasias

1987

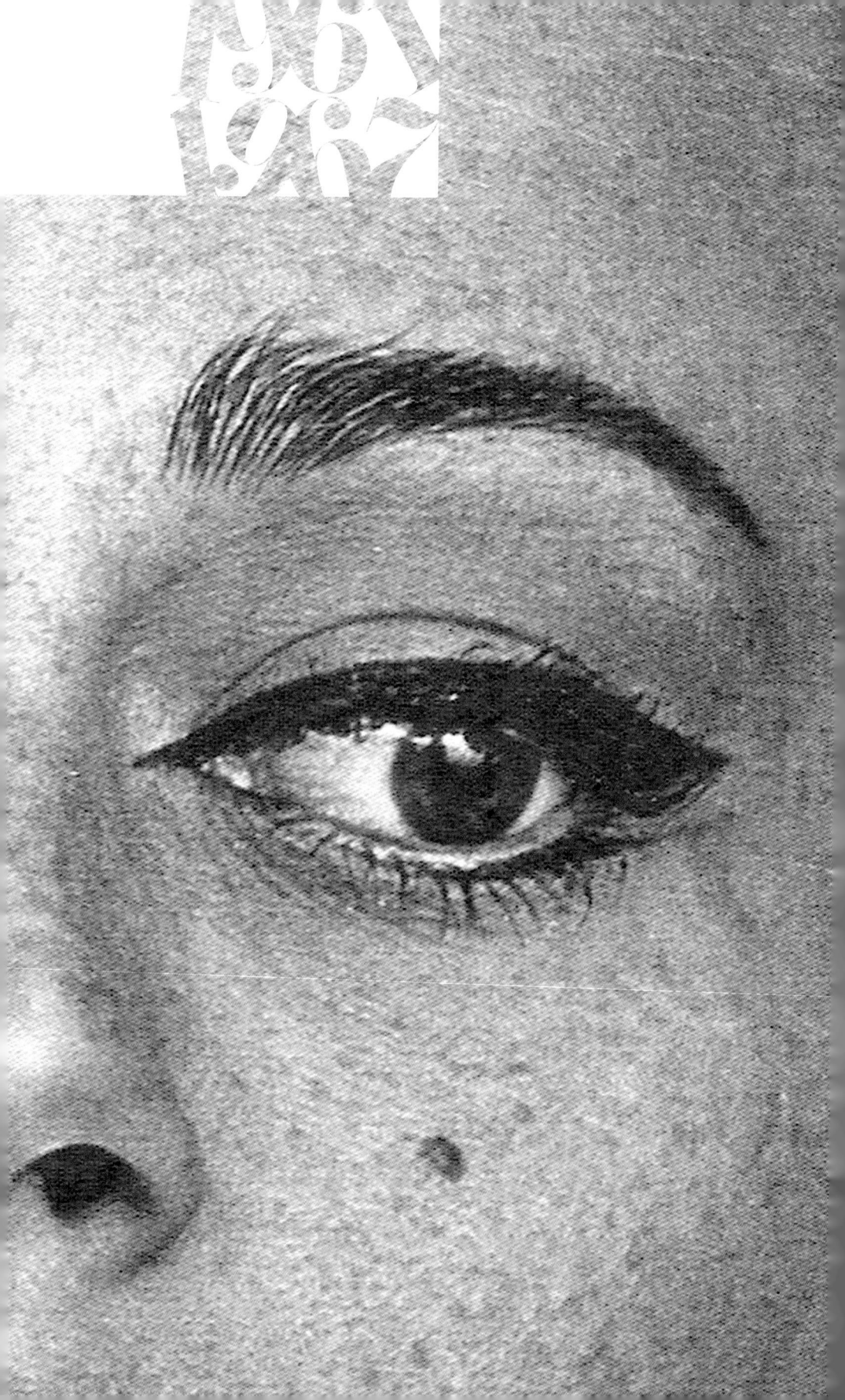

Fui convidada para fazer um papel mais sério pela primeira vez em 1961. Era para atuar em uma peça com três atos chamada *Procura-se uma Rosa*. O texto era baseado numa notícia de jornal e cada ato foi escrito por um autor diferente: Vinicius de Moraes, Pedro Bloch e Gláucio Gil. A notícia era a seguinte:

FATOS DA CIDADE/PROCURA-SE UMA ROSA

Estava na estação. Eram três horas da tarde. Com a companheira pelo braço, preparava-se para o momento de embarcar. Tinham chegado juntos, ficaram juntos todo o tempo e juntos iam embarcar. Passava gente por todos os lados. E então, de um segundo para outro, Rosa perdeu-se de seu braço. Não sabe explicar como. Só sabe que Rosa sumiu como se tivesse sumido dentro de si mesma. Esperou acabar o movimento. A estação ficou deserta. Mas Rosa não apareceu. Voltou para casa e de novo pôs-se a esperar. Mas Rosa não apareceu. Foi então ao distrito policial e comunicou a ocorrência. E agora Lino dos Santos está percorrendo os jornais para avisar que oferece uma gratificação a quem encontrar a sua Rosa. Qualquer informação pode ser enviada à redação deste jornal.

Eu participei do ato escrito por Gil, que teve direção de Léo Jusi. Esse episódio depois inspiraria o filme ítalo-brasileiro *Uma Rosa Para Todos* (1967) (*Una Rosa per Tutti*, em italiano), dirigido por Franco Rossi e estrelado por Claudia Cardinale.

A grande fábrica de fantasias

O espetáculo foi uma sensação. Ficou seis meses em cartaz e recebi minha primeira crítica importante, de Paulo Francis, que escreveu: "Procura-se uma rosa. Nasce uma atriz".

No teatro, pude conhecer pessoas de outros ambientes, com outra cabeça. E mais homens, entre eles o grande ator Agildo Ribeiro, que se tornou meu amante. Aliás, ótimo amante. Com uma excelente pitada de humor.

Nesse momento, o Cinema Novo começava a despontar como um movimento proposto por jovens intelectuais, sob a influência do neorrealismo italiano e da *nouvelle vague* francesa. Esses novos cineastas queriam romper com o cinema comercial das chanchadas dos anos 1950, que dominavam o mercado, ao realizarem filmes pessoais e de baixo orçamento.

Quando comecei a frequentar o grupo do Cinema Novo, me sentia muito burra. Quer dizer, eu sabia que era inteligente, ou, pelo menos, muito viva, mas não era um poço de cultura. Eu era uma moça que lutou muito e não teve tempo de estudar; tudo o que aprendi foi sozinha. Por isso eu escutava muito e não falava. Porque, se for pra falar besteira, é melhor não falar.

Nesse contexto, o produtor Oswaldo Massaini me convidou para ir à Bahia substituir Odete Lara em um pequeno papel no filme *O Pagador de Promessas* (de Anselmo Duarte, 1962), baseado na peça de Dias Gomes. Aceitei na hora.

Até então eu só tinha feito, no teatro, *Procura-se uma Rosa* (1961). Por isso, em *O Pagador de Promessas*, atuei por puro instinto. Não sou uma atriz genial, mas tenho uma vantagem: quando me movo, parece que estou tomada.

Norma Bengell

Para fazer o filme, tive de engordar para ficar uma mulher gostosa e fazer a prostituta que briga com a personagem de Glória Menezes enquanto a banda passa por cima de nós duas.

No decorrer das filmagens, tive uma relação amorosa com o diretor, Anselmo Duarte. Mas não foi legal... Anselmo era egocêntrico, grosseiro e machão, aquilo que na cama também não funciona. Toda mulher sensual e que se dá valor sabe bem o que digo.

Eu já havia participado do filme policial *Mulheres e Milhões* (1961), de Jorge Ileli, dublada por Nathalia Timberg. A produção de Gilberto Perrone tinha Jece Valadão, Daniel Filho, Odete Lara e Mário Benvenutti no elenco.

Durante as gravações, a equipe ficava hospedada na casa do diretor e, num final de tarde, vi Valadão nadando na piscina. Mergulhei até ele e, quando emergi, disse que queria fazer amor, ali mesmo. Ele entrou em pânico, ficou sem reação. Saí nadando e rindo dessa que foi a única brochada assumida por ele.

No dia seguinte, Valadão se recuperou da surpresa e estava pronto para se redimir. Mas ficou chupando o dedo. Eu já tinha mudado de ideia.

Um ano depois, ainda interessadíssimo em superar o episódio da piscina, Valadão me convidou para atuar no filme *Os Cafajestes* (1962), escrito por Miguel Torres e dirigido por Ruy Guerra. No elenco, também estariam Daniel Filho e Hugo Carvana. De início, Guerra preferira para o papel Edla van Steen (que hoje é uma escritora premiadíssima), pois achava seu cabelo mais sexy. Valadão insistiu e o diretor decidiu por mim assim que me viu.

A grande fábrica de fantasias

Os Cafajestes conta a história de dois rapazes, um playboy e outro de origem pobre, que levam duas moças para uma praia deserta para tirar fotos delas nuas e fazer chantagem.

Havia uma cena de nudez prevista no roteiro e Arnaldo mandou que eu escolhesse: o filme ou ele. Aceitei o papel e nossa relação terminou. Eu já não o amava mais, tinha apenas alguma amizade e um resquício de atração. Ficamos numa boa. Nunca consegui odiar nenhum dos namorados que tive, com exceção de Alain Delon, que foi uma história diferente e um pouco mais complexa.

Porém, eu estava grávida e encarei outro aborto. Durante as filmagens, subi as Dunas do Peró, em Cabo Frio, com sangue escorrendo pelas pernas. Subia e descia as dunas, repetindo a cena por dias a fio. Eu não podia atrasar as filmagens para me recuperar. Havia aprendido que *the show must go on*.

O diretor Ruy Guerra era barra pesada em matéria de intelectual. Mas eu conseguia conversar com ele: eu com minha sensibilidade e instinto, ele com aqueles livros todos na cabeça. Ele dizia: "Pensa numa música", mas eu não pensava em música nenhuma, só pensava na cena. Esse filme mudou minha forma de representar. Era outra técnica, minimalista e naturalista, à maneira europeia, interiorizada, de tempos marcados, sem muitas falas.

Chegou a hora da gravação da primeira cena de nu frontal do cinema brasileiro: eu deveria andar em círculos na praia, completamente nua. Era uma verdadeira batalha com a câmera. Rui avisava que a câmera ia para o sexo e eu tapava o sexo, que ia focar os seios e eu tapava os seios.

A sequência em uma única tomada é um pouco longa, apesar de ter sido bastante cortada por Jece, que achou que a versão completa, a preferida de Ruy Guerra, não me beneficiava. Ruy foi gentilíssimo e me disse que se eu não gostasse do resultado, ele não colocaria a cena no filme. Mas eu gostei. Muito além da minha aparência, que afinal nem era o foco da cena, o que sobressai é a representação da angústia. As imagens falam menos de quem se vê e mais de quem as vê: são cruas como a perversão, violentas como o desejo, monstruosas como a verdade. Como se, realmente, a câmera eletrizante de Ruy Guerra estivesse voltada para a moral daquela sociedade, pois, de fato, é a plenitude daquela nudez que despe o espectador, explicitamente.

Certa vez, em uma entrevista, um jornalista me perguntou quais eram as cenas mais aventurescas que já havia feito. Ele esperava, obviamente, que eu falasse da cena de *Os Cafajestes*. Disse-lhe que as cenas vividas por nós, atores e equipe, na vida real e cotidiana eram tão mais intensas e fortes do que as do filme.

No dia em que a câmera estava desligada, minha atuação serviu para evitar uma tragédia. Valadão dirigia comigo ao seu lado e Guerra no banco de trás quando cruzamos com outro carro, que nos fechou bruscamente. Quando passamos, o rapaz ao volante do outro carro disse impropérios e começou uma gritaria, com um xingando a mãe do outro. Jece desceu do carro e o outro rapaz também, com um enorme revólver na mão. Jece, com a camisa aberta de peito de fora, gritava e andava em direção a ele: "Abaixa esse revólver, porque eu vou aí partir a tua cara e se você não me matar, vou te quebrar inteiro". Parecia um filme de faroeste.

Na hora, o meu coração apertou. Intuí que poderia haver derramamento de sangue e que a tragédia estava a poucos passos. O rapaz, para não apanhar, iria atirar. Resolvi sair correndo do carro e entrei no meio dos dois, gritando: "Por favor, não atire, eu estou grávida, ele é meu marido, ele é louco". O rapaz abaixou o revólver e nada aconteceu. Jece ficou verde de susto e eu o arrastei dali.

A grande fábrica de fantasias

Os Cafajestes estreou. O filme era avançado em todos os sentidos e a repercussão por sua linguagem inovadora e dinâmica foi grande no Brasil e no exterior. Falava de fumo e drogas, de estupro, da violência e da opressão sofridas pela mulher. E a notícia da nudez total atraiu multidões aos cinemas.

O filme, é claro, gerou escândalo – afinal, estávamos em 1962 – e foi proibido pela censura. O filme chegou a ser exibido nacionalmente durante uma semana e teve 18 mil espectadores antes da proibição. Chorei muito por causa disso.

Os meus problemas com o governo brasileiro eram inaugurados ali. Sofri grande perseguição dos setores conservadores e sofri ataques da Igreja e da famigerada organização Tradição, Família e Propriedade, a TFP, cuja campanha moralista e conservadora me acusava de ser amoral e libertina. Por contrato, eu tinha direito a um percentual de 14% da comercialização, porém, com a proibição, não houve bilheteria. Fiquei sem dinheiro e com dificuldade para trabalhar.

Apesar de tudo, *Os Cafajestes* recebeu uma dezena de prêmios, tornou-se um filme antológico da cinematografia nacional, um clássico do Cinema Novo, me confirmou como o maior símbolo sexual do país, além de me consagrar como atriz, precoce e definitivamente. Mas, acima de tudo, ganhei três amigos e companheiros de trabalho: Jece, Daniel e Ruy.

Apesar de meu desentendimento com Anselmo Duarte, quando *O Pagador de Promessas* foi selecionado para representar o Brasil no Festival Internacional de Cinema de Cannes, ele me deu uma passagem de avião, pois ficou consternado com a proibição de *Os Cafajestes*. Com isso, eu poderia levar uma cópia do filme de Ruy Guerra na mala e divulgar a produção no exterior.

Com a passagem nas mãos, telefonei para Max Rechulski, que estava na Suíça, e pedi dinheiro para poder comprar roupas para o festival. Em troca, ofereci meu percentual sobre os direitos de *Os Cafajestes* como garantia do empréstimo. Ele concordou e escrevi uma carta cedendo os direitos a ele e fiquei esperando o dinheiro. Para ganhar tempo, encomendei minhas roupas com Demetrio, o costureiro que vivia com Itacy, minha melhor amiga.

Na semana seguinte, tocou o telefone e uma voz se identificou como Caio, amigo de Max. O dinheiro estava com ele no Copacabana Palace, avisou. Fiquei radiante, mas tive medo de ir sozinha e pedi para Itacy ir comigo. Entramos no hotel, subimos e, ao entrarmos no quarto, vimos um ambiente à meia-luz. Percebi que o sujeito não esperava que eu estivesse acompanhada, já que ele estava sentado na cama, de costas para a porta. Eu disse "boa tarde" e ele me respondeu passando um envelope com dinheiro suficiente para eu comprar muitos e muitos vestidos e ainda dar um pouco à mamãe. Entreguei a carta, através da qual abria mão dos direitos do filme, e fui embora.

Dias depois, outro telefonema. Era Caio novamente. Ele dizia que aquele dinheiro não era de Max, mas dele mesmo. Fiquei surpresa e perguntei como ele soube do pedido que eu havia feito. Ele explicou que estava no escritório de Max, tinha ouvido toda a conversa e achou uma indelicadeza o amigo dizer, após desligar o telefone, que não daria dinheiro algum. Surpresa e desconcertada, prometi ao homem que ele seria reembolsado.

A grande fábrica de fantasias

Ficou aquela cerimônia toda entre nós, com ele tentando engatar um romance. Fiz sexo com ele uma vez, para ver se gostava. Fui incentivada por uma amiga casada com um homem rico, que vivia dizendo que sua profissão era o casamento, que casar e ser sustentada era uma coisa normal. Para mim, era impossível. Coisa de pele, odores, murmúrios; não deu. Pela primeira vez, senti nojo de ter feito aquilo. Foi a maior neura da minha vida, porque me entreguei por constrangimento e interesse, não por tesão. Foi horrível e deprimente. Fiquei arrasada.

Caio, no entanto, não desistiria de mim tão fácil e continuaria me orbitando por muito tempo. Ele acabou se tornando uma pessoa importante na minha vida e guardo por ele muito carinho. Vivemos um amor platônico: o amor que sentia por ele era igual ao amor que sentia por meu pai, e por isso não podia ir para a cama com ele. Também não perguntava quase nada sobre sua vida. Eu não prestava atenção no barato dos outros. A única coisa que sabia é que ele era muito rico e havia os boatos de que ele se envolvia com maracutaias. Se isso era verdade ou não, nunca soube, só sei que nunca ninguém me tratou tão bem quanto ele.

Depois tentei pagar o empréstimo, mas foi em vão: ele não aceitou e dizia que os presentes que me dava não lhe custavam nada. Mas a gentileza, a atenção e o carinho dele significavam muito para mim.

Em Cannes, vivi meu conto de fadas.

Roupas para o dia da exibição do filme, para a tarde de entrevista coletiva, para a premiação. Uma roupa para cada ocasião. Mas agora era outro tipo de roupa. Aos poucos eu abandonava aquele ar de vedete, exagerado, e conquistava um novo visual, mais discreto e elegante. Eu estava me tornando uma estrela internacional. Mas a verdade é que ainda não sabia me vestir. Era muito humilde e minha mãe sempre me aconselhava: "Quando uma pessoa não tem muita roupa, o melhor, aliás, o ideal mesmo, é usar o eterno pretinho básico, discreto, simples e elegante ao mesmo tempo". Já não era o caso: agora eu tinha roupas, roupas e mais roupas. Tudo patrocinado por Caio, o anjo apaixonado por mim.

Eu estava realmente linda e fui bastante fotografada durante o festival. Eu tinha muita vitalidade, uma energia enorme e queria falar com todos, saber de tudo. O sucesso e os prêmios de interpretação que havia recebido por *Os Cafajestes* me levaram até os contatos para a venda do filme no exterior.

Em Cannes conheci muitas pessoas, entre elas o jornalista Mauricio Liverani, que conhecia Dino De Laurentiis, um dos maiores produtores de cinema do mundo, marido da atriz italiana Silvana Mangano. Ele me disse que, se eu fosse à Itália, poderia fazer um contato com Dino para tentar vender o filme. Isso, porém, me causou problemas, pois Anselmo Duarte e Oswaldo Massaini não queriam que eu falasse de *Os Cafajestes* durante o festival. Eu achava, no entanto, que seria uma coisa normal, já que era tudo cinema brasileiro. Por que não aproveitar Cannes para ajudar outro filme? Minha mãe sempre dizia que a união faz a força. Mas eu não estava por dentro da política e dos jogos de interesses.

Em um dos almoços, sentaram-se à nossa mesa Sophia Loren, Carlo Ponti, Jeanne Moreau, Romy Schneider, Pierre Clementi e Luchino Visconti. Eu me sentei ao lado de Odete Lara. A primeira frase que ela me disse foi: "Eu comeria aquele ali numa bandeja, como um franguinho".

A grande fábrica de fantasias

Girei o pescoço e vi um cara meio branquelo. Respondi que não fazia meu tipo. O cara era verde de tão pálido, não tinha a cor do Gerson, meu primeiro namorado. Só tempos depois eu descobriria quem era ele.

No dia da projeção para o público, *O Pagador de Promessas* foi aplaudido de pé. Também aplaudiram o meu trabalho, separadamente. O filme concorria com outros trinta e dois, muitos deles obras-primas da sétima arte: *Tempestade Sobre Washington* (1962), de Otto Preminger; *O Anjo Violento* (1962), de John Frankenheimer; *O Eclipse* (1962), de Michelangelo Antonioni; *Um Gosto de Mel* (1961), de Tony Richardson; *Longa Jornada Noite Adentro* (1962), de Sidney Lumet; *O Processo de Joana d'Arc* (1962), de Robert Bresson; *Cléo das 5 às 7* (1962), de Agnès Varda; e *O Anjo Exterminador* (1962), de Luis Buñuel. No último dia, mais ou menos às seis da tarde, soubemos: o prêmio era do Brasil.

Era o primeiro prêmio internacional do cinema brasileiro, entregue a nós pelo diretor francês François Truffaut. Ficamos radiantes.

Foi uma das mais disputadas e controversas premiações da história do Festival de Cannes. Como não poderia deixar de ser, houve descontentes e, na noite da premiação, os aplausos foram poucos.

Depois da premiação, houve um coquetel e Truffaut se aproximou de mim. Disse-me que ele é quem havia brigado pelo filme, pois queriam premiar a Itália ou a França – foi justamente o seu voto que desempatou a competição. Ele também me contou sobre as políticas da premiação e todo o jogo de interesses envolvido. Eu botei na minha cabeça que o prêmio era por mérito, pois o público havia gostado e aplaudido muito. Política e fofocas não me interessavam.

A toda hora, eu chamava o diretor de Françoise. Ele me corrigia: "É François!". Mesmo assim, ele me ofereceu uma carona e um papel num filme. Aceitei a carona, mas perdi o papel. No carro, ele tentou se aproximar com segundas intenções, mas dei um chega pra lá. Não havia química entre nós, o que para mim sempre foi essencial – eu tinha um namorado que, quando a gente se abraçava, dava para sentir a eletricidade transcorrer pela nossa pele. Todos disseram que fui burra. Ele era um gênio, eu realmente adoraria ter filmado com ele, mas não aconteceu.

E, de Cannes, parti direto para a Itália.

Passei minha vida nas fantasias do cinema. Para mim, a Itália e os outros países eram apenas símbolos cinematográficos. A França era a terra da Brigitte Bardot. Os Estados Unidos eram Hollywood, a terra do cinema, dos astros, da Betty Hutton cantando *There's No Business Like Show Business*. A Itália era a terra do Mussolini, da Anna Magnani, do Rossellini, do *Arroz Amargo* (de Giuseppe De Santis, 1949), do cinema e do circo.

Mas onde ficava a Itália? Eu nem sabia direito, sempre fui péssima aluna de geografia e estudei com minhas viagens. Lembrava apenas que o país tinha o formato de uma bota. Mesmo assim, era incrível estar ali.

Em 1962, em Roma, Mauricio Liverani cumpriu sua promessa de me apresentar a Dino De Laurentiis, que, por sua vez, me apresentou ao diretor Alberto Lattuada, um dos expoentes do neorrealismo italiano. Lattuada adorou meu rosto e me contratou para o papel feminino da sua comédia de humor negro, *O Mafioso* (1962). Para isso, ele contou com a aprovação do ator Alberto Sordi, que protagonizaria o filme. Eu teria, no entanto, que usar enchimento nos seios, porque os italianos

A grande fábrica de fantasias

são vidrados em seios e minhas duas laranjinhas tinham que virar dois abacates. De qualquer modo, minha carreira internacional começava no cinema italiano, e pela porta da frente.

O Mafioso contava a história de Antonio, um jovem operário (interpretado por Alberto) que decide levar sua esposa (interpretada por mim) e as duas filhas para conhecer sua família, em sua cidade natal, na Sicília. As filmagens seriam realizadas em Palermo e, no mesmo hotel em que nos hospedávamos, estava toda a equipe de outro grande filme, *O Leopardo* (1963), de Luchino Visconti. Esse filme também se passava na Sicília e contava a história de um grande proprietário de terra que perde o seu poder de influência após o processo de unificação da Itália. No elenco, toda a fina flor do cinema: Burt Lancaster, Claudia Cardinale e Alain Delon. Todos ali, no mesmo endereço que eu.

Numa noite, Alberto Sordi me convidou para jantar na casa de Luchino Visconti. O diretor morava em um grande castelo alugado em Palermo. Quando cheguei, vi alguns atores e uns meninos de uma beleza ariana que mais tarde eu reconheceria no filme *Os Deuses Malditos* (de Luchino Visconti, 1969). Eu estava particularmente bonita naquela noite, com uma echarpe emoldurando o rosto, e Visconti me ofereceu um papel em *O Leopardo*. Alberto, no entanto, que mandava muito na época e estava no auge de sua carreira, não me deixou participar. Dizia que ele havia me descoberto e que Visconti queria apenas se aproveitar de mim. Achei uma loucura, mas não podia fazer nada. Eu tinha um contrato com Dino De Laurentiis.

O mordomo anunciou que o jantar estava servido. A mesa era enorme. Todos nós ficamos sentados em volta da mesa com Visconti na cabeceira. Enquanto Alberto e Visconti conversavam o tempo todo, quase ninguém mais falava em atenção e respeito a Visconti, reverência absoluta. O que mais se ouvia era *"si, maestro; prego, maestro; grazie, maestro"*. O casal de atores Rina Morelli e Paolo Stoppa também estava lá. Eu fiquei em um canto, sentada, assistindo. Só abri a boca para comer. Parecia um cenário de filme.

O jantar acabou cedo. Despedi-me do *"maestro"* e partimos.

No carro, Alberto me disse:

– Você não vai participar do filme porque o papel oferecido é secundário, quase sem importância alguma.

Não tive reação. Fiquei profundamente triste. Afinal de contas, seria a primeira vez que trabalharia com Visconti e iria rever Claudia Cardinale, que eu havia conhecido no Brasil, enquanto ela filmava *Uma Rosa Para Todos*. Fomos apresentadas no palco quando eu havia acabado de representar "Rosa" no teatro e ela se preparava para encarnar "Rosa" no cinema. O filme foi dirigido por Franco Rossi e não foi bem. Claudia não era a Rosa, era uma napolitana.

Fiquei de fora de *O Leopardo*, que se tornaria um grande clássico do cinema, e tive de me contentar em gravar apenas *O Mafioso* e ouvir as lendas do que *il maestro* fazia com os produtores. Diziam que Visconti teria mandado várias vezes de volta para Roma a carruagem na qual Claudia e Alain Delon apareciam no final do filme. Cada vez que a carruagem chegava, ele ficava insatisfeito e devolvia, alegando imperfeições. Uma carruagem que deveria custar um milhão, custou dez. Coisas de gente perfeccionista, exigente. Diziam também que, para o grande baile do filme, ele havia encomendado rosas holandesas que chegavam à Sicília num calor de quarenta e cinco graus, não suportavam e morriam. E que as rendas dos punhos dos atores eram valencianas, coisa que, nas telas, o público nunca perceberia. Mas Visconti assim exigia. Depois de tudo o que vi, passei a acreditar nos boatos.

Durante as filmagens de *O Mafioso*, Alberto Sordi se apaixonou por mim. E era para valer, ele queria mesmo se casar. E eu não tinha e nem queria compromisso com ninguém. Ele era muito feio, chato, tomava chá de camomila o dia inteiro, mas me protegia – não me deixava beber e também me oferecia chazinho antes de dormir.

Numa noite, eu estava sentada com Alberto no bar do hotel e disse que ia dormir. Estava com os pés descalços e, quando procurei meu sapato sob a mesa, encontrei-o nas mãos daquele sujeito branquelo do Festival de Cannes. O branquelo me disse, de longe, que tinha acabado de ganhar uma aposta com Burt Lancaster, que insistia em dizer que eu era Jeanne Moreau. Ele pediu para que eu confirmasse não ser. Ganhou a aposta.

No dia seguinte, acordei louca por um banho de mar. Esperei que todos saíssem para filmar e fui.

Não havia praia ali; para alcançar o mar era necessário descer uma escada entre as rochas que acabava numa prancha. Deitei-me ali, de costas, e, depois de contemplar aquele cenário estupendo, fechei os olhos.

Fiquei boiando ao sol, em frente ao nosso hotel medieval, pensando em como eu tinha ido parar ali. Sempre quis ser artista, mas pensar em Cannes, França, Itália, me dava uma certa vertigem. De repente, minhas divagações foram interrompidas pelo barulho de alguém nadando em minha direção. Achei melhor ignorar e fingir que não tinha percebido. Foi então que ouvi:

– Posso me deitar aqui, ao seu lado?

Vi, então, que era um deus de olhos cor de violeta, como os de papai. Era o franguinho que Odete Lara comeria todinho em uma bandeja, em Cannes. Era o branquelo que havia roubado meus sapatos no bar do hotel. Era Alain Delon, mas só agora eu o reconhecia. Comecei a rir e disse:

– Claro, a prancha é pública.

E ele, pulando sobre a tábua, esnobou:

– Você tem de agradecer à França pelo prêmio dado ao Brasil.

Continuei deitada enquanto Alain Delon rezava em meu ouvido. Conversamos bastante. Contei a ele que iria ao Festival de Berlim – *Os Cafajestes* iria participar do evento – e já havia pedido licença a Lattuada para viajar. Alain então me convidou para um passeio de lancha e, já encantada por ele, aceitei.

Oficialmente, Alain ainda namorava a atriz austríaca Romy Schneider, mundialmente famosa por interpretar a imperatriz adolescente no clássico *Sissi* (de Ernst Marischka, 1955). O perfeccionismo de Luchino Visconti também não permitiria nosso relacionamento, já que ele não queria um galã com olhos vermelhos e abatido de tanto namorar para atrapalhar as gravações; além disso, eu não queria magoar Sordi. Um completo desacerto.

Certa noite, no bar do hotel, pedi licença para me retirar. Disse que estava cansada e dei um beijo em Alain, desejei boa noite ao Burt, outro boa noite à mesa ao lado. Mas Alain subiu logo em seguida e entrou no meu quarto. Atrás dele, no entanto, veio Alberto Sordi, que bateu na porta. Eu disse que estava dormindo, mas ele insistiu e começou a esmurrá-la. Alain se vestiu às pressas e fugiu pela janela, pulando de varanda em varanda, como um Romeu, até conseguir entrar em um quarto, justamente o de Lattuada.

A grande fábrica de fantasias

Quando finalmente abri a porta, Alberto entrou em disparada. Estava quase chorando e perguntava: "Onde está ele? Onde?", e começou a procurar. Alain fugiu descalço e esqueceu as botas ao lado da cama e, enquanto Alberto procurava no banheiro, eu me esforçava para escondê-las embaixo da cama, mas elas não entravam – a altura não era suficiente. Alberto Sordi viu, então, as botas e começou berrar:

– Eu vi as botas dele! Eu vi as botas dele!

Discussão terminada. Ele ficou deprimido.

– Por que me fez isso? Por quê? – repetia Sordi.

Eu não podia responder o que pensava. Alain Delon e eu éramos muito parecidos: lindos, livres, leves, soltos e jovens. Alberto Sordi era um gênio, mas era pão-duro, feio e moralista. Deu-me um tabefe quando disse que não estava mais afim. Fiquei calada e ele partiu.

Dei um tempo e subi desesperadamente para o quarto de Alain. Foi aí que tudo começou: paixão, sexo, amor, rejeição, fuga, partidas, Luchino e Romy. Um romance clandestino e delirante. Não era só um caso, como com os que eu estava habituada. Era mais fresco e jovem. Nós ríamos muito de tudo, corríamos, olhávamos a lua, felizes. Tudo escondido, o que dava mais sabor. Tinha muita paixão, entrega e curtição, mas sem idealismos, sem romantismo. Amávamos um ao outro loucamente e apenas enquanto estávamos juntos. Alain era escorpiano, um amante inigualável, insaciável. Ele realmente gostava de mulher, apesar de seu comportamento ambíguo.

Depois disso, fiquei na minha, sem incomodar, sem agredir ninguém. Mas Sordi, ferido, contou para todo mundo e a minha vida virou uma confusão: paparazzi, fotomontagem. Não nos deram mais sossego. As coisas desandaram de tal forma que Visconti e Dino, para nos separar, trocaram Alain de hotel. Então, de vez em quando, eu ia até o castelo dele, onde ele ouvia muito Rachmaninoff. Eu sentia que ele tinha algum sentimento por mim, embora não soubesse ao certo qual era. Um dia, ele me deu de presente uma chave de ouro em forma de coração. Noutro, após uma transa poderosa durante o banho, já estávamos saciados e exaustos quando ele enrolou a toalha molhada e quis me bater com ela. Era um jogo sadomasoquista, mas, no fundo, eu não entendia muito bem. Fiquei assustada.

Em meio a toda essa loucura, Marilyn Monroe morreu e fundiu a cabeça de todos com as hipóteses do mistério: suicídio, assassinato, acidente? Solidão, ao certo. E eu, cada vez mais me identificando com ela...

Chegou a hora da partida da equipe de *O Mafioso* e as filmagens continuariam em Roma. A equipe de Visconti seguiria em Palermo e me despedi de Alain. Eu já não o queria mais – não suportava tanto esconderijo, tanta loucura. A ascensão do grande astro Alain Delon começava.

Meu relacionamento com Alberto Sordi ficou delicado, mas continuou. Ele me deixava fazer minhas estripulias e chamava os paparazzi para fotografar. Um dia, ele disse que publicaria uma foto minha tomando sopa de concha, depois de uma festa. Ameaças que não significavam nada para mim. Algumas vezes, fomos visitar Dino De Laurentiis em casa e jantar com sua mulher, Silvana Mangano. Pareciam infelizes.

Ainda encontrei Alain algumas vezes em Roma. Certa noite, estávamos dormindo em minha casa quando, de repente, a luz do quarto acendeu. Nós nos levantamos, assustados. Uma voz diz: "Perdão!", apaga a luz e fecha a porta. Alain Delon berra:

A grande fábrica de fantasias

– Com que direito este homem entra no seu quarto?

Tentei explicar, inutilmente, e fui até a sala. Era Caio, que me esperava no sofá, com um anel de esmeraldas na mão. Ele havia acabado de chegar do Brasil. Eu sempre dizia que ele não podia aparecer sem avisar, mas ele nunca me dava ouvidos. Caio deixou o anel sobre o aparador e tomou o avião de volta para o Rio, no mesmo dia.

No meio da viagem, ele se arrependeu e me telegrafou. Pedia perdão pelo anel, que era falso, como eu já havia percebido. Nem liguei – verdadeiro ou não, não haveria esmeralda no mundo que comprasse o meu amor. Mas ele, achando, ingenuamente, que isso poderia melhorar as coisas, tentou, inutilmente, ferir-me um pouco, ao dizer que havia comprado dois anéis: o verdadeiro deu à sua mulher e o falso para mim. De todo modo, ele ainda voltou a Roma para me dar um anel de brilhantes – verdadeiros – que foi muito útil em tempos de vacas magras.

O Mafioso, enfim, estreou. Esse filme genial fez um tremendo sucesso na Europa e nos Estados Unidos – ficou dois anos em cartaz em Nova York e ganhou vários festivais. Eu conquistei projeção internacional e o cineasta Robert Aldrich, que trabalhou com gigantes como Charlie Chaplin, se declarou meu fã. Eu tinha deixado de lado a atuação discreta e voltava à atuação pintada e descontraída de *O Pagador de Promessas*.

Depois de *O Mafioso*, aluguei um apartamento em Roma, na Via Vechiarelli, 38, em frente a um castelo, para viver *la dolce vita*. Mas nem ao banco eu sabia ir. As pessoas pensavam que eu era milionária ou louca. Todo o dinheiro que recebia de um filme trocava em liras e mandava um pouco para mamãe. As cédulas eram enormes e eu enfiava tudo em um saco de pano, que carregava nas costas pelas ruas, como

Papai Noel. Eu pegava aquelas liras e pagava, pagava e pagava. Passei a minha vida pagando. Por causa desse saco de dinheiro, era chamada de *brasiliana pazza,* a brasileira louca.

Eu também não sabia nada sobre o meio cinematográfico italiano e, várias vezes, me senti usada por pessoas de péssimo caráter. Eu não tinha a menor ideia de com quem estava lidando. Era loucura demais para a minha cabeça. Na época, o jornalista Fernando de Barros escreveu um artigo dizendo que eu estava em um covil de lobos. Eu era jovem e não percebia a decadência em que vivia.

Na Europa, naquela época, os artistas tinham pessoas que agenciavam seus contratos. Eu era agenciada pela William Morris Agency (atualmente, William Morris Endeavor), a maior agência de talentos do mundo, e conquistei mais um papel no ótimo *I Cuori Infranti* (1963), de Vittorio Caprioli e Gianni Puccini, um dos filmes que mais gostei de fazer. Com Nino Manfredi, conta a história de um casal muito feliz. A mulher é mãe exemplar, boa esposa e trabalha como prostituta, enquanto o homem fica em casa fazendo os serviços domésticos. Para ele, aquilo é muito normal, e ela transa com outros homens apenas por profissão, ao contrário das mulheres casadas que têm amantes escondidos do marido por vício. O filme participou do Festival de Veneza.

Nessa época, eu tinha muito sucesso, mas muita solidão também.

Para amenizar minha angústia, Ana Calati, minha agente, me deu uma filhote de boxer, comprada na Via Condotti, que chamei de Catarina. Meu chofer, no entanto, ficou apavorado com isso e pedia todos os dias para eu mudar o nome da cachorra, pois Catarina (de Sena) é o nome da santa padroeira da Itália. Ele a chamava de *Scimmia,* que quer dizer

A grande fábrica de fantasias

"macaco", em italiano, e eu continuei chamando-a de Catarina, pois não via nada de mal. A cachorra pirou, pois tinha dois nomes.

Fui a uma festa na casa de Luciano Vincenzoni, um "bruto crápula", um tremendo esbanjador. Ele já era um roteirista famoso pela *Trilogia dos Dólares*, de Sérgio Leone, e o chamavam de o "doutor do roteiro". Era um cara que sabia fazer mil coisas, um sabichão. E começamos um caso.

Luciano vinha me visitar de vez em quando. Sempre trazia champanhe, que bebia em meus sapatos. Depois, transava comigo vestido, com camisa e sapatos. Eu achava engraçado. Mas sempre que ele dizia que ia me ver, exigia que eu ficasse em casa. E eu ficava, ouvindo Billie Holiday, e nada de ele aparecer. Isso aconteceu várias vezes, e eu queria sair dessa.

Uma noite, Ana Calati ligou me convidando para a festa do cantor e produtor musical Teddy Reno. "Ele mandou te convidar, vai lançar uma nova cantora". Luciano havia pedido para eu ficar em casa e fiquei indecisa. Esperei até as duas horas da manhã e nada. Ana ligou novamente: "Deixa de ser boba, vamos!". Como eu não queria mais ficar à disposição dele e dormir triste e sozinha, peguei meu carro e fui para a festa. Toda Roma estava lá, a festa estava muito simpática. De repente, um americano alto e forte como um touro quis bater em uma amiga minha; a barra estava ficando pesada, quando Teddy Reno interrompeu tudo para apresentar sua namorada, a nova descoberta da música popular italiana. A garota subiu na mesa – um meio quilo de gente. Era Rita Pavone, que cantou e encantou todo mundo.

Em meio ao delírio dessa apresentação, dei de cara com meu Casanova:

– Boa noite – disse.

– Eu não falei que era pra você ficar em casa? Por que saiu? – perguntou Luciano Vincenzoni.

– Porque eu quis – respondi.

E nunca mais o vi.

Houve uma situação divertidíssima quando estava hospedada no Hotel De La Ville, em Roma.

Eu estava esperando o elevador e, quando a porta abriu, vi um traseiro gigante, que ocupava todo o espaço do elevador, enquanto seu dono, agachado, amarrava os sapatos. Eu não resisti. Dei um tapinha e disse, em bom português:

– Que bundão!

O homem se ergueu, virou o corpo e me olhou diretamente. Quase desmaiei: era Orson Welles, um dos meus diretores de cinema favoritos.

– Oi, tudo bem? – gaguejei.

– Tudo ótimo! – respondeu ele.

E rimos muito.

Meu pai diria: "Norminha e suas estripulias..."

A grande fábrica de fantasias

Eu vivia num ambiente muito maluco, mas também tive o privilégio de conhecer pessoas lindas, que ajudaram a fazer minha cabeça. Uma delas foi o diretor John Cassavetes, o pai do cinema independente nos Estados Unidos. Fui indicada para trabalhar em um filme seu, *Sombras* (1959), que teria a produção de Carlo Ponti, já então casado com Sophia Loren. Estava tudo indo muito bem e deveríamos começar a filmar no mês seguinte. De repente, Cassavetes aparece em minha casa, dizendo que estava em maus lençóis. Ele havia dado um soco na cara de Carlo Ponti. Surpresa, eu quis saber o porquê, e Cassavetes só respondia: "Porque ele ri demais, ele ri demais".

O filme de John era genial, porém, diante daquilo, eu não sabia se ria ou chorava. Ele ficou lá em casa, sem um tostão e sem saber o que fazer. Tinha apenas a passagem de volta para a América.

Depois de muito conversar, decidimos que ele voltaria para os Estados Unidos. Eu tinha algum dinheiro e poderia contatar a General Artists Corporation e mandar depois a bagagem dele, que era enorme – de quem estava preparado para passar um bom tempo na Itália. Cassavetes partiu e fiquei pensando: realmente, Ponti ria demais e à toa.

Perdi um filme, mas ganhei mais um amigo. Muito tempo depois, em 1980, nós nos reencontraríamos no Festival de Veneza, eu com *A Idade da Terra* (de Glauber Rocha, 1980), destruído pela crítica, e ele com *Glória* (1980), que levaria o Leão de Ouro. Sei que ele guardava lembranças de mim, assim como guardo dele.

Caio desembarcou na Itália com dois casacos de visom para mim. Mas eu estava absolutamente concentrada no Festival de Veneza.

O filme *O Assalto ao Trem Pagador* (1962), de Roberto Faria, seria exibido. Em casa, recebi Roberto e seu irmão, Reginaldo Faria, que interpretava o protagonista dessa narrativa policial que depois inspirou todo mundo no cinema brasileiro. Dei aos irmãos Faria todo o meu apoio, inclusive financeiro.

Reginaldo tocava violão muito bem, era contido e educado. Apaixonei-me por ele e quis me casar. Ele me acompanhou durante a premiação, mas não quis ficar comigo.

Fiquei bem mal por causa disso e tomei uns cinco comprimidos de calmante. Ana Calati entrou em meu quarto, viu o vidro aberto e vazio e pensou que eu havia tomado tudo. Deixei que pensasse assim. Estava de saco cheio, deprimida e só queria dormir. Sabia que não ia morrer, mas precisava de atenção, de amor e de carinho.

Levaram-me ao hospital, onde passei por uma lavagem estomacal, totalmente desnecessária. No segundo dia de internação, contei a verdade à freira-enfermeira, mas ela não acreditou e disse que eu só seria liberada se alguém se responsabilizasse. Expliquei que era bobagem, que tinha de filmar, mas não adiantou. A internação seria horrível para mim, não só sob o aspecto pessoal, mas também profissional. Aí pedi ajuda a Roberto, mas ele não queria se meter. Foi Reginaldo quem, após muita insistência, assinou o termo de responsabilidade.

Consegui sair, mas o escândalo já estava formado. Todos os jornais haviam noticiado. Minha agente, que não dormia no ponto, tirou proveito daquilo. Anos depois, Reginaldo me contou que Ana Calati lhe ofereceu dinheiro para sumir da minha vida. Ele recusou o dinheiro, mas voltou para o Brasil mesmo assim. Ordinária, filha da puta... Ah, se soubesse disso na época!

A grande fábrica de fantasias

Voltei a Roma, onde meu amigo Nanuzzi, técnico de iluminação, morava com a família. Passei um tempo com eles enquanto esperava a poeira baixar. Para concluir meu "trabalho", atuei como em um filme. Disse aos jornais romanos que havia sofrido uma intoxicação alimentar e não toquei mais no assunto, que acabou esquecido.

Depois dessa confusão toda, voltei ao Brasil para passar o Natal e o Ano-Novo com mamãe, como sempre fiz. Ela estava preocupada comigo e com a minha solidão italiana. Para me ajudar, ela pediu que minha amiga Itacy voltasse comigo para a Europa e me fizesse companhia. Caio pagou a passagem dela – ele dizia que se sentia feliz em me ver feliz, mesmo eu insistindo que não o amava e que ele deveria ficar ao lado da mulher. Mas aceitei, pedi para ele tomar conta de mamãe, peguei o avião e fui à luta.

Ana Calati dizia que eu devia dar festas e jantares para poder trabalhar. Como ela havia sido agente de Elizabeth Taylor, segui sua recomendação. E também porque, às vezes, eu sofria demais com a solidão.

Então, quando me sentia sozinha, dava uma festa, tomava uns porres monumentais e dormia para não me lembrar de nada. A bebida era a única coisa que mantinha a minha esperança de sucesso e que aliviava as saudades de mamãe e do Brasil. Eu sempre dizia: "Vou fazer tudo para ficar famosa, por mim, por minha mãe e pelo meu país".

Dei festas memoráveis, nas quais os Fellinis e os Bologninis da vida se empanturravam de feijoada que eu mesma preparava. Recebi Lex Barker, o ator que interpretava Tarzan, em minha casa. Era um aristocrata, falava várias línguas e não tinha nenhuma pinta de Tarzan – talvez por isso só tenha feito sucesso na Alemanha, com filmes classe "C". Ele era uma pessoa simpática, porém estava sofrendo muito por causa da sua esposa, que tinha acabado de passar por um estúpido acidente: a empregada havia-lhe feito uma compressa tão quente que literalmente "cozinhara" seus rins, e a sequela foram dores fortíssimas nesses orgãos.

Lex Barker estava acompanhado do ator inglês David Niven, de *A Volta ao Mundo em 80 Dias* (de Michael Anderson, 1956). Quando ele chegou, tive muita vontade de rir. Lembrei-me dele no Brasil, na sátira de Carlos Machado baseada nesta obra de Julio Verne. Então, jantamos juntos, mas sem muito assunto, pois eu não conhecia seus filmes, que não eram da minha geração. Aí falei que o havia conhecido no Brasil, na ocasião em que ele havia subido no balão, sobre o palco. Aquele balão era famosíssimo e, se não me engano, até Fidel Castro e o humorista mexicano Cantinflas subiram nele. Ele sorriu, disse ter uma ótima memória e que se lembrava muitíssimo bem daquilo. Lembrou até que eu cantava a música-título do show e mencionou ter descoberto que Grande Otelo era um dos maiores atores do mundo. Eu também achava e fiquei deslumbrada com o fato de ele recordar isso. A nossa publicidade não era um terço da dele na época, mas o nosso talento, hummm... Ficamos amigos. Ele era uma ótima pessoa.

Eu adorava esse ritual de receber as pessoas em casa, mas, às vezes, não cumpria o protocolo. Eu deixava a festa rolando e saía para procurar diversão em outro lugar. Um dia, voltei pra casa bem tarde, bêbada, como de hábito. A porta estava aberta e todos já haviam ido embora. A exceção era um desconhecido, despencado pelo porre, numa cadeira da sala. Olhei de longe: ele não parecia nada feio. Cheguei mais perto, cutuquei e disse: "Ei, a festa acabou". Ele acordou e abriu seus grandes olhos azuis, que cravejavam o seu rosto desamparado. Eu estava sozinha com aquele semideus... E a festa continuou. Fizemos amor, muito e intensamente. Foi uma paixão fulminante.

Na cama, deitados, ele me contou seu nome e sua vida. Gabriele Tinti era um ator desempregado, cheio de dívidas. Dormia em um quartinho de merda e guardava suas roupas numa mala. Diziam que ele havia sido gigolô de Anna Magnani, uma das maiores atrizes italianas. Ela contradizia as fofocas e jurava que ele tinha sido o único homem que a havia presenteado. Preferi a versão dela e avisei aos amigos que iria me casar. Eles me criticaram muito, mas eu estava irredutível. Acreditava no amor e, com Gaby, tudo era incontrolável.

A notícia chegou ao Brasil e Caio pegou o primeiro voo para Roma. Ao chegar, me perguntou se eu estava certa do que estava fazendo; depois, me disse que uma estrela não se casa; em seguida, colocou um revólver sobre a mesa e ameaçou se matar. Tremendo, usei um truque que aprendi com o cinema. Comecei a acariciar sua cabeça e sussurrar em seu ouvido: "Eu gosto de você, eu gosto de você", e fui escorregando, escorregando... até apanhar a arma. Pedi a ele que nunca mais me procurasse. Eu estava apaixonada e iria, sim, me casar.

Caio, no entanto, ainda queria falar com Gabriele. Por isso, levei-o ao Hotel De La Ville:

– Se você a fizer infeliz, terá que se ver comigo – ameaçou.

Vendi o anel de brilhantes que Caio me deu, paguei as dívidas do Gabriele e o chamei para morar comigo. Foi aí que sosseguei, parei de beber e caí na dureza.

Quis fazer uma surpresa para Gabriele e o presenteei com um Alfa Romeo preto. Quando ele viu o carro, disse:

– É lindo, mas é carro de puta.

– Puxa, que coisa. No Rio, puta anda a pé – retruquei. E fiquei com o carro.

Roma tinha muitas ladeiras e, numa delas, o Alfa Romeo não ia para frente, nem para trás. Fiquei parada e um homem entrou no carro. Logo pensei: "Gaby tem razão. Esse carro é mesmo de puta".

Uma noite, o telefone toca. Era Paolo Vassallo do outro lado da linha. Ele pedia que eu fosse ao Club 84, que estava cheio de paparazzi na porta, para buscar Alain Delon, que, louco e bêbado, dava o maior vexame.

Refleti muito antes de sair. Eu terminara com ele justamente por causa do seu narcisismo e egoísmo. Quantas vezes, em seu castelo, ele me fazia dormir no quarto ao lado para poder receber suas mulheres à vontade? Quantas vezes me jogava para escanteio para receber seus diretores, amigos e se autopromover? Eu ficava no quarto, triste, sozinha, ouvindo Rachmaninoff, com a esperança de que ele ao menos percebesse que eu era apenas uma menina, até adormecer. Pela manhã, quando eu acordava, via que ele havia entrado no quarto para desligar a vitrolinha.

A grande fábrica de fantasias

Ele não imaginava quem eu era e também não estava muito interessado em saber. Os homens machistas pensam que todas as mulheres são experientes e traquejadas. Muito ao contrário, somos meninas. Mas eu era amiga de quase todos os meus ex e nesse caso não seria diferente. Alain precisava de mim. Vesti um casaco e fui.

Entrei na boate e logo vi Alain fazendo tumulto. A situação era de dar pena. Quando ele me viu, puxou meu casaco com tanta força que arrebentou os botões. Tentei contê-lo, pacientemente. Para evitar maiores escândalos, saímos pela porta dos fundos. Gabriele estava fora e levei Alain para minha casa.

Agora Alain estava ali, no meu quarto de hóspedes, aos meus cuidados, esperando a bebedeira passar. Ele queria me ter novamente e reviver o que já estava morto. Como eu não quis, começou a forçar a barra. Fui dura com ele, exigi que se comportasse, que não queria mais saber de escândalo. Se ele queria angariar publicidade, não seria eu quem daria. Ele já tinha me humilhado demais. Disse a ele que gostava mesmo é daquele homem da foto e apontei para o porta-retrato com Gabriele. Ele virou o rosto, olhou para a imagem e voltou a face para o nada, demonstrando não se importar.

– Deixe-me ser feliz – pedi.

– Deixo, mas vou dormir aqui – respondeu.

Aborrecida, fechei a porta e fui dormir.

Altas horas da noite, a porta do meu quarto é arrombada aos pontapés. No escuro, sonada, gritei assustada, achando que fosse um ladrão. Era Alain, que pulou como uma fera sobre mim. Deitou-me de bruços, segurou meus pulsos e me possuiu. Ele estava transtornado, como um animal que precisa saciar seus instintos mais primitivos. Por um momento, pensei que eu fosse morrer de dor. Eu não podia fazer nada – ele era mais forte e estava violento. No limite da dor, nasceu meu desejo. Foi muito mais forte que eu. Deixei meu corpo relaxar e não gritei ou gemi. Quando ele acabou, dei graças a Deus por estar viva. A besta gozou, urrou, caiu para o lado e dormiu. Ele tinha se transformado no Jack, o Estripador, o mito do horror, um filho da puta. E eu, livre da besta, finalmente, me senti aterrorizada e plena. Minha mãe dizia que eu não devia ter medo de nada e me tornei uma mulher corajosa. Mas nunca tive tanto pavor como naquela noite, quando me senti fora de mim.

Pela manhã, minha vontade era de morrer. Ele se vestiu, todo sorridente, e, como um bom cretino, gritou:

– Bengellina, sou livre, abandonei Romy.

Não contente, continuou gritando:

– Você me deixou, mas esse sujeito na foto é a minha cara. Adeus!

E foi embora, às gargalhadas.

Fiquei de pé, olhando a foto de Gabriele, cogitando se valia a pena denunciar o agressor. "Posso até arruinar a carreira deste desgraçado, mas a minha irá junto", pensei. "Ele está louco, quis se vingar porque o larguei... e Gaby se parece mais com o Paul Newman do que com ele". Chorei, silenciosamente, de dor, humilhação e repulsa.

Gaby chegou e percebeu que eu estava triste e amuada. Quis saber o porquê. Eu não disse nada. Não contei a ele e nem a ninguém. Eu tinha medo da violência e do escândalo. Também me sentia culpada por ter ido ajudá-lo. Deveria ter deixado ele se ferrar, filho da puta. Bonitinho, mas ordinário.

A grande fábrica de fantasias

Guardei, em uma caixinha de joias, a chave de ouro em forma de coração que ele me havia dado. Hoje sei por que as mulheres, na maioria das vezes, não denunciam seus agressores.

Nunca mais nos encontramos.

Participei de mais oito filmes na Itália. *I Cuori Infranti* (de Vittorio Caprioli e Gianni Puccini, 1963), *La Ballata dei Mariti* (de Fabrizio Taglioni, 1963), *La Costanza della Ragione* (de Pasquale Festa Campanile, 1964), *Terrore nello Spazio* (de Mario Bava, 1965), *L'uomo di Toledo* (de Eugenio Martin, 1965), *Una Bella Grinta* (de Giuliano Montaldo, 1965), *I Crudeli* (de Sergio Corbucci, 1967), *Il Mito* (de Adimaro Sala, 1965), *Io Non Perdono... Uccido* (*Fedra West* de Joaquín Luis Romero Marchent, 1968), quase todos até então sem edição brasileira. Uns foram excelentes, outros muito ruins. Eu peguei uma fase de decadência do cinema italiano: naquela época, os americanos estavam invadindo a Europa com seu estilo de vida e os *spaghetti westerns* se tornavam muito populares. Os atores tinham até que mudar de nome para poder trabalhar no cinema.

Por isso aceitei gravar um filme classe "Z", *La Ballata dei Mariti*, produzido pelo ator Memmo Carotenuto. O filme tinha som direto e o cara da sonoplastia era surdo. Era uma merda. Mas eu estava fazendo cinema dessa categoria por uma questão de sobrevivência.

Disse a Gabriele que tinha que viajar e prometi: vou ficar fora de Roma o menor tempo possível. Gaby concordou e ficou com *Scimmia Catarina*. A cadela era terrível.

Aqueles dias foram tristes. Pensei muito em minha mãe, em minha terra e meus amigos, nas esperanças e nos sonhos de sempre. Estava em um estado de devaneio, mas também de conformismo, que a vida a dois me concedeu por uns tempos.

Além de o filme ser um fiasco, o produtor não me pagou – e eu precisava do dinheiro. Quando o cobrei, ele bateu no peito: "Sou amigo de Gabriele". Depois se ajoelhou, abriu os braços, e disse, ridiculamente: "Gabriele então que me mate, porque não tenho dinheiro!".

Tive de engolir essa e encarar que ficaríamos numa pior. Mas como a sobrevivência supera a qualidade e o orgulho, mais tarde eu tentei convencer Gaby a pedir o piano dele para vendermos. Desisti.

Depois que acabou essa filmagem desastrosa e voltei para casa, Gaby estava filmando fora da cidade e encontrei, sobre a mesa, um bilhete que dizia:

> *"Cara Norma, passei aqui para trazer uma encomenda enviada por sua mãe. Como eu soube que você estava fora, abri o embrulho para ver o que tinha. Era uma carne assada com molho ferrugem, que levei para casa. Fizemos um banquete sensacional. Obrigado pelo almoço e até a volta. Fernando."*

Em um dos meus telefonemas para casa, havia dito à mamãe que estava com saudades da carne assada que ela fazia. Dona Maria, então, achou que resolveria o problema enviando a iguaria através do meu amigo comandante, que era da Panair e depois foi para a Varig. "Ah, mamãe... Só você mesmo para fazer uma coisa dessas", pensei.

A grande fábrica de fantasias

Dias depois, Gabriele voltou, furioso. Não comigo, mas com a cadela, que ele passou a chamar de *il monstro*. Contou que, durante minha ausência, quando ele a mandava ir dormir, ela ia comer; quando a mandava comer, ela ia dormir. Não podia mais ir à praia para não deixar a cadela, que se recusava a ficar presa, sozinha. "Alguém gosta disso?". E eu ouvia, calada.

– Ou eu ou a cachorra. Ela tem ódio de mim.

Tive de escolher: ou ele ou *Scimmia* Catarina. Todos os meus homens tinham essa mania de me mandar escolher. Que merda.

Seu último argumento, no entanto, foi decisivo:

– Ela roeu todas as paredes. Vai custar uma fortuna para consertar. Meio milhão de liras!

Aí fiquei desesperada. O edifício onde nós morávamos, construído no século XVII, pertencia à tradicionalíssima família Pignatelli. Sem alternativa, escolhi Gabriele e mudei toda a decoração da sala para tapar o buraco.

Ofereci a cachorra ao meu chofer, que a levou para sua casa. No dia seguinte, ele me contou que *Scimmia* havia aprontado mais uma. A cachorra tinha comido dois quilos de carne assada com batatas que seriam servidos no almoço de domingo da família. Mesmo assim, ele quis continuar com ela. O chofer mudou de ideia, no entanto, três dias depois. Depois do banquete, ela comeu o cano de gás e quase matou a família inteira. Por isso ele a deu a um amigo, que tinha um jardim. Soube que assim que chegou à nova casa, *Scimmia* Catarina depenou todo o canteiro de rosas. Gabriele tinha razão, a cadela era mesmo um monstro.

Eu vivia tentando fazer a cabeça de Gabriele para que fôssemos morar no Brasil. Eu sonhava com um amor e uma cabana, com somente as pessoas que eu amava por perto: minha mãe e meu marido. Apareceu, então, uma oportunidade. Fernando de Barros me convidou para a estreia de *O Mafioso* no Brasil e providenciou passagens para mim e Gaby.

Quando chegamos, senti que o clima no país era tenso. O golpe militar de 1964 estava no ar.

Fiquei sabendo que Caio estava muito mal e tive vontade de visitá-lo. Gabriele concordou, mas achei melhor desistir da ideia para não reavivar sua ferida.

O comprador do filme aproveitou a minha presença no país e deu um jeito de me levar ao Palácio dos Campos Elíseos, então sede do governo de São Paulo, para receber, das mãos do próprio governador Adhemar de Barros, o Prêmio Governador do Estado de melhor filme para *Os Cafajestes*.

Entrei no Palácio com Gabriele, Fernando de Barros e uma pequena comitiva. No fundo do enorme salão lotado, havia uma mesa com alguns microfones. O governador estava ao centro dela com Dona Leonor, a primeira dama, ao seu lado. Ele parecia não saber quem eu era e Dona Leonor o cutucou:

– Adhemar, essa é a atriz que fez o filme *Os Cafajestes*, e seu noivo.

Ele mediu Gabriele de cima a baixo e disse:

– Ah... Então é você o italiano que está nas bocas, hein? Felizardo! E você é a dona boa que ficou nua no filme?

Fiquei sem graça. O comentário era indecoroso.

O governador paulista, então, empurrou o microfone da rádio:

– Tira essa merda da minha boca. Sou eu quem manda. Eu sou o dono disso aí mesmo.

O radialista deu um sorriso amarelo e obedeceu. Depois, Adhemar de Barros me apresentou os homens que estavam à direita como "os tubarões" e os da esquerda como "os peixinhos". A audiência toda riu, submissa, daquilo que eu não entendia exatamente, pouco sintonizada que era com os assuntos de política.

O governador me entregou um cheque e um diploma. Agradeci e expliquei que eu havia prometido que, caso ganhasse um prêmio, destinaria o dinheiro ao Retiro dos Artistas, e devolvi o cheque à Dona Leonor. Ele me encarou e disse:

– Sua danada, tá achando pouco?

Gabriele ficava calado. O pouco que entendia o deixava chocado.

O ex-presidente Juscelino Kubitschek também queria conhecer o futuro marido do "monumento nacional", como ele se referia a mim. Quando chegamos ao seu apartamento, no Leblon, ele nos mostrou, orgulhoso, as vitrines que exibiam suas medalhas. Na saída, Gaby, aparvalhado, disse:

– Nunca vi algo assim na vida. É como se o presidente da Itália quisesse ver a Claudia Cardinale. O Brasil é um país muito louco!

E nosso *tour* continuou. Ainda fomos ao Rio Grande do Sul inaugurar um cinema na cidade de Torres, com a presença do governador Ildo Meneghetti, que apoiava o golpe militar. Parecia um homem simples.

Gabriele quase enlouqueceu com as entrevistas e a repercussão nas revistas. Ele sabia das loucuras, sucessos e infelicidades de sua noiva, mas não sabia que eu era uma personalidade tão famosa em meu próprio país. Pra falar a verdade, nem eu. Ele reclamava muito de ser tratado apenas como "o noivo de Norma Bengell". O jornalista Ibrahim Sued o chamava de Leleco. Expliquei à imprensa que ele não era apenas "o noivo", mas um ator de talento, e pedi que parassem com aquilo. A partir daí, Gaby passou a ter sua identidade própria reconhecida. Fomos a um baile gay no Teatro João Caetano, a casa de espetáculos mais antiga do Rio de Janeiro, e a entrada estava uma loucura, com uma multidão de fãs. Ouvimos, então, um grito agudo:

– Olha a Norma Bengell com Tinti!

As pessoas correram e pularam em cima de nós. Os seguranças tentaram conter o tumulto provocado por quase duas mil pessoas incontroláveis. Gaby, que não falava português e não sabia como reagir, teve de ser resgatado pela polícia.

Já no camarote, eu distribuía, sem parar, autógrafos em notas de cem cruzeiros. Estava exausta quando dei pela falta dele e vi que ainda estava sendo assediado na porta. As mulheres mandavam bilhetinhos para ele e eu os entregava, orgulhosa de ter meu homem cortejado.

O diretor Walter Hugo Khouri, com quem eu gravaria *Noite Vazia* (1964), ofereceu um papel para Gabriele no filme. Já haviam contratado outro ator, mas Khouri estava decidido a substituí-lo. Gaby seria um dos dois amigos que contratam os serviços de uma dupla de prostitutas, interpretada por mim e Odete Lara.

Sou filha da noite e da lua. Com a noite, fiz sucesso, canções, boemia e um público que me aplaudiu durante anos. Por isso, mesmo com todo o sucesso no cinema e no teatro, eu mantinha uma grande relação de amor com ela.

A grande fábrica de fantasias

Em São Paulo, eu frequentava o restaurante Baiuca. Foi lá que conheci um trio instrumental sensacional, que tocava enquanto as pessoas comiam. Amilton Godoy ficava no piano, Luíz Chaves no contrabaixo e Rubinho Barsotti na bateria. Eu os adorava e os convidei para tocar comigo no show de reabertura da boate Oásis, em 17 de março de 1964. Assim nasceu o Zimbo Trio, que se tornou uma referência na música brasileira.

O estilista Dener (Pamplona de Abreu), um dos pioneiros da moda no Brasil e que havia começado sua carreira na Casa Canadá, como eu, fez meu figurino. A boate ficou cheia e a estreia foi um sucesso.

Uma noite, quando cheguei para me apresentar, encontrei a Oásis completamente vazia. Assustada, não entendi nada. O dono da casa me explicou:

– Norminha, nosso show é um sucesso, mas estourou a revolução. Jango foi deposto. As ruas estão vazias.

Só então me dei conta de que, vindo do estúdio de cinema para a boate, tinha reparado mesmo que havia pouco movimento de pessoas nas ruas. Eu não prestava atenção em política, mas simpatizava com Jango e detestava Lacerda. Tudo me passava despercebido porque eu estava trancada no estúdio, essa fábrica de fantasias eróticas.

Atônita, telefonei para o Dener e pedi para ele me buscar, pois as ruas estavam cheias de canhões e sem nenhum táxi. O estilista apareceu em uma limusine, com a capota arriada. Quando saímos, me senti como em uma surreal parada de Sete de Setembro. Desfilamos de limusine entre os jipes e os tanques de guerra, com os militares acenando para mim e gritando "Norma Bengell!!! Norma Bengell!!!" Eu acenava de volta, fazendo-me de carro alegórico, jogando beijos, sendo ovacionada pelos fãs. Alguém, no meio da multidão, soltou um "Gostooosa!!!". Achei que era uma compensação por ter sido privada dos aplausos na boate.

Gabriele foi dar uma volta pelas ruas para sentir o clima. Ele sabia o que era uma época de conflito, pois havia sido criado em meio à Segunda Guerra. Por isso, voltou para casa rindo, dizendo que aquilo era um folclore. Contou que havia parado em uma esquina e começado a conversar com os soldados que montavam guarda. A uma certa altura da conversa, os soldados cruzaram as armas e foram tomar um trago no bar ali perto. Ele concluiu que o Brasil era um paraíso, que aqui nunca haveria guerra do jeito que os europeus faziam, porque éramos um povo pacífico por natureza.

Em São Paulo, recebi um telefonema de Roma. Era um convite para um ótimo papel em uma coprodução, mas eu precisava ser cidadã italiana. "Mas como? E agora? Sou brasileira!" Aí nos sugeriram: já que o casal de atores mora junto e se ama, por que não se casa?

Fiquei sem saber o que fazer. Na adolescência, eu tinha sonhado em me casar de pérolas, mas agora já era mulher feita, com experiência de vida. Eu já tinha o meu namorido, e íamos muito bem como estávamos. Tinha 29 anos, era uma mulher independente e ganhava muito mais do que ele. Por outro lado, se não fizesse isso, não conseguiria o papel. Gabriele ficou preocupado e argumentou que, se quiséssemos permanecer juntos, eu não poderia abdicar da minha carreira, e topou casar. Pensei bem e cheguei à conclusão de que, sem um trabalho que justificasse e garantisse minha permanência na Europa, o meu relacionamento estaria ameaçado. Por isso, mais do que necessário, meu casamento estava decidido.

Telefonei para mamãe para dar a notícia:

A grande fábrica de fantasias

– Alô, mãe! Vou me casar. Não de vestido de pérolas, todo branco. Mas de amarelo!

Ela respondeu:

– Como assim, casar? E eu, sua mãe, não vou ver? Não estarei presente?

– Não, mãe. É tudo sem cerimônia – respondi. – A gente se ama de verdade. O casamento é pela conveniência do documento, sem ele a gente não pode ficar junto e trabalhar no estrangeiro. Olha, pra você não ficar triste, faça um bolo, que a gente comemora de novo com você, aí no Rio.

– Tá bom, um beijo e todo amor, filha – disse Dona Maria da Glória.

Adhemar de Barros disse que eu podia me casar sem que corressem os proclamas, que ele daria a licença. O casamento e a nacionalidade italiana resolveriam nossos problemas econômicos. Gaby não tinha dinheiro para me sustentar e eu não estava afim de abdicar de meus direitos de mulher independente. Era arrimo de família desde os 16 anos de idade. Ao mesmo tempo, uma voz dentro de mim dizia: "Não se case. O amor vai acabar".

Khouri nos convidou para irmos até os estúdios da Vera Cruz, em São Bernardo do Campo. Ele tinha uma surpresa para nós: uma igreja cenográfica, um enorme bolo e toda a equipe técnica do filme *Noite Vazia* estava presente. Carlos Scliar pintou nosso retrato. Era realmente um casamento de atriz de cinema – absoluta fantasia. Usei um tailleur amarelo comprado na Casa Vogue e meus padrinhos eram o presidente da Vera Cruz e a Dona Laura Figueiredo e os do Gabriele eram o casal Lair e Eliana Cochrane, pessoas importantes da sociedade paulista. Na hora H, eu pedi ao meu noivo:

– Meu amor, por favor, não deixe o casamento estragar nossa vida. Faz de conta que a gente nunca se casou. Tudo tem que continuar como antes. A gente assina este papel e esquece isso.

O juiz não parava de falar de futebol. Nervosa, eu continuava:

– Amor, continuaremos juntos, livres. Viajaremos e, se não tivermos dinheiro, tudo bem. Não ficaremos preocupados com isso, pois não teremos os compromissos de um amor de mentira.

E Gaby respondia:

– Está bem, Norma. Já que você está falando tanto nisso, você não se casou, pronto.

Eu estava tão apaixonada e emocionada que o deixei nervoso também e, na hora do "sim", ele disse "não". Eu não sabia se ria ou se chorava.

Saímos sob uma chuva de arroz e um grão caiu no meu olho. "Porra, que dor!", falei, só pra ele, rindo. E ele, que já tinha esquecido nosso acordo, acrescentou:

– Agora você é minha esposa. De agora em diante, não fale mais palavrão.

A festa não durou muito, porque no dia seguinte tínhamos que filmar. Depois, partimos para a noite de núpcias.

Casei-me aos 29 anos, em 18 de abril de 1964. Dezoito dias depois do golpe militar. Enquanto eu filmava e me casava, o pau comia.

Cumpri a promessa feita à mamãe e realizei outra festa de casamento no Rio.

Um amigo jornalista passou a noite inteira chamando todos para verem seu carro novo. Quando ele se aproximou da janela para mostrar o seu carro para mais um convidado, percebeu que o automóvel simplesmente havia desaparecido. Ele perdeu a voz.

A grande fábrica de fantasias

Desconfiada, mamãe especulou e fuçou. Interrogou daqui e dali. Foi checar os convidados presentes. Enfim, virou-se para mim e disse:

– Olha, filha, me desculpe, mas você tem um primo maluco, que foi embora da festa sem ninguém ver. Só pode ter sido ele, pois a chave do carro também desapareceu.

E lá se foram todos os homens da festa a procurar o tal primo. As mulheres passaram a noite esperando no salão. Ninguém queria envolver a polícia para evitar o escândalo. Mamãe, que era bem dramática, disse:

– Norma, me perdoe por ter convidado esse primo e estragado sua festa.

– Corta essa, mãe! Você animou a festa! Se não fosse você, a festa já tinha acabado! – respondi dando-lhe um beijo, um abraço e tomando um golinho de champanhe.

Seus olhos se encheram de lágrimas, e os meus também.

O carro foi achado no dia seguinte, em uma garagem, pronto para mudar de cor.

Fechou-se o pano e nós, pombinhos, tentávamos uma lua de mel. Mas isso só aconteceria se o Brasil permitisse. E o Brasil não permitia. Pelo menos, não teríamos de comparecer a outro compromisso agendado cerca de dois meses antes: o convite feito pela primeira dama, Maria Teresa Goulart, para um jantar em homenagem a mim e a Brigitte Bardot, com nossos respectivos maridos. Eu tinha ciúme de Gabriele. Bardot era linda demais, e eu, apaixonada demais por ele. Mas, àquela altura, o presidente já era outro.

Estava com a viagem marcada para voltar à Itália, com o voo saindo do Rio de Janeiro. No aeroporto de São Paulo, um policial pediu meu documento. Eu ri:

– Não me reconhece? Sou Norma Bengell.

E ele, de cara fechada:

– Eu sei. Mas, famosa ou não, a gente quer os documentos.

Tentei argumentar que só se apresentava documentos no Brasil quando a viagem era para o estrangeiro. Não adiantou e tive de mostrar os papéis.

Os aeroportos estavam fechados e eu não podia partir para a Itália. Telefonei para minha agente e pedi para ela atrasar as filmagens: não poderíamos embarcar por motivo de calamidade pública. A agente perguntou se estava chovendo muito, imaginando que os aviões não podiam levantar voo em meio a uma tempestade forte. Ela não fazia ideia do que eu estava falando, pois a nossa revolução não teve repercussão nenhuma na Itália.

Impaciente e indignada, expliquei:

– Não é nada disso... É a revolução!

– Que revolução? – perguntou ela.

– A nossa, no Brasil!

Pouco tempo depois, os jornais italianos publicaram uma foto da tal pseudorrevolução: canhões na rua e o povo sob guarda-chuvas, observando. Eu ficava louca da vida e brigava com todo mundo quando satirizavam o Brasil. Mas, realmente, não foi uma revolução do povo, foi um golpe militar.

A grande fábrica de fantasias

Voltamos à Itália e Gabriele me levou para conhecer sua família. Seu pai era operário e vivia com sua mãe na capital da Bolonha. Fomos convidados para um grande e maravilhoso almoço na casa do avô dele, que produzia vinhos em Molinella, uma cidade de camponeses.

Fiquei surpresa ao ver o operariado vivendo realmente bem e perguntei à minha sogra como aquilo era possível. Ela respondeu que era "graças a Deus e ao Partido Comunista Italiano". Gabriele dizia que eles só eram comunistas porque não tinham um milhão de dólares no bolso. Eu, que sempre defendi o proletariado, logo entendi que tinha me casado com um reaça entreguista.

De novo em Roma, transcrevemos o casamento para a Itália e começamos uma vida normal. Trocamos nosso apartamento *la dolce vita* por um apartamento no número 3 da Piazza dei Mercanti. Começávamos tudo de novo.

Nossa vida era normal e agradável. Enquanto um filmava, outro cozinhava e cuidava da casa, como um casal moderno. Certa vez, ao entrar na cozinha, vi três ratinhos – havia muitos em Roma. Simplesmente fechei a porta, saí e fui me refugiar bem longe, em um hotel. Pensava: "Vocês podem ter medo de mim, mas eu também tenho medo de vocês". Depois, quando Gaby me encontrou, perguntou se eu estava louca.

Aos poucos, essa rotina doméstica, embora houvéssemos combinado que nada iria mudar, começou a nos afastar.

Comecei a gravar *Una Bella Grinta* (1965), um de meus filmes prediletos da série italiana. O filme foi rodado em Bolonha, com direção de Giuliano Montaldo e o ator Renato Salvatori, que eu havia conhecido no início de minha carreira, no papel principal.

Agora eu era uma atriz de renome, premiada e, desta vez, estava morena. Salvatori interpretava meu marido e filmamos vários dias sem que ele me reconhecesse. Chegou o momento de gravar uma forte cena de sexo: minha personagem seria violentamente enrabada pelo marido. Eu estava envergonhada e nervosa. Só queria duas coisas: fazer bem a cena e que Salvatori me reconhecesse.

Durante os ensaios, fiquei frágil e indefesa – ser violada diante de uma equipe de cinema não é mole. Ele estava preparado, atrás de mim, e a voz do diretor ecoou, mandando rodar.

A cena foi feita. Senti-me violadíssima. Salvatori se reaproximou para tentar me confortar, e eu perguntei:

– Você se lembra, em 1960, de uma loira que viu numa boate em Roma, de quem você tirou a echarpe e abraçou? Com quem dançou e passou a noite inteira, trepando muito? Que partiu para a Suíça, ficando de voltar? Pois, então, ela voltou. Sou eu!

Ele ficou totalmente espantado e sem palavras. Então, veio a ordem: "*Possiamo girare?*". Câmera, ação.

Rodamos a segunda cena como se fosse a noite da trepada em Roma. O tesão foi incontrolável. Renato Salvatori me abraçou e continuamos assim depois da cena.

Foi um caso relâmpago e nunca mais nos tocamos. Já havia Gaby em minha vida e Salvatori estava casado com a atriz Annie Girardot, minha fã confessa, desde que havia visto *Os Cafajestes* em um cinema pornô na França. Salvatori costumava caçar e sempre aparecia para nos visitar com sua esposa, trazendo faisões. Comíamos a quatro.

A grande fábrica de fantasias

Bateram na porta de casa. Surpresa: um desconhecido trazia um amigo, que estava totalmente fora de si. O estranho disse que ele havia batido a cabeça em um acidente de carro, estava na rua, e a única coisa que fazia sentido no que dizia era o meu endereço. Gaby achou melhor o levarmos para o hospital. Lá, ele foi levado em uma maca e, enquanto conversávamos com o médico, ele se sentava e gritava, em uma pose ridícula de vedete:

– Eu sou uma boneca!

Meu amigo, que era o homem mais fino e discreto que conhecia, soltava trejeitos como se estivesse na Banda de Ipanema ou no desfile da Mangueira. Fiquei chocada com tamanho desbunde. Na maca, o cavalheiro virou vedete, a própria Elvira Pagã!

Tínhamos de registrar a ocorrência no posto policial do hospital e assinar um termo de responsabilidade. Entramos na sala, sérios. O policial se parecia com Totó, o grande cômico italiano. Eram nove da noite e eu já estava puta da vida. Mas, cada vez que via passar a maca, tinha vontade de rir. O policial, muito sério, questionou o que tinha acontecido com ele. Gaby tomou a palavra e contou tudo, com Totó a tomar nota. Totó ficou muito tempo lendo e relendo os relatórios. Já eram onze horas. E eu cada vez mais de saco cheio.

Meia-noite. E o Totó dizendo:

– *Va benne, va benne.*

E lá vinha Elvira Pagã na maca. Chegou uma freira e disse que o paciente tinha amnésia parcial e precisava ficar em observação no hospital, por vinte e quatro horas. Gabriele e eu nos levantamos, agradecemos e demos boa noite, já que meu amigo estava bem e eu tinha de filmar na manhã seguinte. Porém, quando estávamos saindo, a voz de Totó chama:

– *La polizia non ha finito ancora, signora...*

Era visível a chateação do policial por ter de passar a noite toda ali, sem ter o que fazer. Devia estar afim de se divertir, mas eu não achei graça. Ele queria saber qual de nós dirigia o carro que atropelou o cavalheiro-vedete. Abismada, tive de repetir que eu estava em casa e que Gabriele estava fora. Conforme o policial insistia, aumentava a vontade de dar um soco na sua cara:

– *Ho capito, signora. Né la donna né il marito erano a casa. Adesso, lei ha detto che uno sconosciuto ha preso il signore che si ricorda solo il loro indirizzo* e blá blá blá...

Minha paciência estava no limite quando fomos liberados.

Saí possessa, depressa, pisando duro, na frente de Gabriele. De repente, ele escuta um grito. Eu caí num bueiro e Gaby só me encontrou porque minha cabeça ainda estava de fora. O herói resgatou a mocinha, toda ralada. Voltamos para casa, rindo muito.

E viva Elvira Pagã!

Em 1965, voltei a Cannes. Dessa vez, acompanhava *Noite Vazia*, que concorria à Palma de Ouro. Havia muitos jornalistas na coletiva de imprensa e Khouri traduzia tudo para mim, que ainda falava mal o francês. A entrevista estava agradável até que uma jornalista brasileira cortou uma fala minha e me perguntou sobre *Una Bella Grinta*, que eu havia rodado na Itália, e que iria concorrer no Festival de Berlim, em julho.

A grande fábrica de fantasias

Não gostei da sua abordagem e acabei perdendo a fala, de tão irritada. Respirei fundo e me contive por alguns instantes. Depois, respondi que estava ali representando um filme brasileiro e o Brasil. E que, se ela fosse a Berlim, lá eu responderia tudo sobre o filme italiano, pois estaria representando a Itália.

Quando terminei de falar, todos os jornalistas começaram a me aplaudir. Fui educada, mas firme. Eu estava ali para divulgar o cinema brasileiro, mesmo não fazendo parte de nenhum grupinho ou movimento.

Gaby dizia que, até me conhecer, chamava todas as suas mulheres de "amore", para não confundir os nomes. Após a projeção do filme, viajei aos Estados Unidos para encontrá-lo em Hollywood. Ele estava filmando *O Voo da Fênix* (1965), com Robert Aldrich, e comecei a ser apresentada por Gabriele como "minha mulher". Ele não falava para ninguém que eu era atriz; eu não ligava e até gostava. Dependendo do caso, até assinava "Norma Bengell Tinti".

Eu vivia esse "momento esposa" numa ótima, até o dia em que, ao me virar na cama, dou de cara com um par de sapatos brancos de mulher, no chão. Perguntei a Gaby o que aqueles sapatos estavam fazendo ali. Ele disse que não sabia e eu revidei: "Então quer dizer que esse sapato veio parar aqui sozinho?". Ele não gostou e meu deu um tapa na cara. Fiquei com os olhos roxos e tive de dispensar o convite para filmar *Sedotta e Abbandonata* (1964), de Pietro Germi.

Comecei a questionar nossa relação quando, numa festa, o produtor Boris Sagal, numa festa de Robert Aldrich, reconheceu o meu rosto do filme *O Mafioso* e me convidou para fazer o piloto de uma série da rede NBC, *T.H.E. Cat* (1966), estrelada por Robert Loggia. Sagal ficou impressionado com minha beleza e insistiu tanto que aceitei. Eu pensava: "O que esse homem vê em mim? Não uso pintura, não faço o gênero glamour. Acho realmente que ele é cego". De fato, eu nunca dispensei um perfume suave, o Ma Griffe, de Carven. Mas, apesar de sempre destacar bem os olhos com delineador preto, nunca gostei de usar batom, no máximo um brilho.

Gabriele estava com viagem marcada para o Brasil. Ele partiu e eu resolvi ficar. Fui tratada como uma rainha; os presidentes da emissora me amavam. Meus vestidos foram feitos pela estilista Edith Head, a mais premiada na categoria "figurino" do Oscar. Para a trilha sonora, gravei as canções *Água de Beber* e *Garota de Ipanema*, de Tom Jobim e Vinicius de Moraes. Também pude interferir bastante na produção e na direção. Mas minha paciência com eles era bem curta e eu sabia que não continuaria contratada por muito tempo. Em Hollywood, eu ficava entre o sonho de uma menina do Terceiro Mundo e a chatice que sentia por estar lá e conviver com a saudade.

A distância me fez perdoar Gabriele e eu contava os dias para ele voltar. Resolvi, então, fazer uma grande surpresa: aluguei uma casa com piscina em Beverly Hills. A mansão era toda automatizada, com máquinas até para enxugar a louça. Tudo isso para sermos felizes. Estávamos casados há tão pouco tempo. Pensei que poderia ficar trabalhando lá, amando e sendo amada.

A grande fábrica de fantasias

Ele me avisou que estava chegando e fui buscá-lo no aeroporto, em um carrão novo, com uma amiga francesa. Gaby ficou pasmo com a mordomia. Quando chegamos em casa, eu disse:

– Olha o que aluguei para nós ficarmos juntos.

Ele ficou sem graça e mostrou um telegrama que havia recebido da Itália, antes de embarcar. Era um convite para ele ir filmar em Mykonos, em uma coprodução ítalo-francesa, com a atriz grega Irene Papas.

Não tive coragem de pedir que ele não fosse e, com o coração dilacerado, deixei que cumprisse o seu destino. Fiquei com aquele elefante branco pesando uma tonelada para cuidar sozinha, naquele mundo estranho, onde todos começavam a beber às cinco da tarde, caindo de porre às dez da noite. Todos decadentes.

Em Malibu, conheci Jane Fonda. Ela havia se casado com o diretor Roger Vadim, famoso desde *E Deus Criou a Mulher* e estava contracenando com Marlon Brando e Robert Redford em *A Caçada Humana* (1966), de Arthur Penn. Ela nos convidou para ir a uma festa na casa dela – que depois perderia por problemas com o imposto de renda.

Fui com Gabriele e Vinicius de Moraes, que queria convidar o ator Sidney Poitier para fazer uma continuação de *Orfeu Negro*. Nessa época, Vinicius era embaixador em Los Angeles e nos fazia umas comidinhas ótimas; ele sempre dizia: "Mulher bonita não cozinha". A festa era uma loucura – os Rolling Stones, que haviam acabado de lançar *(I Can't Get No) Satisfaction* e ainda não eram tão famosos, tocavam ao vivo. O rock era um ritmo que os brasileiros ainda não sabiam dançar muito bem. Eu mesma tinha ido até o *hully gully*, no máximo, e com muito sacrifício. Mas Jane Fonda dançava muito bem. Num canto, Brando estava sisudo. Lauren Bacall passava falando com sua linda voz grossa. Fiquei a noite inteira sentada à mesa, achando-me uma caipira.

As conversas ali eram terríveis. "Tenho fotos do meu marido com outro homem e, se ele não me deixar ficar com meu filho, publico tudo e vai ser um escândalo. Para ele não vai ser interessante porque é muito famoso". Assim.

No dia seguinte, fiz um espaguete para Jane. Mas ela estava filmando e Vadim exigia que ela só comesse salada e dormisse às nove da noite. E olhe lá.

Eu me sentia uma debutante no meio de pessoas traquejadas. Mesmo assim, ofereci um jantar à equipe de *T.H.E. Cat.*

Convidei Boris Sagal e sua família, mas ele apareceu sozinho, dizendo que sua mulher havia ficado com os filhos. Jantamos, tomamos champanhe e, de repente, um estranho cigarrinho se aproximou de mim. Fiquei com vergonha de dizer que não queria, ou que nem sabia o que era aquilo, e traguei algumas vezes. Não demorou muito para eu sentir minha cabeça rodar, rodar, rodar e já não ter mais controle sobre nada. Olhava as pessoas e as via longe, muito longe. Sentia minha visão em forma de cone, uma grande angular. Foi muito inusitado, fiquei louquíssima. Minha libido incendiou. Senti muita vontade de trepar. Como eu queria que Gaby estivesse lá.

De repente, ouço Boris Sagal gritar:

– Vamos ficar todos nus e nadar na piscina da Norma!

Achei aquilo um absurdo, uma falta de respeito. Se a mulher dele estivesse lá, se meu marido estivesse lá, ele proporia uma coisa dessas? Eu não merecia respeito na minha própria casa? Dei um grito desvairado e o expulsei. Foram todos embora, bêbados, e fiquei sozinha, deitada no tapete. O ator Robert Loggia ficou por ali, para me ajudar. Só com muita dificuldade consegui me levantar.

Ainda queria fazer amor, mas estava me sentindo muito mal. Fui até o telefone, disquei para a Grécia, e Gaby atendeu. Eu falava gritando, desesperada:

– Gabriele, Gabriele, não me abandone aqui, eu não entendo nada, sou virgem ainda, juro que sou!

Continuei falando e falando. Disse que o amava profundamente, perguntei se ele estava feliz, se o filme era bom. Ele respondeu apenas:

– Mais ou menos.

E foi tudo.

Despedimo-nos.

Naquele momento, percebi que já não existia nenhum vínculo emocional entre nós e que eu estava totalmente livre. Tinha quase certeza de que não o veria nunca mais.

Coloquei o telefone no gancho e fui vomitar. Depois, cambaleei até a cama, onde Robert já estava deitado. Amamo-nos profundamente, como se eu jamais houvesse me casado ou tivesse tido um compromisso emocional com ninguém.

Quando acabou o filme, voltei ao meu país para começar tudo de novo, pensando se não teria sido melhor ter me casado com Alain Delon.

ESSA FOI MINHA HOLLYWOOD.

1968
1970

Luz,
câmera,
manifestação

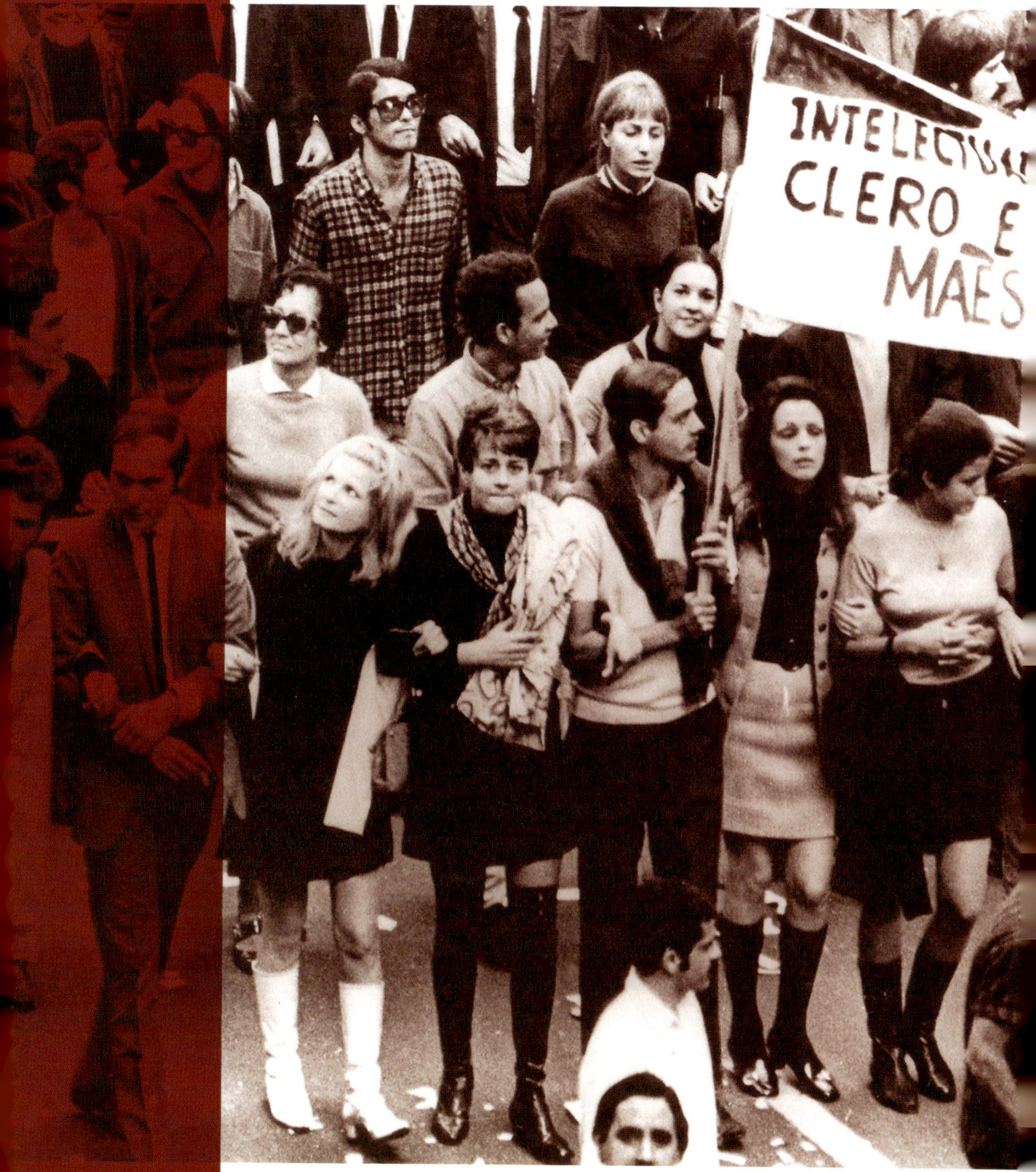
CLERO E
MÃES

Desembarquei no Brasil sem perdoar Gabriele por ter ido fazer aquele filme na Grécia.

O ano era 1965 e Dick Farney tinha me convidado para participar do seu disco *Meia-Noite em Copacabana* (1965). Gravamos juntos as faixas *Vou Por Aí*, do Baden Powell e do Aloysio de Oliveira, e *Você*, do Roberto Menescal e Ronaldo Bôscoli.

Em *Vou por Aí*, a letra diz: "Vou por aí/Um caminho que não é o meu/Encontrando o que não quero ter/Procurando o que não vou achar/Por isso canto, choro/Sem saber se ainda sei chorar". Como na canção, demorei muito para descobrir qual era o meu caminho.

Durante a gravação da música *Você*, Dick Farney fazia caras e bocas enquanto cantávamos. Achava muito engraçado. No fim da música, não aguentei, e soltei uma gargalhada, que entrou na gravação. O Aloísio gostou, pois deu um toque de descontração à canção, e deixou. Só que essa risada passou a ser tão copiada por outras intérpretes, que foi incorporada à música. *Você* foi tocada nas emissoras de rádio durante anos e entrou para a história da MPB.

Depois dessas gravações, passei a fazer vários shows com João Gilberto, Vinicius de Moraes e Roberto Menescal. Também cantava com o pianista Luizinho Eça, de vestido trapézio, cabelos curtinhos, sentada sobre o piano.

Certa vez, participei com João Gilberto de um show de Bibi Ferreira transmitido ao vivo pela TV Excelsior. Estávamos no palco quando, de repente, João Gilberto parou de tocar. Perguntei:

– O que foi, João?

– Estou olhando seus olhos.

E, depois de um tempo, como quem acaba de fazer uma grande descoberta, anunciou:

– Parecem os olhos de uma vaca.

Começamos a rir. Foi difícil continuar. Mas ele tinha razão, eu tenho mesmo um olhar comprido, de vaca.

Douglas Leão apareceu em um dos shows que eu fazia com Baden Powell e Rosinha Valença. Bati os olhos nele, e ele veio – eu era assim. Conversamos, e logo começamos um *affair*.

Eu deveria embarcar de volta para a Itália em dezembro, para passar o réveillon com Gaby, que estava filmando. Mas Douglas me cortejou, e eu, com culpa no cartório, acabei levando um tombo no aeroporto e quebrei a perna. Não consegui partir, e isso mudou o rumo da minha vida.

No dia 31, Gabriele ficou me esperando no aeroporto, com flores e peles. Mas o avião chegou sem mim.

Gabriele me telefonou para saber por que eu não tinha voado. Respondi dizendo que não era nada importante e que logo estaria na Itália.

Eu contava quase tudo para Gabriele. Pensava que éramos pessoas emancipadas e que, para nós, o sexo era algo natural. É claro que quando ficávamos longe por muito tempo, tínhamos relacionamentos paralelos – mas não tocávamos no assunto. A reação de Gabriele ao saber de meu caso com Douglas, entretanto, foi terrível. Ele começou a gritar que não era um corno e queria o divórcio. E eu respondia, também aos berros, que não daria, pois, se ele era livre para ter relações com outras mulheres, eu também poderia fazer a mesma coisa. Direitos iguais. Gabriele não queria me ver nunca mais.

Meus amigos me aconselharam a voltar à Itália, mas o sonho já havia acabado. Eu tinha medo de conviver com Gabriele depois de tudo, pois ele jogaria isso na minha cara a vida inteira.

Meu romance com Douglas também naufragou. A família dele era contra nosso relacionamento e ele estava dividido entre sua namorada e eu, até que ela ficou grávida e deixei tudo para lá. Entendi que jamais seria feliz com ele. Douglas era tão tradicional que, quando tive de fazer um aborto, ele disse que eu podia ir sozinha porque já estava habituada. E lá fui eu, fazer um aborto clandestino, em plena enchente carioca. Cada vez que tirava um filho de um homem que amava, era como se tirasse esse homem de dentro de mim. O aborto é uma coisa que destrói a mulher. Fiquei tão traumatizada com os abortos que fiz, que acabei inventando um filho imaginário, com fotos e tudo, que carregava comigo. Só parei com isso quando assisti *Quem Tem Medo de Virgínia Woolf?* (de Mike Nichols, 1966) e me conscientizei de que tudo aquilo era uma maluquice.

Tudo acabou entre nós com uma chuva de garfos e facas sobre Douglas. Minha mãe teve de segurar a minha mão para eu não enfiar um garfo nele. Ele pensou que ia morrer. Hoje sei que eu não teria coragem.

Eu ainda teria, no entanto, de viver amarrada ao casamento com Gabriele por muito tempo para que pudesse filmar em paz. Nosso divórcio só foi homologado em 1967, na Itália. Nessa época, havia uma invasão de atores estrangeiros no cinema italiano e Gabriele estava mal de grana, não podia gastar com o processo. Assumi tudo sozinha e continuei usando a aliança. Eu amava demais Gabriele e fiz tudo o que podia por essa relação de amor e dificuldades. No fim, percebi que meu casamento foi um desencontro geográfico. Nascemos sob o signo da proibição, em plena era da liberação.

Luz, câmera, manifestação

Eu cantava no bar Zum Zum.

A boate ficava em Copacabana e era um reduto carioca da bossa nova. Eu estava no limite: com a perna engessada, sem Gaby e triste com Douglas Leão quando, numa noite, depois do show, sentada ao lado do empresário e produtor carioca Guilherme Araújo, que descobriu Caetano Veloso, Maria Bethânia, Gal Costa e Gilberto Gil na Bahia, vi passar uma mulher linda, vestida de preto.

– Puxa... Que mulher... – comentei.

Guilherme me contou:

– Seu nome é Gilda Grillo. Ela é uma homossexual e vive com aquela moça que está ali ao seu lado.

Eu não entendi.

– Ela é o quê?

Nunca tinha ouvido essa palavra sem estar associada aos homens. Guilherme a chamou para nos apresentar.

Gilda e eu conversamos sobre Búzios e Cabo Frio. Ela frequentava aquelas praias que eu conhecia desde o início dos anos 1960, quando filmei *Os Cafajestes*. Ela me deu seu telefone, seu endereço e nos despedimos.

Adiei minha volta à Itália e, como quem não tem segundas intenções, liguei para Gilda sob o pretexto de perguntar se ela conhecia alguma casa para alugar em Búzios. A estratégia deu certo: Gilda me fez um convite e parti para o balneário, onde ela era feliz com suas amigas.

Em Búzios, começamos uma relação longa, diferente, inesperada. Nós passeávamos pela beira da praia, à noite, sob uma lua enorme, que refletia no mar. Gilda Grillo era linda, inteligente e emancipada. Eu fiquei absolutamente apaixonada. Pela primeira vez, vivi meu lado feminino numa relação altamente sensual. Ela foi meu idílio, a continuação da paixão por Gabriele.

Não existia mais nada para mim quando começava a rodar um filme. Eu estudava e estudava o roteiro. Era muito disciplinada.

Quando fui convidada para participar da produção espanhola *Fedra West* (de Joaquín Luis Romero Marchent, 1968) meu empenho foi o mesmo. O filme era uma adaptação do clássico Fedra para o faroeste e minha personagem, Wanda, cavalgava em um cavalo, o Panchito.

Eu e o cavalo criamos uma ligação muito forte durante os ensaios. Tão forte que, numa cena, minha personagem diz: "Mata-me!". E eu, como se morresse, deito-me no chão. Panchito, consternado, deitou-se no chão também.

Depois disso, quis trazer Panchito para o Brasil. Foi uma pena, pois não deixaram.

Desde 1964, eu sabia que a liberdade estava cerceada. Mas a política só se tornou uma realidade para mim quatro anos depois, em 1968, quando vi o povo nas ruas, reivindicando, e senti na própria carne o que era a repressão. Até então, eu só pensava no meu trabalho e na minha vida. Eu havia ficado fora do país vários anos e as informações demoravam muito para chegar. E, quando chegavam, nem sempre correspondiam à realidade.

Luz, câmera, manifestação

Era uma época de muitas manifestações, inclusive de artistas, e, muitas vezes, acabavam em confronto. Por isso, eram pouco frequentadas por mulheres. Eu, como a maioria das outras, ficava em casa, segura. Mas isso me irritava. Eu pensava: por que as mulheres não podem ir à guerra? E assim, sendo um tempo de guerra, resolvi não voltar à Europa. Decidi ficar no Brasil, de prontidão.

Eu estava numa festa com Gilda quando chegou a notícia de que um jovem tinha sido assassinado em uma manifestação estudantil, no centro do Rio. Meu coração quase parou – imaginei que poderia ser Mauro, irmão caçula de Gilda. Era como se tivesse perdido alguém muito querido. Saí imediatamente da festa e fui direto para a Assembleia Legislativa, vestida de Paco Rabanne.

Havia uma multidão na porta da Assembleia e fomos cruzando o povo em direção ao corpo, que estava sendo velado. Encontramos Sílvio, o irmão mais velho de Gilda, que nos disse que Mauro estava bem. Mesmo assim, continuamos passando pelas pessoas, até alcançar a porta. Conseguimos entrar e lá estava o cadáver, furado de bala, deitado sobre os jornais. Seu nome era Edson Luís de Lima Souto e tinha só 17 anos. Para pagar seus estudos na UFRJ, trabalhava no restaurante central da universidade, chamado pelos estudantes de *Calabouço*. Ele protestava contra o aumento do preço da comida quando, durante o choque dos estudantes com as autoridades, jogou uma pedra em um policial que, sob as ordens de seu superior, o coronel Niemeyer, revidou, atirando. Aquilo me causou vertigem. Senti o chão sair debaixo dos meus pés, a cabeça girar. Uma coisa destas acontecendo no meu país? Brigas da polícia com estudantes que protestam contra o preço da comida? Fiquei sem saber o que pensar, dizer ou fazer. Meu mundo era diferente, eu nem sabia o que era *Calabouço*. Eu tinha experimentado outro estilo de vida na Europa, não aceitava que algo assim fosse possível. Eu estava lutando pela liberação de uma peça de teatro, *Cordélia Brasil*, no Teatro Mesbla, e a morte ali, no meu nariz. Não tinha mais sentido nenhum o teatro, a carreira, a fama. Eu era uma mulher como outra qualquer, que poderia estar ali, com o filho baleado, caído diante de meus pés.

Um estudante me reconheceu e pediu que eu falasse qualquer coisa ao microfone. Disse a ele:

— Não sei falar como vocês, eu não fui uma universitária.

Mesmo assim, alguns rapazes foram me empurrando e me ajudando a subir no parapeito da Assembleia. Quando dei por mim, estava diante da maior plateia da minha vida, 30 mil pessoas, sem saber o que dizer. De repente, ouvi uma voz dizendo:

— Sua peça não vai mais ser liberada por você estar aí em cima.

Parei por um segundo. Levei a mão à testa e invoquei meu deus, pedindo forças. Senti emanar de dentro do útero uma energia que pouco a pouco foi movendo meu braço, até que ele ficasse totalmente erguido.

Gritei, e aquela era a voz do mundo:

— Eu me recuso a ter filhos para serem assassinados pela ditadura!

No dia seguinte, o jornal *O Globo* publicou uma foto minha na primeira página, com a frase estampada como manchete.

Não me preocupei mais com o que poderia acontecer comigo. Lembrei-me dos meus tempos de infância, da guerra, de tudo que vi e aprendi sobre *blackouts*, gasogênio e perseguições. E comecei a exigir liberdade.

A partir de então, eu ia ao Ministério da Justiça, à porta do Teatro Municipal, em grupo ou sozinha, para gritar "Abaixo a CIA!", que aprendi que existia. Sentia uma volúpia pela liberdade e era contra a miséria e a violência. Cada vez eu ficava mais revoltada e isso me mobilizava a participar de mais manifestações. Numa delas, perdi minha aliança de casamento.

No dia 26 de junho de 1968, o movimento estudantil organizou uma manifestação contra a ditadura que ficou conhecida como Passeata dos Cem Mil, no Rio de Janeiro. Vários artistas e intelectuais participaram. Eu fui acompanhada das atrizes Eva Todor, Tônia Carrero, Eva Wilma, Leila Diniz, Odete Lara e Ruth Escobar.

Num determinado momento, um soldado segurou o braço de Tônia Carrero, que fazia um discurso pacifista, e deu ordem de prisão a ela. Tive um impulso e dei uma joelhada no saco dele. Ele largou Tônia na hora.

Começou uma grande confusão. Tiros para o alto, todos correram. Uma loucura. Só aos poucos, enquanto seguia para o Teatro Mesbla para encontrar meus amigos, fui retomando o meu estado normal.

Ao cruzar a porta do teatro, fui aplaudida como se tivesse representado a maior e melhor peça teatral do mundo. Era o aplauso da coragem.

Sim, eu era corajosa e odiava injustiças. Mas fiquei constrangida e tive de me esconder. A notícia do chute na repressão já havia se espalhado.

Eu me desliguei de quase toda a família em 1968.

Fazia teatro e cinema de vanguarda, frequentava manifestações políticas e vivia com uma mulher. Era perseguida pela polícia e, por minha causa, meu padrinho foi preso e interrogado. E eu não mais queria comprometer meus pais.

Mamãe já morava com um novo marido e papai tinha uma nova mulher. O melhor era eu me distanciar, embora os amasse muito.

———

Ainda estávamos ensaiando a peça *Cordélia Brasil*, de Antônio Bivar, no Teatro Mesbla, quando a censura proibiu a apresentação. Mas os intelectuais se mobilizaram e conseguimos estrear. Esse texto escandalizou a burguesia e consagrou Bivar como autor. A montagem foi um sucesso de crítica e ganhou todos os prêmios. Vinte anos depois, o crítico teatral Sábato Magaldi disse que a peça era "um clássico do moderno repertório brasileiro".

Era muito complicado, no entanto, conciliar o teatro com as manifestações. Às vezes, eu faltava às apresentações porque achava um imenso disparate estar no palco enquanto dez, vinte mil pessoas marchavam clamando por liberdade.

Naquela semana, eu já havia ameaçado fazer uma greve, em protesto pelo baixo salário do contrarregra. No fim de uma apresentação, eu retirava a maquiagem diante do espelho quando ouvi a voz de Gilda, que tinha ordens expressas para não deixar ninguém entrar no camarim, interditando a entrada de uma moça. Eu tinha medo, pois escondíamos, atrás dos móveis do camarim, as faixas de protesto que usávamos nas passeatas. Fazia tudo aquilo porque defendia a minha pátria contra os invasores, aqueles que queriam denegrir a imagem do Brasil, matando e mandando matar todos que eram contra a revolução. Eu pensava que os inimigos eram iguais aos da Segunda Guerra, que levaram meus brinquedos de ferro.

Luz, câmera, manifestação

Fiquei curiosa e disse a Gilda que deixasse a moça entrar. A jovem loira se chamava Sandra. Disse que me procurava por causa das minhas posições e declarações públicas e estava vendendo alguns livros para angariar fundos para a UME (União Metropolitana dos Estudantes). Comprei todos eles para poupá-la de se expor à repressão. Eu não sabia quais eram suas posições políticas, nem nunca tinha ouvido falar daquela sigla, mas sabia que o que ela estava fazendo era muito perigoso.

Gilda e eu gostamos de Sandra e a convidamos para trabalhar conosco no teatro. Sandra era uma boa artista gráfica e poderia fazer os cartazes do espetáculo. Formamos, assim, um grupo de trabalho bem interessante e nos anos seguintes montaríamos *O Assalto* e *Os Convalescentes*.

Gallo, um censor, assistia à peça todos os dias e sabia todas as minhas falas de cor. A tortura psicológica era diária. Ele fazia piadas, mandava bilhetes e dava telefonemas anônimos.

Mesmo assim, não nos rendíamos. Fomos protestar na escadaria do Municipal e a polícia disse que, se não saíssemos, iriam nos reprimir em cinco minutos. Corremos todos para o Teatro Mesbla, baixamos as portas e ficamos esperando tudo se acalmar até podermos ir embora para casa. No dia seguinte, no entanto, conforme o público entrava e pisava no chão, explodia uma bomba de gás lacrimogêneo. As bombas foram colocadas pelo CCC (Comando de Caça aos Comunistas). Houve pânico e correria, quase uma tragédia, mas, felizmente, ninguém se feriu seriamente. Abrimos as janelas para a sala ventilar e aguardamos as pessoas saírem. Mas o público preferiu ficar e aplaudiu, bravamente.

No entanto, a notícia se espalhou e o público desapareceu nas outras sessões. Não havia outra saída, senão cancelar a temporada carioca.

Depois desse episódio, montamos *Cordélia Brasil* com outros atores e produção no Teatro de Arena, em São Paulo, que nessa época era dirigido pelo Augusto Boal, que reinventou o teatro político e criou o Teatro do Oprimido. Oduvaldo Vianna Filho, o Vianinha, não queria continuar produzindo, pois minha presença era tida como subversiva e a tensão era demasiada. Mesmo assim, estreamos – era a primeira vez que eu me apresentava em um teatro de arena. Na estreia, tinha tanta gente no teatro que quase não havia espaço para os atores representarem. No fim da encenação, aplausos. Na primeira fila, Raul Cortez chorava. O público também chorava, gritava, ria. Era uma glória. A peça foi um sucesso e ganhamos todos os prêmios.

Eu viajava para São Paulo às quintas e voltava ao Rio às segundas. Um dia, eu estava sentada no restaurante do Aeroporto do Galeão, aguardando o embarque para São Paulo, quando ouvi um homem com sotaque americano, em uma mesa atrás de mim, chamar o garçom e pedir para lhe servir o chá, dizendo:

– Sou o dono do aeroporto!

Como eu já tinha um grande sentimento antiamericano, a partir daquele momento comecei a prestar toda atenção à conversa.

Pensava: "Como era possível? Portos e aeroportos são a segurança do país. Será que os americanos venderiam o Aeroporto JFK para nós?"

Quando o garçom passou, perguntei:

– Por favor, me conte uma coisa... O que eu ouvi é verdade?

– Sim – respondeu o garçom.

Luz, câmera, manifestação

Em seguida, continuou me dizendo que haviam dado a concessão de exploração de todas as lojas do aeroporto ao capital estrangeiro, com exceção da pista, o que, segundo ele, seria ótimo para todos os brasileiros. Entre a surpresa e a raiva, tive uma vontade louca de gritar: "Socorro, estão roubando o Brasil!".

Quando cheguei em São Paulo, havia um jornalista da Rádio Gazeta me esperando para uma entrevista para o programa *A Bronca da Semana*. A ocasião era perfeita! Ele perguntou qual era a minha bronca e respondi que era a venda do Aeroporto do Galeão para os americanos, que isso não era direito. Também aproveitei para dizer que o Exército tinha que acabar, pois, em vez de armas, o país deveria se preocupar em construir escolas e hospitais, educar seu povo e tirá-lo da miséria.

Esse foi, oficialmente, o meu *début* na subversão. No dia seguinte, fui chamada para depor no DOPS e compareci acompanhada de meu advogado, Aníbal Maia. Fui advertida de que não deveria divulgar esse tipo de notícia, que os americanos poderiam invadir o Brasil, que isso era terrorismo, e mais um monte de coisas. E que, se eu continuasse com o assunto, seria enquadrada na Lei de Segurança Nacional.

Pediram-me dinheiro para sumir com a gravação feita pela rádio, antes que ela fosse divulgada e, consequentemente, que eu fosse enquadrada como subversiva. Apesar de alguns reacionários dizerem o contrário, existia, sim, muita corrupção na ditadura. A prova era o pedido de propina que estava ali na minha cara, face a face, me encarando, e era real. Recusei.

Na semana seguinte, no dia 8 de outubro, às 19h30, recebi um telefonema muito estranho no quarto do Hotel Amália, na Rua Coronel Xavier de Toledo, no centro de São Paulo, onde eu sempre me hospedava.

Um homem, que se identificou como Miranda, secretário de Paulo Autran, perguntou a que horas eu iria para o teatro e se eu poderia me encontrar com Paulo. "Ué, você não sabe que horas a gente vai para o teatro, Miranda?". Achei muito esquisito, mas respondi que estava de saída e só poderia me encontrar com Paulo no dia seguinte, pois, naquela noite, jantaria com Alberto D'Aversa, o diretor italiano radicado no Brasil.

Era notório que nós dois tínhamos espetáculo naquele dia e seria impossível nos encontrarmos às 8h30 da noite. Em seguida, telefonei para Fauzi Arap e contei tudo. Ele tentou me tranquilizar dizendo que talvez fosse brincadeira de algum ator da equipe do Paulo, que também se hospedava ali. Procurei os atores, mas eles negaram. Desconfiei que poderia ser uma armadilha. Telefonei, então, para Emílio di Biasi, diretor da peça, pedindo que fosse me buscar e que chamasse a polícia para proteger o teatro, que eu achava que poderia ser invadido (afinal, naqueles tempos duros, os teatros eram mesmo invadidos, como aconteceu durante a encenação de *Roda Viva*, de Chico Buarque, cujos atores foram surrados pelo CCC). Emílio disse que eu estava paranoica, que o teatro ficava a duas quadras do hotel, mas que, mesmo assim, me buscaria.

Desci à portaria. Do outro lado da rua, havia um carro grande. Na calçada, um homem se escondeu quando me viu. Quando pisei fora do hotel, alguém me pegou pelo braço:

– A senhora está presa.

Imediatamente, me lembrei das prostitutas do Lido, que, quando eu era pequena, via gritar para que todos soubessem que estavam sendo presas. Então, inspirada nelas, resisti e gritei com toda a força dos meus pulmões. Na bolsa, eu tinha um revólver cenográfico, que usaria em caso de agressão ou se o teatro fosse invadido. Por isso, rapidamente, joguei a bolsa no hall do hotel, pois andar armada seria prova de subversão.

A essa altura, já havia oito homens em volta de mim e dois carros para me levar, como se eu fosse uma criminosa. Emílio di Biasi foi agredido e ficou desacordado na calçada. Eu me urinei de pavor.

Fui jogada no banco de trás de um fusca, com um homem ao lado e dois na frente. O carro saiu em disparada com uma caminhonete Ford nos escoltando. Eu dizia que tinha de ir ao teatro, pois o público estava me esperando, mas o carro ia se afastando da cidade e entrando por ruas cada vez mais desertas. Tive medo de ser estuprada.

Como havia me urinado toda, disse que estava grávida e que estava perdendo o bebê. Disse, ainda, que era afilhada de uma pessoa importante do Exército, o coronel Castro Pinto, comandante do CPOR. Eles fizeram pouco caso. Enfim, apelei a Deus e me rendi ao sequestro que estava sofrendo. Tinha certeza de que seria usada, abusada, violentada da pior forma e depois morta.

O carro parou. Um dos homens desceu para falar com os outros caras da caminhonete, que, a partir dali, deixou de nos seguir. Perguntei para onde estavam me levando e um deles respondeu:

– Não tenha medo. Meu nome é Benedito e eu sou federal. Se os seus amigos tomaram nota da placa, não adianta, pois é fria.

Chamavam-se entre si de "titio", mas ouvi o nome de um deles: Mario Borges, do DOPS.

Muitas horas depois, percebi que já estava no Rio de Janeiro quando passamos pelo estádio do Maracanã.

Fui levada ao DOI-CODI (Destacamento de Operações de Informações – Centro de Operações de Defesa Interna) na Rua Barão de Mesquita, na Tijuca. Quando abriram o portão, o guarda perguntou onde estava o preso e um deles me disse:

– Agora você vai ver a coisa ficar preta.

Fui recebida pelos tenentes Peixoto e Ribeiro. Os sequestradores receberam um envelope, mudaram a placa do carro e se despediram de mim:

– Adeus, Dona Norma. Agora sim, estamos com pena da senhora.

O tenente Ribeiro falou:

– Se ela tiver que ficar aqui, leva para a cela 1, da PIC, junto com aquele coronel subversivo. Assim ele tem logo um enfarte e deixa a gente em paz.

Ouvi piadas, ameaças, chacotas. Disseram que eu ia ser a diversão do quartel, foi um terrorismo terrível. Pensei: "É agora que eu vou ser violentada", pois os olhares e insinuações apontavam para isso. Imaginei que, sem dó nem piedade, todos os membros duros do Exército seriam estoqueados dentro de mim e depois me fuzilariam sem dó.

Puseram-me na cela, mas o preso me tratou bem. Disseram-me que eu ficaria ali até o coronel chegar, de manhã. Rasgada e suja, pedi um lençol para me cobrir. Não quis comer nada, porque tive medo da comida estar envenenada. Passei a noite em claro e só tomei café.

O tenente Peixoto falou que eu deveria continuar cantando e parar de fazer peças subversivas – ele tinha gostado de me ouvir cantar *Com Açúcar, Com Afeto*. Muitos anos depois, eu o encontrei na porta da casa do meu pai. Contou-me que havia abandonado o Exército e que era dono de uma casa de móveis. Meu pai me disse que ele mostrava a carteirinha e tinha prioridade de vaga para automóveis. Mundo pequeno este – logo embaixo da casa do meu pai ele tinha uma loja de móveis? Não acreditei.

Na manhã seguinte, o coronel Luiz Helvécio Leite chegou cedo e me interrogou:

– A senhora sabe por que foi presa?

– Presa, não! Fui sequestrada! E o escândalo vai ser grande. Vá mandar comprar os jornais – respondi.

Ele me perguntou até onde estava o ouro de Moscou e me disse que eu não podia fazer peças picantes ou com conteúdo político subversivo, amoral e devasso. Quando pedi para ir ao toalete, ele disse que iria junto, pois queria ver se xixi de comunista era vermelho. Meu depoimento foi quase todo transcrito nos jornais da época. Contou-me que sua mulher era alemã e que ele tinha simpatia por mim por causa do meu sobrenome. Em seguida, continuou:

– Sabe, na Serra do Caparaó, eu torturei e preguei um guerrilheiro ferido em uma cruz, pondo sal em suas feridas, e o deixei lá, para secar ao sol. Tudo porque ele cuspiu na minha cara.

Depois me disse, ainda, que o estudante Edson Luís não existiu, que era uma mentira dos comunistas para fazer agitação. Ele gritava:

– A senhora viu o Edson Luís?

– Sim – respondi.

Ele prosseguiu:

– Não, não! A senhora não viu coisa alguma. O caixão estava fechado e não tinha ninguém dentro.

– Então eu segui um enterro simbólico!

Ele também me perguntou se eu sabia cantar a canção *Pra não Dizer que não Falei das Flores* e se conhecia o compositor, Geraldo Vandré. Ainda me dizia que a juventude era subnutrida e que a venda do Galeão era verdade, mas que não se podia falar disso.

O tal tenente Ribeiro, que tinha a cara toda sardenta, devia ser chefe de alguma coisa, porque tinha uma mesa na sala. Enquanto eu era interrogada pelo coronel, ele entrava na sala, sem a mínima cerimônia, de calção de ginástica, com os testículos parcialmente à mostra, dando pulinhos de aquecimento, e me ameaçava:

– Temos um poço de jacarés. A senhora quer ver?

Como eu já estava acordada há vinte e quatro horas, raptada há quinze sentada naquela cadeira há nove, já estava preparada para o que desse e viesse. O choque inicial já estava passando e, se fosse preciso morrer, eu morreria com dignidade e não como um rato dedo-duro. O telefone não parava de tocar e o coronel ficava tenso cada vez que atendia. A certa altura, ouvi responder:

– Pode deixar, nós estamos tratando ela bem.

Então, percebi que não ia morrer. Só não sabia que o "tratar bem" que ele havia dito era, inclusive, se aproveitarem de mim.

Eu ainda não sabia que a notícia do sequestro se espalhara e estava na primeira página dos principais jornais da manhã seguinte. Em protesto, a classe teatral fechou os teatros onde havia espetáculos. Após dois dias de prisão, o coronel me informou que eu seria solta e que ele me acompanharia de volta ao aeroporto. Mandou o tenente Peixoto me dar um par de óculos escuros e um lenço para a cabeça.

– Não quero jornalistas te reconhecendo. Quero tudo muito discreto – ele disse.

Pedi, então, para ir até minha casa para trocar de roupa. Permitiram que eu fosse apenas à casa da mãe de Gilda Grillo, que me deu uma capa de chuva. Lá, era esperada por meu pai, que tentou me confortar.

Luz, câmera, manifestação

No Aeroporto Santos Dumont, por acaso, encontramos o ator Walmor Chagas, que não percebeu que um militar me acompanhava, e perguntou "quem era o veado que te sequestrou". Fiquei apavorada, achando que seria presa de novo. Os funcionários da Varig me reconheceram e permitiram que embarcasse na frente dos outros passageiros.

Quando desembarquei no Aeroporto de Congonhas, em São Paulo, já havia um batalhão de repórteres esperando por mim. Fauzi Arap, para despistá-los e me livrar do constrangimento de ser fotografada e filmada naquelas condições, disse que eu já estava na casa dele; mesmo assim, um repórter desconfiou e ficou no aeroporto. Fui fotografada de lenço, capa de chuva e óculos escuros. Da casa de Arap, fui para o hotel. Recomposta, dei uma entrevista coletiva sobre o acontecido. Quando foi publicada, recebi um telefonema do coronel Luiz Helvécio Leite, dizendo que, se eu não calasse a boca, a barra ia pesar para valer. Depois, meu padrinho, o coronel Castro Pinto, contou-me que a intenção deles era me matar, contudo, a interferência dele e a repercussão negativa na mídia haviam me salvado.

A vida continuou assim e *Cordélia Brasil* era assistida por vários revolucionários e eu os recebia sem medo de morrer. Eu não tinha noção exata do que era uma revolução. Achava que o que faziam era apenas uma revolta contra a opressão vigente. Aprendi que o Exército era para defender o Brasil, e não para coibir, torturar e matar nosso povo, como vinha fazendo. Não sabia nada além disso. Mas, cada vez mais, eu me via cercada por gente que queria mudar o mundo e lutar em favor da liberdade de expressão. E a barra para o meu lado pesava mais e mais.

A cada declaração minha, uma nova pessoa aparecia, pedindo ajuda. E eu ajudava, sem medo algum. Era comum os guerrilheiros procurarem os artistas engajados, pessoas públicas à frente da cultura, para denunciarem as injustiças através de peças, filmes e canções. Assim, fui conhecendo e me envolvendo com todas as pessoas que seriam determinantes na oposição ao regime. Certa vez, Carmem, amiga de Antonio Bívar, apareceu no Teatro de Arena com um recado do líder guerrilheiro Carlos Marighella, que nunca conheci pessoalmente e que havia lançado o Manual do Guerrilheiro Urbano. O recado dizia que eu provavelmente devia ser uma mulher esperta, porque eu havia jogado minha bolsa longe quando fui sequestrada.

Novamente, o teatro se esvaziou, porém a temporada foi até o fim. Cedi o teatro às mães dos presos políticos, para que denunciassem a precariedade das prisões. Uma delas até achou que eu desistiria, mas não. O sequestro me fez ver que eu teria que levar meus brinquedos novamente para os aliados nos defenderem dos homens maus.

A encenação de *Córdelia Brasil* partiu para uma temporada mineira.

Chegando em Belo Horizonte, eu deveria entrar em contato com um homem que faria a minha segurança. Para isso, levava uma carta de recomendação de um poeta que havia conhecido em São Paulo, através de Carmem.

Dei uma palestra numa universidade. Depois do falatório, uma jovem se aproximou e disse que precisava falar comigo. Receosa, concordei, mas, em seguida, perguntei:

– Você conhece alguém que responde pelo nome de Legumes? Porque eu tenho uma carta para entregar a ele...

– Sim – respondeu ela. – Mas se eu fosse você, desistiria dessa ideia, porque provavelmente você será recebida a tiros.

Essa jovem chamava-se Sonia Reis. Era casada com um revolucionário, mas eles estavam praticamente separados. Ela frequentava o teatro todas as noites, mas, como eu não tinha culpa no cartório, não ligava para essa rotina diária. Eu não entendia ao certo o que ela queria de mim. Parecia que a intenção dela era se aproximar para tentar me convencer a ser uma revolucionária, mas isso significaria eu me envolver com guerrilheiros, violência e armas. E esse tipo de coisa não servia para mim. Disse a ela claramente que o meu negócio era ser atriz, pois não servia para dar tiros, nem teria coragem de pegar em armas. Meu lugar era o palco.

Quando terminou a temporada, voltei para o Rio. Estava sendo realizado o Festival de Cinema e, como protesto político, o pessoal do Cinema Novo se recusou a participar. O cineasta Joaquim Pedro de Andrade, de *Macunaíma*, foi preso e, logo depois, solto por pressão das personalidades internacionais presentes no evento.

Aproveitei a estadia na cidade para participar de *O Anjo Nasceu* (1969), de Júlio Bressane. Nunca se tinha ousado tanto no cinema brasileiro, nem no Cinema Novo, contra o qual o filme é uma espécie de manifesto. O filme começa com a tela negra e termina com um longuíssimo plano de uma estrada vazia, ao som de uma toada de Dorival Caymmi. No intervalo, dois bandidos fazem e acontecem, sem explicações sociopolíticas. Por suas conotações ideológicas, o filme ficou muitos anos interditado pela censura. No elenco também estavam Hugo Carvana, Milton Gonçalves, Carlos Guima, Maria Gladys e Neville d'Almeida.

Por essas e outras, da minha janela sempre via algum policial cretino vigiando a casa. Eles faziam a ronda e trocavam de turno. Eu sentia que estava num filme, mas os policiais eram péssimos atores. Se num dia iam de bigode, no outro iam sem, mas nem mudavam a cor dos cabelos ou o penteado. Trocavam apenas a capa de detetive americano, mas o disfarce com chapéu era o mesmo. Eu ria e me enfurecia por estar naquela situação de vigília militar.

Produzi a peça *O Assalto*, de José Vicente, com direção de Fauzi Arap e encenada no Teatro Ipanema.

Certa noite, Lara, o técnico de som, não foi trabalhar. Os dias se passaram sem notícias. Todos nós estranhamos o sumiço e resolvi ir até sua casa, na Avenida Epitácio Pessoa, na Lagoa. Gilda Grillo, Dora e Marcos Flaksman foram comigo.

Toquei a campainha.

Aguardamos.

Abriram a porta. Havia vários policiais na sala. Lara havia sido preso e a polícia estava de tocaia em sua casa, esperando por seus "cúmplices".

Fomos todos levados ao DOPS, onde fui fichada e tive de responder a um inquérito.

Fui acusada de ser cúmplice de um assalto, por causa de uma fita que estava com o técnico. Na fita, o nome da peça: *O Assalto*. Lara também era acusado de tentar matar um policial. Dessa vez, além das paranoias e do terrorismo habitual, prenderam a fita como prova do crime. Só devolveram o material depois que constataram que era mesmo a trilha sonora da minha peça. Eu já estava de saco cheio e disse a eles que aquela seria a última vez.

Luz, câmera, manifestação

Reconheci um desses policiais no DOPS. Ridiculamente, o policial me contou ter sido figurante no filme *Macunaíma* (1969), de Joaquim Pedro de Andrade. Ele tinha um papel pequeno como o enfermeiro que trata do personagem interpretado por Jardel Filho. Quem sabe o figurante não estava ali só para vigiar? Contei essa história para o Joaquim e ele disse que ia cortar o close do policial do filme.

Os ensaios continuavam. Eu não tinha mais nada para fazer na peça a não ser a produção e, como estava acostumada com o espírito coletivista do cinema, trabalhando sempre em grupo, também me ofereci para fazer a publicidade.

A peça estreou com a casa vazia. Agoniada, jurei para mim mesma que o trabalho daquela trupe tão genial faria sucesso. Comecei, então, a frequentar todos os programas de TV, como o de Aérton Perlingeiro, um programa de auditório apresentado nas tardes de sábado pela TV Tupi do Rio de Janeiro. O quadro se chamava "Almoço com as Estrelas" e eu não ganhava nada para participar e ainda tinha que comer uma comida horrorosa, sem sal nem pimenta, enquanto Aérton comprava tapetes persas e eu falava, falava e falava.

Uma semana depois, saiu uma crítica do grande cenógrafo e diretor Martin Gonçalves. A peça finalmente estourou. Resolvemos dar uma festa na boate Sucata para comemorar. Telefonei para o badaladíssimo colunista social Ibrahim Sued, criador do bordão "sorry, periferia", entre outros. Ele representava uma indústria de bebidas e pedi uísque como cortesia. Ele disse "óquei", mas seria necessário que fôssemos buscar as garrafas na fábrica, no subúrbio.

Enquanto ainda estávamos na fase de ensaios, Sonia Reis bateu à minha porta. Ela estava triste, muito triste. Havia brigado com o marido e pediu para ficar na minha casa.

Concordei imediatamente. Eu nunca negava guarita a ninguém.

Era Sexta-feira Santa e saí para fazer compras. Voltei com um belo pacote de camarão e, toda contente, mostrei para Sonia. Ela riu e me perguntou o que era aquilo, se eu estava doida, pois comer camarão não passava de uma bobagem cara. Tive vergonha.

Essas coisas faziam com que eu me perguntasse se poderia algum dia ser igual àqueles revolucionários que conhecia. Sonia discursava da mesma forma que meu pai:

– Tudo não passa de uma bobagem do sistema para tomar o dinheiro do povo. Todas as festas, como Dia dos Pais e Dia das Mães, na verdade, deveriam ser comemoradas todos os dias, até porque todos os dias são Dia dos Pais... Todos os dias são Dia das Mães... Não essa coisa para vender afeto.

Na manhã do dia da festa na boate Sucata, Gilda Grillo escondeu a edição do *Jornal do Brasil* de Sonia. Noticiaram que todos os amigos dela haviam sido mortos ou presos. Só faltava ela, que estava lá em casa, comigo, Gilda e José Vicente.

Sonia queria sair, pois já estava trancada em casa há um mês. Precisávamos ir buscar as bebidas, mas eu estava com o coração angustiado. Inventei uma desculpa para não dirigir, alegando que não

Luz, câmera, manifestação

tinha carteira e precisaria ficar em casa. Ficou aquela história de quem vai e quem não vai, até que Gilda chamou seu irmão Mauro e pediu que ele fosse dirigindo a caminhonete de seu pai. Mauro não podia e arranjou um chofer amigo. Partiram Sonia, José Vicente, o chofer e o irmão dele.

Gilda e eu saímos à rua para fazer algumas coisas e, por volta das dezoito horas, fomos ao Teatro Ipanema, onde a peça era encenada.

Assim que chegamos, a bilheteira nos disse que a caminhonete deles havia voado de cima do viaduto da Praça XV. Soltei um grito. Peguei Gilda pela mão e saímos correndo pela rua. Joguei-me diante de um táxi ocupado, tirei o passageiro de dentro – que por acaso era um conhecido meu – e partimos rumo ao Hospital Souza Aguiar, no Centro do Rio.

Estavam todos mortos, com exceção de José Vicente, que só tinha um pequeno corte na cabeça. Não contamos a ele sobre a morte dos outros e o removemos para um hospital particular. Apenas depois ele nos contou o que havia acontecido:

Quando partiram, Sonia se sentou no meio, Zé Vicente na janela, o chofer no volante e seu irmão na caçamba da caminhonete. Mas, antes de subirem a ponte, Sonia pediu para trocar de lugar, pois preferia ir na janela. Zé ocupou o lugar dela.

A caminhonete voou; Sonia deu um grito enorme antes de o carro chegar ao chão. O corpo de José foi amortecido, de um lado pelo corpo do chofer e, do outro, pelo corpo de Sonia. O chofer e o irmão morreram a caminho do hospital.

Fui ao necrotério. Sobre a mesa fria, jazia morta a jovem com uma enorme cabeça inchada, maior do que uma melancia, de tantas fraturas no crânio. Acabou assim a vida de mais uma revolucionária, que não teve nem tempo de saber que seus companheiros também já haviam sido mortos.

Tive que prestar depoimento.

O delegado estava com a caderneta de telefones de Sonia na mão, os números ensanguentados. Mesmo assim, telefonou para cada um dos contatos. Machista, quando um homem atendeu do outro lado da linha e disse que não a conhecia, o delegado disse: "Já entendi por que você não quer dizer que conhece a moça... A sua mulher tá aí do lado", e riu.

Depois de depor, peguei o nome do remetente de uma das cartas que Sonia levava consigo e fui com Gilda Grillo ao tal endereço contar sobre a morte da jovem. O remetente era a sogra dela. Pedimos que ela mentisse caso a polícia descobrisse que Sonia era uma revolucionária, não revelando nada sobre a garota ter se escondido na minha casa. Se ela fosse procurada pelos investigadores, deveria dizer que sua nora teria ido em minha casa apenas para pedir um autógrafo. E que a fatídica carona era apenas um acaso.

Cancelamos a temporada no Rio e fomos para o Teatro Ruth Escobar, em São Paulo. Essa temporada fluiu sem sustos, apesar da pouca bilheteria. A repercussão de cada evento como aquele era sempre muito negativa e espantava o público. Eu queria trabalhar e a ditadura não deixava.

Em 1969, fiz uma participação especial no filme de ação e espionagem *OSS 117 Prend des Vacances* (1970). Era uma coprodução ítalo-franco-brasileira dirigida por Pierre Kalfon, que gravou algumas cenas em São Paulo. O personagem do título, o agente OSS 117, interpretado por

Carlos Merenda, vem passar férias e tem um romance com a brasileira Anna, minha personagem. O filme foi lançado no Brasil como *Verão de Fogo* (1970).

No ano seguinte, 1970, participei de três grandes filmes. Ruy Guerra, com quem eu já havia gravado *Os Cafajestes*, me convidou para participar de *Os Deuses e os Mortos* (1970). A história se passava no sul da Bahia e eu interpretei Soledad, ao lado de um elenco incrível: Othon Bastos, Dina Sfat, Ítala Nandi e Nelson Xavier.

Othon interpretava um protagonista sem nome que tinha uma ferida enorme no rosto. Aquela maquiagem fedia que era uma loucura, e o Ruy insistia em passar mais lama. Tive de fazer uma cena de amor com ele, em cima das sementes de cacau. Ele veio me beijar e não aguentei. Quis vomitar de nojo com aquele cheiro. Foi um alívio quando cortaram a cena.

Outro filme importante no mesmo ano foi *O Palácio dos Anjos* (1970), uma coprodução franco-brasileira dirigida por Walter Hugo Khouri, com quem eu já havia filmado *Noite Vazia*, e que nunca deu um grito sequer – ele era de tanta delicadeza que eu o chamava de "ursinho". O tal palácio era, na verdade, um luxuoso bordel, e eu interpretava Dorothy, a esposa de um influente cliente da prostituta Bárbara, encarnada pela francesa Geneviève Grad. Esse filme concorreu à Palma de Ouro de melhor filme, em Cannes, e ganhou o Prêmio Governador do Estado de São Paulo nas categorias de melhores produtor, diretor, argumento e roteiro.

Nina C., uma grande dedo-duro da ditadura militar, publicou uma nota no jornal *O Globo* sobre mim. Ela afirmava que na minha casa havia muito cheiro de incenso para disfarçar outros cheiros. Eu ainda nem fumava maconha, mas adorava incensos. E aqueles eram maravilhosos, comprados em Hollywood e Chinatown.

Notas como essas e outras visavam apenas me desmoralizar nos jornais.

Eu, Gilda Grillo, José Vicente e Emílio di Biasi fomos morar todos juntos num edifício da Rua Cruz Lima, no Flamengo, quando montamos a peça *Os Convalescentes*. Era a fase aguda do terrorismo de Estado e os militares estavam fazendo muitas invasões de domicílio.

Nossos ensaios eram na casa da atriz Mara Rúbia e, vez por outra, o telefone tocava. Eram policiais que, para se infiltrarem no grupo, se faziam passar por atores. Tudo o que esses fajutos conseguiam, no entanto, era perturbar o trabalho da equipe.

Um dia, uma atriz conhecida avisou que a polícia iria invadir minha casa. Respondi: "Que invadam!".

No dia seguinte, Durvalina, minha empregada, voltava da feira quando foi empurrada porta adentro por três homens. Eles entraram bruscamente no quarto onde eu dormia com Gilda Grillo. Um policial acendeu a luz:

– Polícia!

Gilda Grillo berrou:

– Apaga essa luz!

E ele apagou, sem dar um pio.

Em seguida, eu disse:

– Levanta, Gigi! É a polícia no nosso quarto. Anda, levanta!

Fui correndo até o banheiro e me vesti rápido. Queria acabar logo com aquela história. Gilda era lenta para se arrumar, demorou mais. Mas o medo era tanto que me vesti toda de pele de antílope em pleno verão carioca. Só depois me dei conta e mudei rápido de roupa enquanto eles reviravam a casa.

O meu quarto era investigado por Cláudio, um policial com uma pistola 45 na mão. Ele olhava as fotos em que eu estava nua e fazia cócegas nas mãos de Gilda Grillo. Ele mexia nos nossos livros, nas nossas roupas e lia todas as minhas cartas de amor com um ar miseravelmente fascista. Eu me sentia ultrajada, praticamente estuprada. Olhei fixamente para ele e disse:

– Vou embora do Brasil!

E, desolada, as lágrimas rolaram pelo meu rosto.

– Que é isso, Dona Norma? Não faça isso – disse o policial, com uma voz que foi ficando cada vez mais longe de mim.

Eu tinha vontade de vomitar na cara dele.

Emílio fazia xixi no outro banheiro, de porta aberta, e Zé Vicente era mantido no escritório, com as mãos na cabeça, quando acharam um papel com o nome de quatro guerrilheiros divulgados no rádio como envolvidos no caso do sequestro do embaixador americano. Expliquei que Sandra, a menina dos livros da UME, havia anotado aquilo para não esquecer, para procurar saber mais a respeito depois.

Eles pediram até o telefone do meu analista. Claro que não dei, era abusivo demais. O telefonou tocou algumas vezes e atendi com a voz perceptivelmente estranha, mas eu tinha ordem de não contar a ninguém que os policiais estavam lá, porque, se alguém aparecesse, seria preso para averiguação. Perguntei a um deles:

– Por que você escolheu ser da polícia?

– Por aventura. Só que agora sou matador. Sabe, fui seu colega. Já fui câmera da TV Excelsior.

Uns instantes depois, ele continuou:

– Sabe, dona, até que a senhora é gente fina. Nem nos recebeu à bala como todo mundo faz quando entramos em casas subversivas. Gente fina.

Durvalina, danada da vida com eles, pediu para continuar a fazer o seu serviço, dando comida aos gatos e cozinhando o almoço. Passou um cafezinho, cuspiu nas xícaras e ofereceu aos policiais, que aceitaram, apesar da desconfiança. Altiva como sempre, ela não riu e os olhou de cima a baixo. Ela me amava porque eu pagava o 13º salário e férias numa época em que quase ninguém fazia isso.

Enquanto eu e os outros estávamos na sala, Durvalina limpava a casa e corria para atender a porta antes que a campainha tocasse. Pelo basculante da cozinha, ela avisava ao restante da equipe da peça para ir embora. Foi assim que ela impediu a entrada de Sandra, que deu meia volta, atravessou a rua e entrou no Hotel Argentina, que ficava em frente. Eta, Durvalina, boa e inteligente!

Eu fiquei sentada no baú da sala, onde havia uma foto enorme de Che Guevara, assistindo àqueles marginais brincando de mocinho e bandido, até que o terror tomou conta de mim. Quando vi um deles andando de quatro, com o traseiro virado quase à altura do meu pé, não me contive e dei um chute na bunda dele.

O policial levou um susto e ficou passando a mão na bunda de um lado para o outro:

– Puxa vida, a senhora estourou o furúnculo que eu tinha.

Pelo suor na cara dele, acho que era verdade; ele ficou irado. Disse que não vasculharia mais nada e levaria todos para o DOPS.

Além da invasão e do constrangimento, ainda drenei o abscesso da ditadura.

Luz, câmera, manifestação

Sandra continuava sentada na sala de estar do hotel do outro lado da rua, fingindo ler o jornal, no qual havia dois furos à altura dos olhos. Ela nos viu saindo do prédio, com o policial Cláudio me levando pelo braço, fazendo pose de galã para esconder a arma colada à minha cintura, e nos embarcando no carro verde de Gilda Grillo, que se recusou a entrar no carro deles.

No DOPS, cada um dos amigos que voltava da sala de interrogatório dizia que só lhe haviam perguntado bobagens. Enquanto eu esperava, um policial dirigiu-se a mim:

– Ei, beleza, tire os óculos que eu quero ver sua carinha, se foi você que assaltou o banco.

A besta era tão besta que não sabia quem eu era.

Chegou a minha vez. Entrei na sala, vi as paredes cheias de fotos de guerrilheiros. Havia uma de Fernando Gabeira, bem grande. Tirei os óculos e baixei a vista. Não queria ver as fotos, porque sabia das atrocidades que estavam sendo feitas.

Fui liberada depois de responder a perguntas sobre o que estava fazendo no teatro e no cinema. O escrivão me disse que, depois daquela prisão, eu não poderia mais usar batom vermelho, que era coisa de comunista.

Às 8h30 chegou o advogado, Dr. Heleno Fragoso, e fomos encaminhados à Polícia Federal. Lá, eles queriam saber sobre o tal papel com os nomes dos quatro guerrilheiros que estava junto com dois livros de cantos latino-americanos. Num deles tinha até uma música do Juca Chaves.

Os livros foram entregues ao chefão, que perguntou pelo tal papel que tinha sumido. O policial falou que o papel tinha que estar ali. Eu fiz cara de desentendida e perguntei:

— O senhor não anda armado, Sr. Delegado?

— Não preciso de arma para reconhecer comunista. Sinto cheiro de comunista de longe – respondeu ele.

Bando de gorilas sujos, escrotos de merda, eu odiei todos eles, um por um, e fui presa novamente.

Quando entrei na cadeia, os presos políticos me viram e começaram a cantar: "Se entrega, Corisco! Eu não me entrego, não!". Foi emocionante. Era a música *Perseguição*, de Sérgio Ricardo e Glauber Rocha, trilha do filme *Deus e o Diabo na Terra do Sol* (1964). Duas ou três lágrimas contidas escorreram pela minha face. Eram por mim, pelo aluno morto da UFRJ, por todas as mães, pelo Brasil.

Na cela, tive uma crise de ansiedade e fiquei sapateando na parede a noite inteira. Eu estava com fome e não me deram comida todo o tempo em que estive lá. Nem uma gota d'água. Para minha sorte, quando o carcereiro abriu a cela por um segundo para que eu fosse ao banheiro, um preso me passou um pouco de comida pela fresta da porta.

Salve os revolucionários de 1968 e de todos os anos, vivos ou mortos, torturados ou exilados, do mundo inteiro!

A mãe de Gilda sempre me perguntava por que eu não fazia televisão. Isso dava a ela a impressão de ser um meio de proteção. Quem não fizesse TV era preso, era o que passava na cabeça dela. O fato é que, em 1971, eu continuava fazendo cinema.

Luz, câmera, manifestação

Foi nesse ano que protagonizei o drama *A Casa Assassinada* (1971), do Paulo Cesar Saraceni. O filme foi uma adaptação do livro de Lúcio Cardoso, *Crônica da Casa Assassinada*, com trilha sonora de Tom Jobim. Foi o filme mais premiado de Saraceni e ganhei o troféu APCA de melhor atriz.

Ainda em 1971 participei do filme *Paixão na Praia* (1971), o primeiro longa-metragem inteiramente dirigido por Alfredo Sternheim, que tinha sido diretor assistente de Walter Hugo Khoury em *Noite Vazia*. Nessa produção interpreto Débora, a esposa cheia de *sex appeal* de um industrial que vai para São Paulo após crimes cometidos contra suas propriedades. Os autores dos atentados, Pedro (Adriano Reys) e Jairo (Ewerton de Castro), invadem a mansão do milionário no Rio, supondo que estivesse vazia, mas se deparam com minha personagem, infeliz com a crise conjugal. O que seria um ato de violência puro e simples se configura em um misto de culpa, revolta e amor, a partir do triângulo formado pela moça e pelos dois rapazes.

Eu filmava fora do Rio e telefonei para casa para saber das notícias. Gilda Grillo me disse que Sandra estava viajando, o que era um código para informar que ela estava escondida em Búzios.

Além de participarmos dos protestos e manifestações, Gilda e eu, eventualmente, escondíamos pessoas e dávamos fuga a quem precisasse. Foi o caso de Itoby Alves Corrêa, advogado e companheiro de Carlos Marighella na ALN (Ação Libertadora Nacional), que ajudamos a fugir para a Itália.

Quando cheguei de viagem, fui com Gilda, de carro, visitar Sandra – que além de trabalhar com o grupo, continuava fazendo política partidária – no esconderijo.

Cozinhamos lagostas e Sandra nos contou que estava na luta armada, na VPR (Vanguarda Popular Revolucionária) de Carlos Lamarca. Sandra era descendente de armênios e suas conversas telefônicas com o pai eram na língua da sua família. Mas, a partir de algum momento, as comunicações começaram a ser gravadas e traduzidas pelo DOPS. Ela precisava fugir e seu pai havia conseguido um passaporte para ela sair do país.

Eu tinha um sexto sentido que funcionava como um relógio e argumentei que ela não deveria voltar para o Rio, que era perigoso. Mas ela insistiu e disse que já estava tudo arranjado. Voltamos as três ao Rio de Janeiro e a deixamos na esquina da Rua República do Peru com a Avenida Nossa Senhora de Copacabana. Ela saltou com uma malinha de mão, e eu, com um nó na garganta, acenei com um "até breve". O carro partiu e falei para Gilda Grillo que sentia que nunca mais a veríamos.

Sandra foi presa pelos federais no dia seguinte, quando ia carimbar o visto de saída no passaporte, na sede da Polícia Federal.

Os policiais estavam disfarçados de datilógrafos e, quando chamaram seu nome, eles a arrastaram, junto com a irmã, Lara, diante de várias testemunhas. Lara foi trancada no banheiro enquanto Sandra ia para os porões da ditadura. Foi levada para a Base Aérea do Galeão, onde foi interrogada, barbaramente torturada e estuprada. Foi levada para outros lugares e ficou desaparecida por semanas. Só sobreviveu porque seu pai era amigo de um general do Exército muito influente, que conseguiu localizá-la quando ela já estava muito machucada e doente.

Ela foi transferida para o Hospital do Exército, anêmica e trinta quilos mais magra. Ficou com sequelas físicas até o fim da vida. Após sair do hospital, a Aeronáutica tentou prendê-la várias vezes, mas não conseguiu e ela respondeu ao processo em liberdade porque ficou tuberculosa. Foi acusada de terrorismo e de participar do sequestro do embaixador suíço Giovanni Enrico Bucher, em dezembro de 1970.

Sandra foi julgada em 1972, junto com a guerrilheira Inês Etienne Romeu, e absolvida por falta de provas. Sua família foi vigiada durante anos e seu pai gastou fortunas em sua defesa para a preservação de sua vida.

A prisão de Sandra no fim de 1971 foi a gota d'água. O cerco estava fechado.

Eles conheciam meus hábitos, minha casa, minha vida e minha sexualidade. Era enlouquecedor.

Tentei montar uma peça chamada *Body*, escrita por Serge Rezvani e traduzida por Millôr Fernandes, mas a censura barrou e mandou avisar: mesmo que eu montasse *A Branca de Neve*, não iriam liberar.

Era o ápice da loucura e esse terrorismo psicológico foi me reprimindo aos poucos. Não era mais possível montar peças ou filmar. Toda privacidade e liberdade de expressão estavam censuradas. Só me deixavam em paz quando eu não trabalhava. Todas as minhas peças estavam proibidas e meu nome não pôde sequer constar nos letreiros dos cinemas quando o filme *A Casa Assassinada* foi lançado.

Sem trabalho e sem dinheiro, quatro dias depois da prisão de Sandra, Gilda Grillo e eu deixamos o Brasil, com destino a Paris. Eu não queria ir, nem tinha condições de viajar, mas tinha medo de que ela não aguentasse a tortura e fosse obrigada a nos delatar.

Menti para mamãe. Despedi-me às pressas e disse que teria que fazer uma dublagem na França, que estaria de volta em dez dias. Tive de ser forte e durona para que ela não sofresse. Olhava para ela acenando e pensava: "Adeus, mãe, não sei se estou partindo para toda a vida", até a imagem dela ir desaparecendo.

Papai foi me levar ao aeroporto e também não sabia de nada. Fiz pose de Sophia Loren ao passar pela polícia, que logo me provocou, dizendo: "Pega o passaporte dela". Eu falava em voz alta:

– Adeus, pai. Até a volta! Um beijo para todos! Estarei de volta em dez dias.

Gilda chorava muito por causa de Alexandre Lyra, outro amigo revolucionário que tinha sido preso. Passamos pela polícia, tomamos o avião e partimos para o desconhecido com 500 dólares, parte deles arrecadados por amigos. Estávamos apavoradas, tristes e com o mesmo sentimento de derrota e esperança que acompanha todos os exilados.

ESTÁVAMOS APAVORADAS, TRISTES E COM O MESMO
SENTIMENTO DE DERROTA E ESPERANÇA QUE
ACOMPANHA TODOS OS EXILADOS.

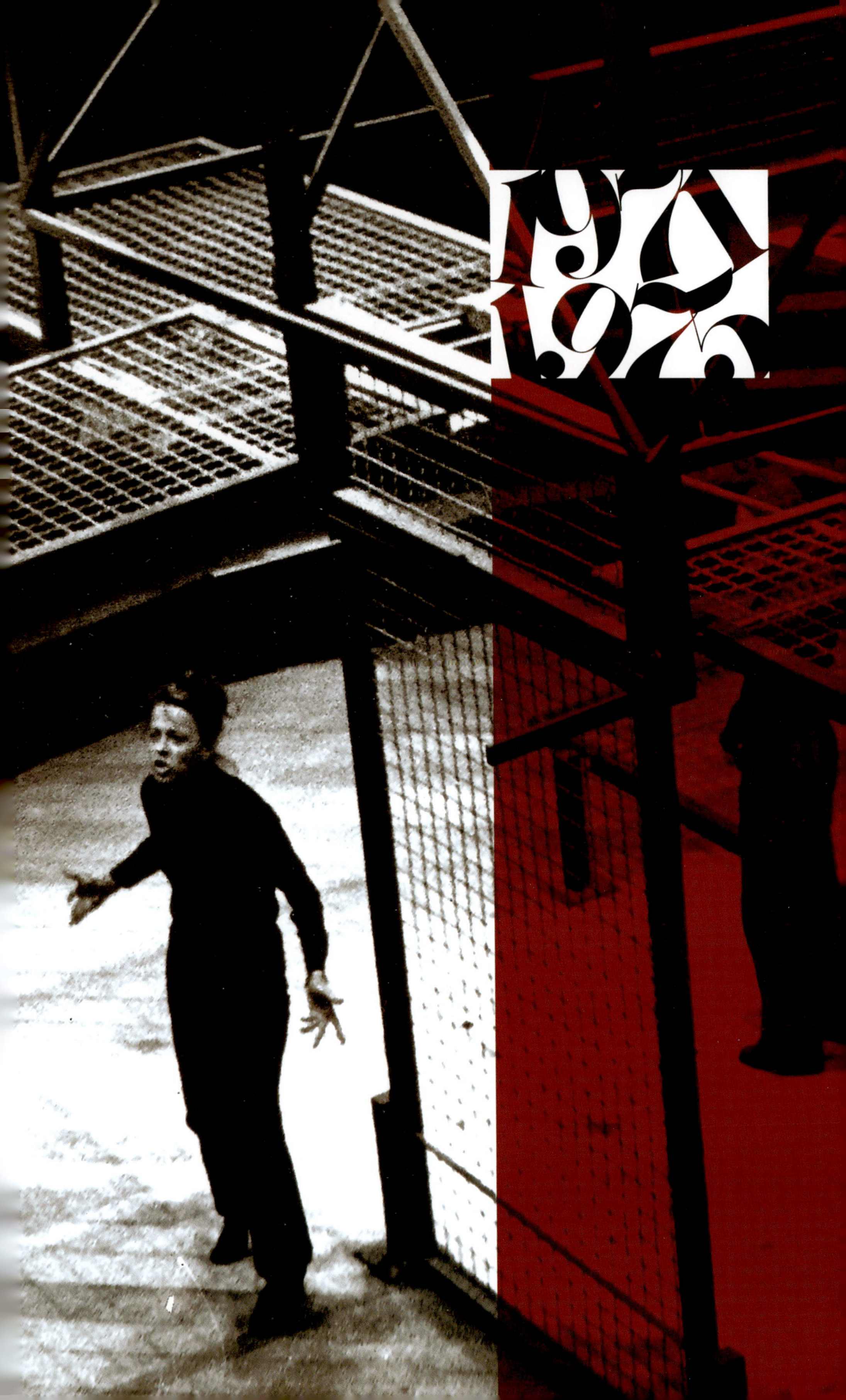
1974
1975

Uma fênix
no exílio

Em estado de choque.
Foi exatamente dessa forma que eu vivi os anos seguintes, no exílio.
Em contrapartida, como uma fênix, eu tinha que renascer.
De fato, um renascimento das cinzas.
E não era apenas isso: retomar o sucesso era vital.

O avião pousou no Aeroporto de Orly, em Paris, que era uma fumaça só. Todos fumavam Gitanes, um cigarro preto.

Dali, Gilda foi me mostrar o apartamento que escolheu para a gente morar. Ficava em um edifício lindo, *art déco,* na Avenue Junot, em Montmartre. Mas quando ela abriu a porta, não me controlei e tive um ataque de choro: vi que era um cubículo imundo. Soluçando, eu disse:

– Não posso morar neste lugar horrível!

Levamos vinte dias para limpar a parede preta de sujeira. O banheiro realmente era uma merda, de tão minúsculo. Mas que remédio? Viver na Itália, onde havia feito uma bela carreira, estava fora de cogitação por causa de Gabriele – a Itália era pequena demais para nós dois. Por isso, Gilda sugeriu a França, país que ela amava e onde já havia estudado. Eu não suportava os franceses, mas aceitei e não me arrependi. Lá ao menos eu não estava marcada, não era chamada de amoral ou porra-louca. Por isso, apostei que poderia desenvolver um trabalho artístico politizado ali.

Vivíamos com 300 dólares por mês que a mãe de Gilda nos mandava para ajudar com o aluguel, com a comida e com os estudos. Era muito difícil. Em Paris, voltei a ser o que já não lembrava mais: pobre. Na verdade, essa pobreza francesa era uma novidade para mim. Pobres foram os meus pais. Eu havia começado a trabalhar muito cedo e tudo sempre correu bem para mim. Apesar dos tumultos e dos altos e baixos, nunca havia me faltado nada. Além disso, ser pobre na França era muito pior do que no Brasil. Não tinha a mesma quantidade de trabalhos e a vida em Paris era muito cara. Eu também não era uma filha exilada da burguesia, era uma artista sem trabalho e sem reservas financeiras. Não tinha nada pela frente a não ser a miséria. E essa situação se prolongou por algum tempo.

Em Paris, eu lavava, cozinhava, passava, limpava, arrumava a casa, fazia as compras e me esforçava para ser uma boa atriz. A adaptação ao clima e à língua era muito difícil. Havia pouco dinheiro e muita pressão, saudade do Brasil, da família e dos amigos. Nos primeiros seis meses, envelheci tanto que parecia ter o dobro da minha idade. Era a tristeza por ter sido obrigada a sair do meu país como fugitiva. Havia perdido o que me fazia ser Norma Bengell: a pátria, os pais, o amor e o cinema. No exílio, eu não podia ser eu. Enfim, estava infeliz.

Entrei em parafuso e precisei tomar remédios, um antidepressivo chamado Nardil. Assim que me vi sozinha, tomei várias pílulas com a intenção de morrer. Só que errei o frasco. As pílulas eram excitantes e não calmantes. Pensei que morreria do mesmo jeito que vivi, em um grande mundo de fantasias e de emoções intensificadas. Entrei em coma total e fiz uma viagem para a morte. Tudo era cinza e levitava, metade do cérebro parou.

Fui internada no Hospital Americano de Paris, em Neuilly-sur-Seine, o único lugar onde havia um antídoto para os efeitos colaterais do medicamento. Porém, o CTI do hospital não era o que se podia chamar de cura para aquela minha condição. Eu precisava de alguém que cuidasse de mim. Chamaram meu pai e quando ele chegou e falou comigo, reagi imediatamente. Quando acordei e o vi, disse: "Não chora, pai, que eu estou nascendo". Depois, fiz um poema para ele.

Fiquei internada durante sete dias. Gilda Grillo foi minha mãe e me pariu de volta. Esta posta de carne carente que eu era saiu do coma com quarenta e seis quilos, mas com um sorriso genial. Depois disso, comecei a olhar melhor para tudo, prestar uma grande atenção no que tinha vida. Eu vi nascer a primeira folhinha da primavera na França, pois passei a olhar para cima: o céu, as árvores, a vida, o amor. Expandi minha consciência e renasci, com mais leveza e serenidade.

Acho que não morri porque não era a hora. Ainda tinha que voltar ao Brasil e participar de muitas coisas. Daniel Filho quis me trazer de volta para fazer uma novela na TV Globo, mas o censor do DOPS, que ficava na emissora, me desaconselhou por eu ser considerada *persona non grata* no país.

Aos poucos, fui começando a me levantar. Pintamos o apartamento todo de branco e reformamos tudo para melhorar o astral do lugar com a ajuda de duas amigas sensacionais: Denise e Natalie, casadas há vinte anos. Denise era atriz e diretora de teatro. Natalie era belga e artista plástica surrealista e existencialista. Ela vivia na França há vinte e cinco anos sem documentos – era uma mulher incrível. Foi tuberculosa e me mostrou um trabalho que o grupo de doentes do hospital em que se tratou fazia, em favor da reconstrução do Vietnã. Denise e Natalie viviam em uma casa com mais de cinquenta gatos e eram muito generosas. Criaram juntas a filha de

Uma fênix no exílio

Denise, Stephanie, que se tornou uma ótima atriz. O pai dela era um ator chileno talentosíssimo chamado Daniel Emilfork, que tinha uma aparência muito peculiar e uma voz marcante. Quando alguém lhe perguntava sua nacionalidade, ele respondia simplesmente "judeu". Foi Daniel quem me indicou para um trabalho em Munique, na Alemanha, para a TV. Era um programa de televisão baseado no livro *Quarto de Despejo*, de Carolina Maria de Jesus, no qual eu interpretava a favelada. Foi uma ótima participação.

A socióloga, psicanalista e ativista Violeta Arraes, conhecida por lá como Rosa de Paris, nos recebeu em sua casa, que era como uma embaixada para os brasileiros exilados na França. Ali, nós encontrávamos carinho e ensinamentos nos livros, filmes e peças que nos eram recomendados. Era um templo despojado e elegantíssimo, onde ela e seu marido, o economista e militante socialista Pierre Maurice, acolhiam a todos. Tudo ali contribuía para a regeneração dos espíritos dilacerados pela infelicidade histórica.

Dona Violeta buscou me confortar dizendo que eu conseguiria trabalhar porque meus filmes italianos eram conhecidos na França. E, generosa, arranjou-nos um financiamento em um banco para que pudéssemos montar a peça *Os Convalescentes*, de José Vicente.

Até então, eu só falava os verbos ensinados na escola e aprendia francês na prática, no cotidiano das ruas. Mas aí tive que estudar a língua para valer. E assim começou minha aventura francesa.

Os Convalescentes foi o meu primeiro trabalho na França. Ficamos em cartaz de abril a junho de 1972, com direção de Gilda Grillo e cenário de Marcos Flaksman.

Três meses após ter deixado o Brasil, fui convidada para uma festa oferecida pelo jornal *L'Humanité*, então ainda ligado ao Partido Comunista Francês.

Fui discretamente vestida, de lenço na cabeça e óculos escuros, pois além de shows, havia barracas típicas de todos os países, inclusive do Brasil, e eu não era muito bem vista por alguns brasileiros da comunidade por causa de minhas posições feministas radicais. Pior para eles.

Mesmo assim, fui até a barraca do Brasil. Timidamente, aproximei-me de um homem bonito chamado Hildebrando, que vendia livros e jornais, e perguntei se ele não tinha medo de ficar lá. Ele me olhou nos olhos e disse não temer nada. Comprei uns cartões e saí, sem ser reconhecida.

No evento estavam o presidente da União Soviética, Leonid Brejnev, e o de Cuba, Fidel Castro. Fidel tinha um aspecto de sujo, horroroso. Mesmo assim, ouvia declarações do tipo: "É o homem mais bonito do mundo, eu me casaria com ele". Que gente louca. Deus me salve da mediocridade! Sem encanto a vida está perdida. É o meu eterno mistério e só o mistério segura o encanto.

Estava precisando de dinheiro quando Luiz Carlos Barreto me ofereceu 12 mil cruzeiros para atuar em *Os Sóis da Ilha de Páscoa* (1972), uma coprodução dele, da França e do Chile, que seria dirigido por Pierre

Uma fênix no exílio

Kast. Seria uma ótima oportunidade para viajar um pouco, conhecer a Ilha de Páscoa e ver de perto como era o governo de Salvador Allende e o Chile em seu estado socialista.

No aeroporto, logo ao desembarcar, senti que o astral da liberdade estava comprometido. Havia no ar a tensão das loucuras que estavam prestes a acontecer.

O dólar, que valia 14 ou 16 pesos, era vendido a 400 nos hotéis controlados pela CIA e pelo FBI. Era evidente que não queriam a emancipação do povo chileno. E os exilados brasileiros eram vigiados pela polícia brasileira. Um caos.

Quando cheguei ao hotel, o porteiro me perguntou se tinha dólares para vender. Tinha, mas não vendi. Não iria ficar rica se vendesse e prejudicaria o governo do Allende. Não gostei do hotel e me mandei, algum tempo depois, para a casa de amigos.

Estávamos filmando em Viña del Mar quando soube que Glauber Rocha também estava no Chile. Seria uma honra poder conhecê-lo melhor. Não nos víamos desde que eu havia dublado um filme que ele me pagou com um cheque sem fundos, dez anos antes. Telefonei e Glauber veio me encontrar, ficamos bons amigos e ele me apresentou a várias pessoas.

Um dia, Glauber teve uma febre esquisita, que disse ser malária. Achei que não era e contei ao médico o que eu desconfiava que fosse. De fato, o médico constatou que não era malária, mas uma doença psicossomática. Glauber era um gênio e, como muitos gênios, meio perturbado. Eu passava no hotel para apanhá-lo e, antes de sair, ele falava com as paredes: "Sou Glauber. Vocês, da CIA, que estão gravando, fiquem sabendo que não tenho medo de vocês". Levei um puta susto. Eu sabia que o Chile era um país socialista, com um presidente eleito que os americanos sempre tentariam derrubar. Depois que li um livro sobre a CIA e o caso PARA-SAR, me dou o benefício da dúvida. Mas colocar um microfone no quarto de Glauber Rocha seria um pouco demais. Depois me acostumei e achava graça das coisas que ele falava e fazia. Era um misto de credulidade e incredulidade.

Glauber me convidou para fazer um filme sobre a guerrilha chilena. Ele queria que eu fizesse uma cena nua, descendo pelada pela Cordilheira dos Andes, ao lado de um guerrilheiro armado, o Fernando Gabeira. Para minha sorte, Gabeira não quis.

Certo dia, chamei Gilda para me fazer companhia durante as filmagens. Quando ela chegou, Glauber não gostou. Entre essas e outras brigas, o filme implodiu e nunca foi concluído.

Com o filme inacabado, Glauber aceitou dar uma entrevista coletiva que foi uma maluquice. Ele falou de si mesmo o tempo todo e não mencionou nem o filme, nem a equipe, nem os atores. Havia embarcado em uma *egotrip*. Para completar, no fim da temporada no Chile, Glauber quis fazer uma guerra de poder comigo. Começou a me tratar mal e a projetar em mim todas as suas inseguranças. Achei que estava com medo de mim, como atriz e como mulher.

Além de meus problemas políticos, eu estava apaixonada por outra pessoa e não percebi que aquela rejeição dissimulava, na verdade, um amor platônico. Ele nunca me contou nada e só descobri no dia em que encontrei um papel escrito por ele, com meu nome repetido várias vezes.

Fui conivente com sua loucura, idealismo e hipocondria, com sua mania de perseguição, insatisfação e genialidade. Glauber foi um dos meus melhores amigos, por quem eu tinha um imenso amor. Era o irmão que nunca tive.

Só fui encontrá-lo de novo quando voltei a Paris, muito tempo depois.

Uma fênix no exílio

Novamente em Paris, fui à estreia da peça *O Casamento do Pequeno Burguês*, produzida pela companhia brasileira Pão e Circo. A montagem era um sucesso e saí com a sensação de que a arte brasileira estava viva. Nesse espírito de entusiasmo, vi de longe, na porta do teatro, o ator Sami Frey.

Nós havíamos trabalhado juntos na filmagem de *La Costanza della Ragione* (1964), de Pasquale Festa. Pensei que ele não falaria mais comigo, pois tivemos um atrito durante as filmagens. Eu interpretava a mãe do personagem dele, toda maquiada para parecer uma mulher de 50 anos (eu tinha 30). O diretor disse que estava perfeito e que não ia me mostrar andando, pois as mulheres de 50 anos são mais pesadas. Eu tinha que falar um monólogo do tamanho de um bonde, em italiano, e sem me mexer. Mas, nas cenas mais difíceis, Sami assobiava para me desconcentrar. Não prestou. Saí correndo atrás dele e brigamos feio. Quando o filme acabou, houve uma festa e nós dois nos despedimos numa boa.

Para minha surpresa, Sami me reconheceu na porta do teatro e correu para me abraçar. Ele estava acompanhado de um rapaz bonito, apesar de vesgo e baixinho, e me apresentou: era o diretor Patrice Chéreau, do Théâtre National Populaire. Quase desmaiei, pois acompanhava todo o trabalho dele. Como discípulo do Piccolo Teatro, de Milão, de Giorgio Strehler, Chéreau queria quebrar estruturas e renovar o teatro francês. Ele era um rebelde, estava acostumado a fazer peças incríveis e ser, invariavelmente, vaiado durante todos os seus espetáculos. As vaias eram sempre fortes e os espetáculos, maravilhosos. Foi assim que ele virou um mito.

Derretida, disse a Patrice que adorava seu trabalho, e ele me perguntou:

– Por que você nunca veio falar comigo?

– Sou tímida – respondi.

Continuamos conversando sobre *Toller*, a peça de Tankred Dorst, que ele montou com Sami em 1970, e que eu adorava.

Despedimo-nos e ele disse:

– *À bientôt!*

Era um simpático "até breve". E seria breve mesmo.

Depois de um filme que fiz para a TV, *Le Soleil de Palicorna*, Ruth Escobar me convidou para atuar na peça *Cemitério de Automóveis*, de Fernando Arrabal, dirigida por Amir Haddad, que seria encenada em Portugal. As atrizes deveriam aparecer em cena com os seios nus, mas a censura exigia que usássemos esparadrapos para cobri-los, como os portugueses fizeram com os nossos índios. Estreamos em agosto de 1973 e as críticas foram maravilhosas.

No hotel, o telefone tocou e o ator Cláudio Mamberti atendeu. Disse para mim que era Patrice Chéreau. "Não me goza que eu não vou atender", eu disse.

Mas era verdade. Chéreau havia visto uma foto minha na revista *Le Nouvel Observateur* e estava me oferecendo o papel da princesa Hermione na montagem *La Dispute*, de Pierre de Marivaux. Não entendi por que ele estava me convidando para um clássico francês. Ele explicou, então, que seria uma adaptação, com uma princesa toda vestida de branco, nos anos 1940, com cabelos vermelhos, como Rita Hayworth. "Você prefere falar italiano ou francês, Norma?", ele perguntou. "Francês", respondi.

Uma fênix no exílio

A princesa Hermione deveria ser interpretada pela atriz italiana Valentina Cortese, que só poderia fazer a temporada de Paris. Porém, Chéreau chegou à conclusão de que seria injusto eu não estrear em Paris e me ofereceu o papel da turnê toda, tirando Valentina da peça. Eu queria ficar mais tempo em Portugal, com *Cemitério de Automóveis,* e só aceitei depois que meus colegas brasileiros disseram que eu seria uma louca se não aceitasse.

Durante os ensaios, percebi que o perfeccionismo de Patrice Chéreau era exatamente igual ao de Luchino Visconti.

Em uma das cenas, eu tomava o melhor champanhe em uma taça de cristal do século XIX. Tinha dois vestidos iguais, brancos, que revezava a cada dia, pois os vestidos não poderiam ter um cisquinho sequer. Ele dizia que eu deveria acreditar que era uma princesa e que uma princesa não suja o seu vestido. Nem tampouco bebe champanhe em qualquer copo. Eu admirava a genialidade dos dois. Chéreau e Visconti eram do signo de escorpião e trocavam telegramas no Natal e nos aniversários.

Uma tarde, durante os ensaios, chegou a notícia de que Salvador Allende, presidente do Chile, havia sido assassinado e que todos estavam sendo presos e torturados no país. Chorei muito, pois quando estive no Chile para filmar *Os Sóis da Ilha de Páscoa* pude ver o que era uma democracia. Pensei logo no ator Marcelo Romo, que, preocupado com a situação política, me dizia que não aguentava mais filmar aquela bobagem. Ele tinha quase certeza de que derrubariam Allende, pois o presidente cometia o grande erro de não armar o povo. Romo era de uma organização armada chamada MIR que havia sido quase toda dizimada por denúncia de um espião infiltrado.

No teatro, havia um quadro-negro onde nos comunicávamos por bilhetes, fazíamos denúncias e colocávamos avisos. Por meio dele, a gente se informava sobre as principais notícias políticas do dia e da semana. Era a nossa "rede social". Escrevi o nome de Romo nesse quadro, para que o diretor Roger Planchon, um sujeito engajado, soubesse que ele estava desaparecido. Foi ótimo, porque o diretor descobriu que Romo estava preso e não fora assassinado.

Haveria uma manifestação naquela tarde, em Lyon. Na hora me lembrei da Passeata dos Cem Mil, no Brasil.

Foi uma das manifestações mais emocionantes que havia visto. A multidão andava em silêncio e dava para ouvir uma mosca voando. Fiquei paralisada, sem saber como me comportar.

Eram grupos e mais grupos, representando diversas facções da oposição francesa. Na frente, cerca de cinco mil pessoas levavam a bandeira do Partido Comunista Francês. Atrás, mais quatro mil pessoas levavam bandeiras marxistas, e assim por diante: trotskistas, maoistas, como num desfile das escolas de samba do Rio, mas de uma esquerda colorida. Cada qual com a sua bandeira, contra o inimigo comum. Eu marchei no grupo de atores, que levava a bandeira do Théâtre National Populaire. No total, foram mais de cem mil pessoas.

Uma fênix no exílio

Gilda Grillo e eu estávamos em nossa casa, em Paris, quando recebemos uma visita surpresa. Era Glauber Rocha, que sempre foi um ídolo quase intocável para mim.

Glauber tinha uma figura estranha, de sonhador. Era protestante, mas gostava de coisas exóticas e de ficar totalmente nu, onde quer que fosse. Ele chegou em casa com um livro do I Ching e foi a primeira vez que ouvi falar nesse oráculo. Ele ficava lá, pelado e totalmente concentrado enquanto jogava com Gilda, pensando no que queria que o I Ching respondesse. Quando seu I Ching respondeu "Cuidado! Você poderá sucumbir pelo prazer", Glauber, com seus dois olhos enormes, comentou, reflexivo:

– É preciso me controlar.

Em um dado momento, após consultar o oráculo, Glauber pediu para eu telefonar para Jango. Ele queria que eu solicitasse uma reunião com o ex-presidente, que também estava morando em Paris.

Obedeci e liguei para o Hotel Claridge, nos Champs-Élysées, e Raul Riff, secretário do homem, atendeu. Identifiquei-me e ele passou o telefone para Jango. Eu não sabia o que falar:

– Presidente, como vai? Lembra-se de mim? Sou eu, Norma Bengell. Que saudade da sua democracia, essa palavra que não sei realmente o que significa, pois cada um diz que é uma coisa diferente. Creio que nós dois estamos em busca dessa senhora tão difícil.

Em seguida, disse que queria vê-lo. Jango não sabia que eu estava exilada. Para ele, eu talvez ainda fosse somente aquele objeto de prazer de 1956, que vendia sua voz, com as coxas de fora. Marcamos de nos encontrar no hotel.

Eu não tinha nem uma roupa apropriada para ter uma audiência com o presidente. Só uma camisa e uma calça velhas, compradas no Chile. Meti a cabeça debaixo do chuveirinho e, enquanto lavava os cabelos,

Gilda pegava o secador. Fiz uns rolinhos bem arrumados, botei um casaco da mãe dela e parti. Glauber e Gilda ficaram, aguardando a resposta. No caminho, fui pensando em como seria recebida, já que ele sabia do meu caso com Arnaldo, um dos seus antigos secretários.

O Hotel Claridge era tão luxuoso que eu não sabia como me comportar. Respirei fundo, como uma atriz que vai entrar em cena. Era uma grande prova falar com Jango após oito anos. A última vez que havia tido contato com a família dele foi por telefone, em 1964, quando Dona Maria Teresa havia me convidado para um jantar.

Jango estava sentado no bar, com um casal aparentemente árabe. A mulher estava muito maquiada. Sentei-me em outra mesa, sozinha. O garçom se aproximou e pedi que anunciasse a minha chegada. Jango me esperava para sair com ele e com o casal, e logo se levantou e veio ao meu encontro. O presidente exilado estava com uma perna dura e havia um ar cansado na sua cara de bom caráter. Jango era pisciano como eu, um romântico. E solitário, como todos os românticos. Tive muita vontade de correr e abraçá-lo, como nos filmes americanos, pois sua figura me inspirava proteção, que era justamente do que eu precisava naquele momento.

Ele se sentou ao meu lado e fiquei esperando que falasse alguma coisa. Olhou-me profundamente nos olhos e perguntou por Arnaldo.

– Não o vejo há muitos anos – respondi. – Desde que o senhor o enviou para Roma, para trabalhar no Lloyd e fazer as pazes com a mulher. Cansei de ser a outra. Nasci para ser a primeira.

Depois de alguns instantes, ele perguntou:

– O que você quer tomar?

– Suco de laranja – respondi.

Ele pediu uísque.

Uma fênix no exílio

Um silêncio enorme.

Quebrando o gelo, Jango perguntou se eu precisava de dinheiro. Tinha vergonha de dizer a verdade e disse que não. Eu não tinha nem um centavo, às vezes nem para comer. Tinha passado meu aniversário comendo um cachorro-quente, com uns níqueis que havia guardado.

Contei que estava exilada e tudo o que havia acontecido: o sequestro, as perseguições etc. A surpresa dele foi visível. A vedetinha, afinal, pensava e era uma ativista política. Interrompi minha fala para contar o motivo de minha visita: Glauber Rocha queria vê-lo, e expliquei, em seguida, quem era Glauber Rocha. Jango ficou calado, pensando por um bom tempo. Antes de responder, ele apontou para a mesa em que estava e disse:

– Você está vendo aquela mulher ali, com aquele homem? Pois é, ela é uma argelina que anda com aquele homem que quer comprar os meus couros de boi. Eu vou à China negociar e tenho que ir jantar com eles. Você quer vir?

Agradeci e recusei. Ele voltou a perguntar se eu precisava de dinheiro. Novamente recusei, dizendo que minha missão ali era política.

Voltando à minha solicitação, ele respondeu que, em princípio, não gostaria de encontrar Glauber, pois ele havia estado em Cuba. Não entendi nada. O que havia demais alguém ter ido a Cuba? De todo modo, pedi que ele pensasse e lhe telefonaria depois.

Jango antecipou que Geisel seria o novo presidente e que haveria uma abertura política em breve – por isso, os artistas deveriam pegar leve com ele. Também avisou que logo voltaria ao Brasil, mas que, antes, Perón voltaria à Argentina, o que aconteceu mesmo em outubro daquele ano. Ele ficava no Uruguai, onde ficava mais perto das notícias, sofrendo, sem falar nada contra o Brasil. Também prometeu que iria me procurar.

Deixei meu telefone e parti, não sem antes ouvir dele:

– Você continua linda, só que com os olhos muito tristes.

Anos depois, já de volta ao Brasil, um jornalista escreveu que eu tinha os olhos irremediavelmente tristes. Ao ler, lembrei-me de Jango.

Parti em um táxi chamado e, ainda bem, pago por ele.

Quando cheguei em casa, Gilda e Glauber estavam ansiosos. Fui logo dizendo:

– Glauber, nada feito. Ele não quer te ver.

Depois, tirei aquela fantasia e fui dormir.

No dia seguinte, Jango telefonou. Convidei-o para assistir à peça que estrearia em Paris, no Théâtre National Populaire. Ele disse que não iria, pois não falava francês e não fazia nenhum esforço para falar. Estava de passagem por Paris, rumo à Lyon, para fazer um check-up "do coração ferido e do corpo quebrado".

A partir daquele dia, cada vez que ele ia a Paris, sempre nos encontrávamos, e seu secretário, Riff, toda vez me pedia que não o deixasse beber.

Noite de estreia no Palais de la Musique, durante o Festival de Outono, em outubro de 1973.

A encenação era *La dispute*, do diretor francês Patrice Chéreau.

Espio pelas cortinas: há cerca de 1.500 pessoas na plateia. Eu iria abrir o espetáculo e fiquei nervosa.

Sempre fiquei muito nervosa em todas as estreias. Por isso, deixava um penico comigo na cochia. Antes de entrar, fazia xixi e evitava molhar as calças no palco.

Uma fênix no exílio

Na primeira frase, falei tão baixo que um bondoso espectador gritou: "mais alto!".

Voltei à realidade e, daí em diante, o espetáculo começou a correr bem.

Enfim, os aplausos. O elenco voltou quinze vezes em quinze cortinas, o que se repetiria durante os seis meses seguintes.

Foi um grande triunfo. Após os aplausos, os atores se cumprimentaram e cheguei perto de Patrice, que lamentou:

– Estou triste. Acho que foi um fracasso.

Respondi, surpresa:

– Impossível! Fomos aplaudidíssimos.

Ele me olhou e falou:

– Por isso mesmo. Desde que dirigi o primeiro espetáculo da minha vida, fui vaiado. A menor vaia que tive foi durante um espetáculo que fiz com Alida Valli, e eram vaias e mais vaias. Por isso eu te digo que sou um fracassado. Hoje não fui vaiado.

A colunista Nina C., que continuava a me perseguir do Brasil, concordou com Patrice. Todas as críticas francesas que guardei, no entanto, provam o contrário.

Chamei Médici de *Ubu Rei*, em referência à peça de Alfred Jarry, durante uma entrevista a Édouard Bailby, do *L'Express*, em que comentava a ditadura brasileira. No Brasil, só leu a matéria quem tinha assinatura e recebia a revista em casa, pois a página da matéria foi arrancada de todos os exemplares vendidos nas bancas.

Nessa época, eu cogitava pedir a renovação do meu passaporte na Embaixada do Brasil, em Paris, quando fui avisada que nem adiantava ir, porque eles não renovariam. Mas como eu tinha dupla cidadania, fiquei trabalhando com o passaporte italiano e continuei na luta: falava à imprensa da matança e da censura brasileiras, sempre observada pela polícia do regime. Todos os jornais são provas do que passei.

Certa vez, fiquei morrendo de tesão por um diretor de cinema. Mas havia um problema: o cara era franquista.

Descobri quando eu disse que tinha gostado do documentário *Morir en Madrid* e ele começou a gritar que o filme era uma montagem, que o General Franco *"el caudillo d'España, por la gracia de Dios"*, como estava escrito nas moedas, havia sido ótimo para a Espanha. Perguntei pelo sangue derramado na Guerra Civil Espanhola. E pensava em Lorca.

Depois dessa briga, o nosso relacionamento azedou. Ele era o contrário do que eu imaginava que fosse, do que aparentava para o mundo. No dia seguinte, começaríamos a filmar pela manhã.

Houve um intervalo. Estávamos sentados a uns vinte metros de distância um do outro e, de repente, nossos olhares se cruzaram. Ficamos nos olhando; ele abria e fechava as narinas, como um animal ofegante. Sentia seu tesão e continuamos nos olhando, de longe, até que senti o orgasmo subindo pelas minhas pernas. Gozei. Olhei para as suas calças e vi que estavam molhadas.

À noite, fomos para a cama. Já não havia mais "esquerda" ou "direita". Éramos só dois seres sexuais que se desejavam e se entregavam para saciar a fome da carne inflamada. Eu não podia evitar o franquista filho da mãe e foi assim que descobri que tesão não tem partido ou ideologia.

Uma fênix no exílio

Ele foi um dos meus melhores amantes. O seu odor era o mais delicioso que já senti. Trepava suave e brutamente, num encaixe pleno e perfeito. Ele tinha uma pegada naturalmente dominadora e incontrolável, inesquecível, e fazia eu me sentir pura, como aquela inocente e delicada menina do Lido. No meu ouvido, ele sussurrava loucuras indizíveis a qualquer mulher, fosse a mais *frega* do mundo. Ao mesmo tempo, carinhoso e gentil, me deixando dengosa e miando, gemendo, quase chorando baixinho. Um caleidoscópio de prazeres. Quando o filme terminou, parti e nunca mais o procurei.

Gilda morria de ciúmes dele. Eu achava que era sem motivo, pois vivíamos juntas há sete anos e fazíamos amor durante horas, todas as noites. Quando íamos para a cama, eu dava a ela tanto prazer quanto recebia.

Às vezes, o ciúme salva. No caso do franquista tesudo, fui salva por ele.

Gilda Grillo era linda, inteligente, revolucionária. Era uma mulher que queria fazer algo em busca da sua realização. Ficamos juntas, lutamos juntas, fizemos arte e política juntas, fomos cúmplices na alegria e na tristeza, no amor e na saudade. Costumava pensar: "Que rumo nós duas tomaríamos? Como poderíamos sobreviver?".

Naqueles anos, duas mulheres se amarem era barra-pesada, os homens ficavam realmente incomodados. Um amigo brasileiro me contou que havia assistido a uma discussão de um grupo de artistas, no Rio, sobre a minha relação com Gilda Grillo. Vinicius de Moraes dizia: "Elas são tão bonitas, deixe-as se amarem!". Ciro Monteiro rebatia, dizendo: "O chato para os homens é ver que perdemos duas belas mulheres!". Um terceiro suspirou: "Se ao menos elas me deixassem ficar no meio...". Era um ônus da relação.

Eu havia deixado uma vida para trás por esse grande amor, essa mulher. É claro que foi um escândalo, embora eu nem me tocasse direito disso. Eu, Norma Bengell, caída por uma mulher? Sim, quando me dei conta, já estava perdidamente apaixonada. Tinha meus casinhos fora do relacionamento, tudo bem, ninguém é de ferro. Mas era Gilda quem eu realmente amava.

Depois de tudo isso, passávamos por um momento difícil e eu estava de saco cheio da nossa relação, que não ia nada bem. E preocupava-me com as consequências que aquilo trazia para nós duas.

Nossos atritos começaram quando estávamos encenando *Os Convalescentes* (1974), com Marcos Flaksman e outros atores franceses no elenco. Gilda se envolveu para valer com outra pessoa. Ela recebia cartas dos Estados Unidos, que eu lia às escondidas. Eu tinha ciúmes e, numa de nossas brigas, saí de casa.

Fui acolhida pelo filósofo Régis Debray, autor do livro *Revolução na Revolução*, que influenciou no engajamento da luta armada no Brasil, com quem eu mantinha uma relação muito boa. Ele havia me procurado na estreia da peça de Chéreau, saímos e ele me contou sobre sua ex-mulher, a antropóloga venezuelana Elizabeth Burgos, de quem fiquei amiga depois. Régis era muito amigo de Fidel e de Che Guevara, com quem tinha guerrilhado na América do Sul. Discordávamos em alguns pontos de vista, humanos e políticos, mas ele sempre foi muito amigo e generoso. Era rígido, neurótico, sisudo, mas, acima de tudo, sincero. Do tipo que fala na cara tudo o que pensa.

Gilda Grillo me abandonou depois de sete anos juntas. O motivo nós duas sabíamos: paixão por outra mulher.

Uma fênix no exílio

❦

Eu estava em casa, só e deprimida, e tomei alguns comprimidos sedativos a mais. Eu só precisava dormir. Mas eu tinha parado de beber e o remédio me deixou muito zonza. Fui até a cozinha fazer um café e esqueci o fogo ligado. Caminhei até a vitrola para ouvir uma música brasileira e desmaiei ali mesmo.

Alguém chegou, sentiu cheiro de gás e arrombou a porta. A pessoa me viu caída e ensanguentada, pois eu havia batido com o queixo na quina da vitrola. Fui levada ao hospital e houve um escândalo.

Abri os olhos e percebi que estava internada. Em volta de mim, estava a família de Gilda Grillo. Aí sim, tive vontade de morrer: acusavam-me de tentativa de suicídio. Foi um dramalhão. Como eu iria me suicidar com gás se todas as janelas do apartamento estavam abertas? E tem outra coisa: jamais teria coragem de matar meus gatos, que estavam ali. E, se eu quisesse morrer mesmo, o que é que eles tinham com isso? Não era o caso e eles poderiam ter sido mais discretos.

Meu queixo estava todo enfaixado. Pensei que havia quebrado, mas era apenas um cortezinho de nada. Então, eu disse:

– Quero ir embora daqui, tenho que filmar.

Preocupados com a suicida, não permitiram. Era uma prisão. Apenas fui liberada depois de algum tempo, de tanto insistir.

❦

Minha vida era um misto de abandono e turbulência quando Sandra chegou do Brasil, depois de uma longa viagem que sucedeu na sua absolvição. Era o intervalo entre atos numa apresentação do Théâtre National Populaire e, quando a vi, corri para abraçá-la.

Foi um abraço de integração tão grande, que senti o meu chacra cardíaco se abrir. Era o abraço dos que se amam e que serão amigos eternos. Meus sentimentos floresceram totalmente.

É o que sinto até hoje, e para sempre, por ela. Se precisasse, arriscaria a minha vida por ela, e creio que era recíproco.

Sandra trazia em seu corpo as marcas da tortura. Como eu, ela também havia experimentado o desafeto. E eu tinha afeto para lhe oferecer e suprir o seu trauma.

Abençoei aquele dia em que comprei alguns dos seus livros para ajudar o movimento estudantil e viramos grandes companheiras. Sandra acompanhou minha turnê pela França, que filmou em Super 8. Viajamos muito: Marrocos, México, Tunísia. Seríamos, enfim, felizes.

Sandra estava ao meu lado quando soube do câncer de meu pai, quando fui à embaixada pedir um passaporte, durante os filmes que fiz. Ela passaria comigo alegrias e tristezas.

Sandra era muito amiga, uma mulher bonita e doce, além de uma grande artista. O que seria de mim se não a houvesse conhecido?

Depois do lançamento do livro *Novas Cartas Portuguesas*, em 1972, as escritoras portuguesas Maria Isabel Barreno, Maria Teresa Horta e Maria Velho da Costa ficaram conhecidas como as três Marias. Na obra, elas denunciavam a ditadura, o colonialismo na África e a condição da mulher. Eu ajudei na liberação desse livro, mas não quis que meu nome aparecesse, pois temia que parecesse oportunismo político.

Uma fênix no exílio

Neste mesmo ano, também participei de *O Demiurgo* (1972), uma brincadeira filmada em Londres, dirigida por Jorge Mautner. Eu atuava ao lado de Gilberto Gil, Caetano Veloso, José Roberto Aguilar, Péricles Cavalcanti, Leilah Assumpção e Jards Macalé. Era uma obra experimental sobre o exílio, e o filme, claro, foi censurado.

———

Naquele momento, a Guerra do Vietnã comia feio.

Na Europa, pude conhecer o outro lado da história, que não contavam no Brasil.

Havia judeus franceses que trabalhavam em favor dos vietnamitas e já falavam na reconstrução durante a guerra. O futuro ministro da Cultura do Vietnã morava em Paris e o planejado era que, quando a guerra terminasse, o trabalho estivesse pronto.

Resolvemos participar. Nosso grupo deveria contatar pessoas de vários países e fazer a coleta de livros de todos os tipos, sem nenhuma espécie de discriminação. Esse trabalho durou quatro anos, até os vietnamitas ganharem a guerra. Natalie me contou que o ministro previu que a Biblioteca do Vietnã seria a maior do mundo.

Sempre gostei de ser um elemento construtivo. Eu denunciava, porém também construía. Poderia ser chamada de resistente. Às vezes, perguntavam-me o porquê de tanta consciência e espírito de justiça, mas não sabia a resposta. Só sabia das coisas que vivera. Mesmo assim, tinha sempre a tendência de cometer erros, e quando os cometia, renovava-me.

Revi Jane Fonda em 1973, durante uma conferência no Club 13, de Paris.

Ela estava dura e enfática, vestida como uma vietnamita, e discursava contra a Guerra do Vietnã, denunciando Nixon, que havia mandado inundar uma cidade cuja reconstrução já era planejada.

No ano anterior, Jane havia atuado em dois filmes de Jean-Luc Godard: o marxista *Tout Va Bien* (1972) e o ensaio *Letter to Jane* (1972), sobre o papel dos artistas e intelectuais diante dos conflitos, realizado a partir da desconstrução de uma foto da atriz, tirada em Hanói. Ela também havia acabado de estrelar e produzir o documentário *F.T.A.* (abreviação de *Free The Army* ou *Fuck The Army*), no qual aparece em turnê pelos arredores das bases militares da Costa Oeste dos EUA, apresentando um show político para um público de soldados que se opunham à Guerra. Jane dizia que os Estados Unidos carregavam uma grande ferida aberta por causa dessa guerra, pois não estavam habituados a perder.

Pedi autorização para filmar a conferência, mas não me identifiquei como a mulher que havia cozinhado macarrão na casa dela em 1965. Nós duas havíamos mudado muito desde 1968 – ela depois de Barbarella e eu depois dos eventos políticos no Brasil. Mesmo assim, Sandra e eu fomos as únicas pessoas que tiveram autorização para gravar, pois ela não queria a presença de jornalistas.

Jane chorava ao falar, e eu, por trás da câmera, chorava também. Éramos duas atrizes da mesma geração, com lágrimas de não ficção. Estávamos na mesma situação, éramos exiladas políticas e compartilhávamos a mesma luta.

Uma fênix no exílio

Quando tudo acabou, apenas agradeci e saí. Lá fora, sentado e alerta, estava Glauber Rocha, que pediu para ser apresentado à Barbarella. Neguei e Sandra o convidou para ir à peça de Chéreau.

A jornalista Lucia Romeu estava em Paris e certo dia apareceu em casa. Ela procurava Sandra, que era sua amiga.

Lucia tentava fazer algo para melhorar a situação de sua irmã, a guerrilheira Inês Etienne Romeu, a única presa política condenada à prisão perpétua no Brasil.

Ela me contou a história da sua irmã. Inês era militante política, integrante da organização de contestação Vanguarda Armada Revolucionária Palmares (VAR-Palmares), na qual também militava Dilma Rousseff. A moça havia sido presa em 1971, em São Paulo, pelo famigerado delegado Fleury, presente em inúmeras narrativas sobre aqueles anos de chumbo, e vinha sendo mantida em cárcere privado em uma casa em Petrópolis. Lá, ela era barbaramente torturada e estuprada.

Me comovi com essa injustiça e degradação e tivemos a ideia de pedir ajuda a Simone de Beauvoir, uma intelectual feminista ativa e conhecida publicamente.

Simone nos recebeu e disse que não poderia fazer nada diretamente, mas indicou outra mulher fantástica, a grande atriz Delphine Seyrig. Fomos então conversar com Delphine, que ouviu o caso de Inês Etienne Romeu. Ela sugeriu que fizéssemos um vídeo sobre a guerrilheira, que poderia ser rodado na casa de campo de

Régis Debray, num pequeno estúdio improvisado, em videocassete, uma técnica nova que era muito livre e rica. Ela emprestou o aparelho e fizemos os testes em casa.

Idealizei, paguei e fiz os cenários do filme: cadeiras de choque elétrico, pau de arara etc. Fiz uma história humana, nada panfletária, sem citar o nome de Inês, denunciando o estupro. A violência não tem nome, e as mulheres, quando são torturadas, levam desvantagem pelo estupro, que lhes traz doenças e gravidez.

Era a primeira cena de estupro mostrada em um filme, revelando um falo que não dá prazer, que era como uma arma. No final do filme, aparece a foto de Inês Etienne Romeu e a voz de Delphine, lendo uma carta que redigi, endereçada ao general Geisel, pedindo a revisão do processo em nome da democracia. Delphine, de quem fiquei muito amiga e me cumprimentava com um carinhoso "ça va, la vache!", perguntou:

– Por que uma carta tão gentil a um ditador?

Então respondi:

– A carta, na verdade, é endereçada à democracia, pois acredito no que eu li no *Le Monde* e no que ouvi de Jango, que a democratização será reinstaurada no Brasil.

Para mim, não acreditar na abertura era uma postura de direita, conservadora. Eu acreditava e desejava a mudança.

Naquele ano, quando Jango chegou a Paris, o filme sobre Inês já estava pronto. Telefonei para o Hotel Claridge, onde ele se hospedava, para perguntar sobre as eleições de 1973 no Brasil. Jango disse que acompanhara as eleições por telefone, tendo torcido pelo MDB, e exclamou:

– Esses baianos são horríveis! A Bahia foi o único lugar em que a Arena ganhou!

Logo depois, pediu para que eu me dirigisse ao hotel para conversarmos.

No hotel, o quarto estava todo desarrumado, com malas abertas e roupas jogadas pelo ambiente inteiro. A pedido dele, Sandra foi à *Maison Bleue* comprar roupas modernas e elegantíssimas para sua esposa, Dona Maria Teresa.

Eu estava desanimada por não saber como poderia voltar ao Brasil. Queria mostrar a ele o filme que havia feito sobre Inês, porém Jango quis bater papo. Liguei o videocassete na TV e passei o filme. Ele ficou estarrecido com as cenas e perguntou se a carta lida no final do filme estava em francês. Confirmei, traduzindo-a. Jango, então, quis saber se realmente havia torturas no Brasil. Indignada, me calei; o silêncio, às vezes, é a única resposta.

Convidei-o para jantar com uma amiga nossa no Munich, um restaurante muito frequentado por artistas. Ele se levantou e, antes de partir, pedi para deixar o videocassete na portaria do hotel para não carregar o peso comigo. Comentei que pensava em voltar para o Brasil e ele se ofereceu para me ajudar a entrar pela Argentina. Ele falaria com os oficiais da fronteira e, quando eu chegasse, estaria tudo arranjado. Falou também que eu não deveria levar aquele filme para o Brasil – ia dar galho.

Achei uma bobagem. Eu não havia feito nada a não ser defender meus amigos e o Brasil. Então, por que entrar pela fronteira de outro país? Eu voltaria por mim mesma e recusaria a proposta dele.

No táxi, a caminho do restaurante, Jango sentou-se no banco de trás, entre Sandra e eu, esticando sua perna esquerda, que apoiou no banco da frente. Ele tinha uma paralisia no joelho. O chofer racista, logo que nos ouviu falando uma língua latina, começou a implicar com isso. Primeiro, falou para Sandra, que fumava, não deixar cair cinzas no chão, pois o carro estava limpo. Depois, pediu para ela parar de fumar. Argumentei que não havia visto qualquer aviso de proibição ali, como era costume nos carros dos poucos taxistas franceses que não aceitavam que seus passageiros fumassem. Aliás, foi na França que descobri que havia gente que não fumava.

Eu estava envergonhada. Jango não entendia o que eu tanto conversava com o motorista e perguntava o que estava acontecendo. Gentilmente, para não constrangê-lo, eu mentia. A situação chegou ao cúmulo quando o chofer exigiu que Jango tirasse a sua perna do banco da frente. Falando depressa para que Jango não entendesse, expliquei que ele tinha um defeito físico e que não podia dobrá-la, e pedi que o taxista fosse mais respeitoso. Então, enchi meus pulmões de ar e a cara de orgulho, erguendo o nariz antes de concluir:

– Ele é o presidente do Brasil!

O taxista deu uma freada brusca, olhou para trás e disse:

– Ele é o quê?

Eu repeti:

– Ele é o presidente do Brasil exilado e o estou levando para jantar!

O chofer deu uma grande gargalhada e começou a debochar:

– *Ah, le président... Ha, ha, ha, le président!*

Meu sangue subiu:

– Por favor, o senhor pare o carro ali.

Ele parou, ainda às gargalhadas. Pedi que os dois saltassem. Dei uma porrada no cara e saí do carro aos berros, em português mesmo, largando as portas abertas.

— Francês filho da puta, eu não pago a puta da tua corrida. Racista de merda!

E bati a porta com tanta força que não sei como é que o carro não virou. Peguei Jango pelo braço e seguimos em outro carro.

Chegando ao Munich, apresentei-o aos garçons amigos como o ex-presidente do Brasil.

Deixei-o comer apenas um filé com salada, pois havia recomendações médicas de que ele precisava emagrecer. Após o jantar, de táxi, Jango me deixou no Boulevard Brune. Dei-lhe um abraço afetuoso e ele disse que me esperaria no Uruguai, em breve. Na despedida, ainda o ouvi dizer:

— Deveria ter me casado com uma vedete!

E nunca mais o vi.

O filme sobre Inês Etienne Romeu foi levado ao Congresso de Frankfurt e foi exibido para 1.500 feministas de todas as nacionalidades. Entre outras mulheres no mundo que também tinham sido maltratadas, Inês ganhou, quase que por unanimidade, a indicação ao prêmio internacional de Mulher do Ano, de 1975.

Glauber assistiu ao filme em Paris. Havia uma ação programada para o lançamento do filme: quando acontecesse a mudança do governo e os embaixadores do Brasil fossem trocados, todas as embaixadas receberiam cartões postais com o retrato de Inês, pedindo a revisão do processo.

Eu também preparava minha volta. Porém, Delphine Seyrig pediu que eu permanecesse em Paris por mais um ano para que a ação fosse efetivada. Ela e suas amigas tinham medo de que Sandra e eu sofrêssemos retaliação quando voltássemos. Sandra ficou calada, esperando pelo que eu diria. Respondi que uma coisa não excluía a outra; elas poderiam continuar a ação sem nós que, àquela altura, estávamos com a viagem marcada. Discutimos muito, até que eu disse que nada me demoveria da ideia de voltar. Disseram que, se fosse assim, suspenderiam a ação. Retruquei, argumentando que não havia necessidade disso, mas que se tudo dependesse exclusivamente da nossa permanência no exílio por mais um ano, então que suspendessem tudo.

Toda essa movimentação fez com que Lucia Romeu e eu nos tornássemos amigas. Um dia, ela entrou em minha casa com um bilhete na mão:

– Não vou poder voltar ao Brasil. Estou ameaçada de morte.

Peguei o bilhete e vi uma caveira desenhada, avisando que, se ela voltasse, o esquadrão da morte acabaria com ela. Como eu fumava maconha dia e noite, estava com uma serenidade acima do normal. Muito calma, eu disse:

– Lucia, vá embora. Não fique aqui. Você tem que defender a sua irmã lá no Brasil. Vá falar com o presidente!

Minha mãe é que tinha essa mania de dizer "vá falar com o presidente!" quando eu tinha algum problema. Eu tinha certeza de que o bilhete não era de esquadrão nenhum e, sim, de alguém que tinha interesse que ela permanecesse em Paris:

– O bilhete é de alguém que quer utilizar você; não haverá prisão. Vá, não vai acontecer nada. Se o presidente disse que vai melhorar, é porque vai.

Então, garanti a Lucia que, se algo lhe acontecesse, eu me responsabilizaria por tudo e saberia que atitude tomar. Ela voltou, falou com o general Rodrigo Otávio e nada de ruim lhe aconteceu. O processo foi revisado e a pena comutada. Inês Etienne Romeu seria libertada em 1979. Tive a honra de filmar sua saída.

Estava em férias, no México, com Sandra, e telefonei para um amigo. Ele me disse que meu pai estava muito mal.

Fiquei desesperada e liguei para o Rio. A mulher de meu pai informou que ele estava com câncer no pulmão. Eu estava de maiô, tomando sol em Acapulco e apenas troquei de roupa e peguei o primeiro voo para o Brasil.

Em 1970, papai já havia vomitado um copo de sangue; levei-o ao médico, que não diagnosticou nada, e fiquei descansada. Mas aquele era apenas o começo da doença, que se desenvolveu em exatamente quatro anos. O médico, um incompetente maldito, não rastreou meu pai como deveria em busca de um diagnóstico precoce que, se descoberto e tratado a tempo, teria outro futuro e poderia ter sido operado. Agora era tarde, a metástase já tinha atingido o cérebro. Tentei levá-lo para um tratamento no Texas, mas já não havia mais o que fazer.

Ele foi tratado no Hospital do Câncer. Pedia cigarros, tragava e vomitava sangue. Como ele não se alimentava direito, pedi que ele comesse e perguntei se ele queria morrer. Ao que ele respondeu:

– Não quero, não! Vou comer.

E começava a falar alemão. A metástase lhe deu confusão e amnésia.

Papai estava zangado comigo, pois eu havia dado uma entrevista falando que eu não tinha estudado. Para mim, era uma glória não ter estudado e ter chegado até ali. Expliquei a ele que não havia sido culpa dele e perguntei se ele queria ficar comigo na França por um tempo. Sabia que era um egoísmo levá-lo, pois ele tinha a esposa no Brasil.

Ele ficou no Brasil. Mantivemos contato frequente por telefone. Eu rezava para que ele não soubesse que era câncer, para que pudesse morrer sem sofrer.

Poucos dias depois, o telefone toca. A notícia:

– Seu pai morreu.

Dei um chute no telefone e gritei: "Puta que pariu!".

Christian Friedrich Bengell morreu em 16 de julho de 1974, mesmo dia da morte de Vianinha. Depois disso, enviei dinheiro à mamãe e voltei para a França, onde me refugiei no trabalho. Não assisti ao seu enterro.

Em 21 de fevereiro de 1975 completei 40 anos, me sentindo linda.

O que me fez linda foi o sofrimento e a vivência.

Depois da temporada no TNP, viajei a Nova York. Lá, frequentei clubes feministas e tentei rever Gilda Grillo. Mas ela já havia partido para o Brasil.

Uma fênix no exílio

Quando voltei à França, fui convidada para trabalhar com o diretor Jacques Trébouta no telefilme *Une Vieille Maîtresse* (1975), uma adaptação do romance de Barbey d'Aurevilly, com o ator Jean Sorel, que era lindo e já conhecido por *A Bela da Tarde* (de Luis Buñuel, 1967). O meu papel era sensacional. Era uma espanhola louca, trágica, engraçada, romântica, que imigra para a França e se apaixona por um cara da corte. Inicialmente, outra atriz formidável, que, para minha sorte, estava na Argentina, o interpretaria. A história se passava em 1835 e tinha um figurino incrível. Cada vez que eu entrava no camarim, o maquiador dizia: "Que classe! Eis uma atriz de verdade!".

No primeiro dia de filmagem, cheguei cedo e fiquei descansando no camarim. Havia muitos figurantes, jovens e idosos. Aprontei-me toda para rodar ao meio-dia. Meu vestido preto era lindo, com uma saia rodada, que parecia de baiana. Mas já eram duas da tarde e ninguém havia vindo me procurar.

Apesar de ter meu próprio camarim e muita mordomia, eu não estava acostumada a esse descaso e fiquei indignada. Abri a porta e vi uns vinte figurantes, de todas as idades, vestidos com roupas de época. Disseram que estavam esperando ali desde as oito da manhã. Fiquei furiosa, perguntei onde ficava a igreja em que haveria a cena e saí bufando. Entrei em um ônibus, vestida daquele jeito. Sandra veio atrás de mim, apavorada.

Entrei na igreja e Jacques estava todo sorridente. Quando me viu, disse:

– Oh, meu amor, que bom ver você aqui.

E eu:

– Que ruim eu estar aqui. Ainda bem que é o primeiro dia de filmagem e que você pode contratar outra atriz. Não fico em um filme no qual o diretor faz os atores e figurantes esperarem durante horas, sem nenhuma explicação.

Enquanto eu falava, tentei tirar o véu que cobria meus cabelos, mas não conseguia. Os figurantes pediam que eu não brigasse por causa deles, e eu dizia:

– Eu me vou, eu me vou, eu me vou.

O diretor parecia me provocar, dizendo em voz baixa:

– Não grite! Não fale alto em uma igreja, é pecado.

Dei uma gargalhada irônica e disse:

– Imagine só, você não acredita em Deus. Você é ateu, então não me venha com essa!

– Está bem! Não grite no meu cenário – disse ele.

Então, eu parei e disse baixinho:

– Vou embora.

Trébouta perguntou:

– O que é que você quer que eu faça? Que me ajoelhe aos seus pés?

E, antes que eu respondesse dizendo que não, ele já estava ajoelhado, pedindo desculpas a todos os figurantes, e me olhava. Eu o abracei fortemente e nós dois choramos. Começamos, assim, um grande filme, com amor e respeito pelos atores e figurantes.

Nesse abraço, eu lhe disse:

– Como você, que é um cara que se diz de esquerda, que foi contra a ocupação francesa na Argélia, pode deixar as pessoas esperando sem dar qualquer satisfação? Quando nós, atores e equipe, ficamos prontos, tem que rodar, senão perdemos o ritmo.

Uma fênix no exílio

Ele entendeu e, como sempre, foi tudo culpa da produção, que sempre paga o pato. Mas ficou tudo em paz. Esperei numa boa que ele acabasse os planos e, finalmente, filmei, como uma rainha. E, com o dinheiro do filme, viajei para os Estados Unidos e comprei um aparelho para fazer filmes em cassete.

Em 1975, Régis Debray me convidou para ir à casa do ator e cantor Yves Montand, descoberto por Édith Piaf. Eles estavam preparando um show para ajudar os exilados políticos chilenos na França. Eu achei, a princípio, que seria uma presepada. Já que eles eram ricos, por que cada um não dava um cheque do próprio bolso? Aceitei o convite, mas meu plano era entrar muda e sair calada.

No jantar, tudo era muito formal: mesa com toalhas de linho branco, peru, champanhe, patês, uma maravilha. Até que começou aquele blábláblá sem fim da *intelligentsia*, destilando a fina flor das banalidades e dos preconceitos sobre a América Latina em geral. Logicamente, a partir de certo momento, comentaram sobre o Brasil.

Nunca li Marx e Engels. Minha conscientização veio da minha prática como mulher. Mas, em meio à mesa farta, eu me sentia entre intelectuais do século retrasado discutindo o que estava certo e errado, e o que deveria ou não ser feito no Terceiro Mundo. Falavam de subdesenvolvimento e fome com o mais imoral dos distanciamentos. Um bando de idiotas fazendo bravatas, tentando provar sua virilidade através do intelecto, debruçando-se sobre um país demasiado distante para que o conhecessem. Como se atreviam?

Eu, que na época só tinha uma calça e uma blusa velha e que havia visto de perto a violência e a miséria, já estava de saco cheio daqueles discursos de colonizadores. Não me lembro direito das palavras de nenhum deles. Só que senti meu sangue ferver e achei que teria uma embolia. Depois, o sangue se transformou em lágrimas quentes, que desciam aos borbotões, lavando a minha face e caindo naquele prato branco de porcelana. Prato de quem sabia tão bem discutir a miséria do outro.

Minha boa educação acabou ali. Dei um soco na mesa, perguntando com que direito eles discutiam os problemas do meu país, comendo o que comiam, sentadinhos, com suas bem nutridas bundas naquelas cadeiras do século passado. O silêncio foi total. Régis Debray ficou mudo.

Eu não me conformava com o modo como aqueles burgueses, filhos do *seizième arrondissement*, podiam se dar ao luxo de discutir os problemas do Brasil e da América Latina. Pela primeira vez, eu via e entendia o que era o racismo cultural.

O jantar terminou na metade e fui embora. Depois daquele dia, não tive mais vontade de ver aquelas caras de cu fétidas.

Semanas após esse famigerado jantar, leio no jornal que Geisel estava promovendo uma abertura política, lenta e gradual. Sandra me perguntou se tinha medo de voltar com ela ao Brasil. Respondi que não, pois quem deveria ter medo eram eles, porque foram eles que fizeram todas aquelas atrocidades.

Eu havia tido críticas muito positivas no *Le Monde* e no *Le Figaro* pelo meu desempenho em *Une Vieille Maîtresse* e minha próxima escolha de papel era muito aguardada. Mas eu só pensava em voltar e preferi recusar um convite para filmar *A Dama da Noite* com o diretor Jacques Rivette e outro para participar da ópera *Fausto*, do compositor Charles Gounod. Minha ansiedade para voltar ao Brasil era muito grande. Eu já havia perdido meu pai, e minha mãe não estava muito bem.

Pedi ao jornalista Raul Riff, assessor de imprensa de Jango, que publicasse uma foto minha e falasse dos meus trabalhos na França. Foi aí que tive a ideia de ligar para o Palácio do Planalto. Falei com Dona Lourdinha, fiel assessora do general Geisel, e pedi que autorizassem a renovação do meu passaporte, pois minha mãe estava doente, com um quadro grave de diabetes, e eu precisava voltar. Eu estava desesperada e ameacei que, se me fosse negado, denunciaria a recusa à imprensa.

Fui orientada a procurar a embaixada e providenciar a renovação. Um amigo exilado, Las Casas, mandou procurar o novo embaixador na França, Delfim Netto. Com essas indicações, fui à embaixada. Lá, fui recebida pelo substituto, que me perguntou, entre outras coisas, por que achava que não me dariam o passaporte. "Talvez pela entrevista que dei ao *L'Express*, na qual chamei o Médici de *Ubu Rei*", respondi. Ele releu o formulário e comentou que aquilo era passado e que ele iria mandar investigar minha ficha no Brasil. Finalizei a conversa dizendo que voltaria para casa com ou sem passaporte.

No dia 13 de janeiro de 1975, fui buscar meu passaporte na embaixada. Sandra ficou esperando do lado de fora. Fui, novamente, recebida por ele, que me entregou o passaporte. Agradeci, felicíssima, e me levantei.

Ele se levantou, caminhou até a porta, esticou o pé para impedir a minha passagem e me deu uma lambida na face. Fiquei sem graça, desconcertada diante daquele comportamento repentino. Só consegui dizer:

– Por favor, senhor, respeite a fotografia do senhor presidente, que está pendurada na parede.

Ele me encarou, apertando meu braço com força, e contestou:

– Quero que ele se foda, pois eu tenho tesão é por você!

Ele me agarrou e começou a forçar o sexo comigo ali mesmo, querendo me beijar e apertando meu seio. Pedi respeito, e ele respondeu, debochadamente, que eu não era digna de respeito, que eu era, sim, uma vadia internacional.

Pressenti o perigo – seria estuprada ali mesmo, sem testemunhas. Estava em uma situação desfavorável, e o poder dele, naquele momento, era muito maior. Comecei a xingá-lo, dei-lhe um empurrão e abri a porta, aflita. Saí correndo, com o coração acelerado e nauseada. Podia ser uma mulher liberada, mas não estava acostumada com tamanha falta de respeito. Saí em disparada, ainda que discretamente, e só contei o sucedido a Sandra do lado de fora da embaixada.

Apesar do susto, estava contente. Tive vontade de sair correndo pelas ruas, gritando que tinha meu passaporte em mãos e que voltaria ao meu país, afinal. Mas engoli a emoção, com a mistura de euforia pela conquista e repulsa pelo assédio. Tinha nojo daquela corja, porém, naquele momento, sabia que voltaria. Muitos compatriotas ainda ficariam fora, esperando a chance de voltar à terra amada, e eu me sentia até um pouco culpada por estar feliz.

Uma fênix no exílio

Meus últimos dias em Paris foram ótimos, com esperanças renovadas.

Era o nervosismo da volta, o medo, as lembranças das invasões na minha casa. Teria que enfrentar a repressão política e o preconceito.

Puta, lésbica e comunista. O bode expiatório ideal para a repressão.

Não voltei para o Brasil porque estava mal de grana. Na França, conquistei ótimos trabalhos e uma posição destacada. A verdade é que lá eu estava triste, muito triste, e, mesmo se tivesse um milhão de francos, continuaria triste.

Antes de voltar ao Brasil, abro uma revista semanal e me deparo com uma matéria sobre as vítimas do Camboja. Havia a foto de uma menina, dava para reconhecer que era menina por causa dos seios pequenos, por cima de uma ossada num campo de concentração. Tipo Auschwitz.

E nós, o que estamos fazendo aqui contra os campos de extermínio no Camboja? Não somos capazes de fazer nada?

Fiz uma viagem a Marrocos antes de voltar para o Brasil. Como eu tinha pouco dinheiro, viajava de trem e comia em lugares muito simples, bares próximos às medinas, onde também comia o povo marroquino. Eu sempre acabava comendo muito mal, pois, quando me dava conta, havia vários olhinhos bem arregalados de crianças esfomeadas me observando. Eles me lembravam os meninos do Nordeste do Brasil, magros e com barrigas saltadas pela desnutrição. Eu me fixava em seus rostos e logo via as lágrimas rolarem por suas faces. Ficavam imóveis, como se fossem de pedra, muitas lágrimas rolando. A imobilidade deles provocava em mim o movimento. Então, eu repartia meu churrasquinho com eles, que pediam mais alguns. Depois, ia me sentar na medina para ouvir a música dos homens, brancos e negros muçulmanos que tocavam tristes os seus tambores.

Ali era um convite para repensar na vida. Eu pensava na miséria do Brasil, na fome, que não estava apenas instalada em meu país. Fiz uma retrospectiva de minhas viagens e entendi que a miséria existe no mundo inteiro. Que aquilo que o homem criou, criou para sua própria destruição.

Entre os extremismos de meu pai, que acreditava que o Brasil não deveria pagar dívida externa alguma, porque já tínhamos sido explorados demais, lembrei-me de minha mãe. Ela ia comprar o almoço de domingo na casa de comestíveis e pendurava a conta. O português, dono da loja, ficava fulo da vida, mas ela era inflexível, não pagava, dizendo que eles já tinham levado muita coisa de nós, nosso ouro, pedras preciosas, energia. Meu pai se sobressaltava e dizia que ia acabar explodindo a Terceira Guerra Mundial e que ele ainda estaria vivo para ver isso. E eu respondia que não ia deixar isso acontecer.

EM ESTADO DE CHOQUE.
FOI EXATAMENTE DESSA FORMA QUE EU VIVI
OS ANOS SEGUINTES, NO EXÍLIO.
EM CONTRAPARTIDA, COMO UMA FÊNIX, EU
TINHA QUE RENASCER.
DE FATO, UM RENASCIMENTO DAS CINZAS.
E NÃO ERA APENAS ISSO: RETOMAR O
SUCESSO ERA VITAL.

1978
1979

Uma nova mulher chega ao Brasil

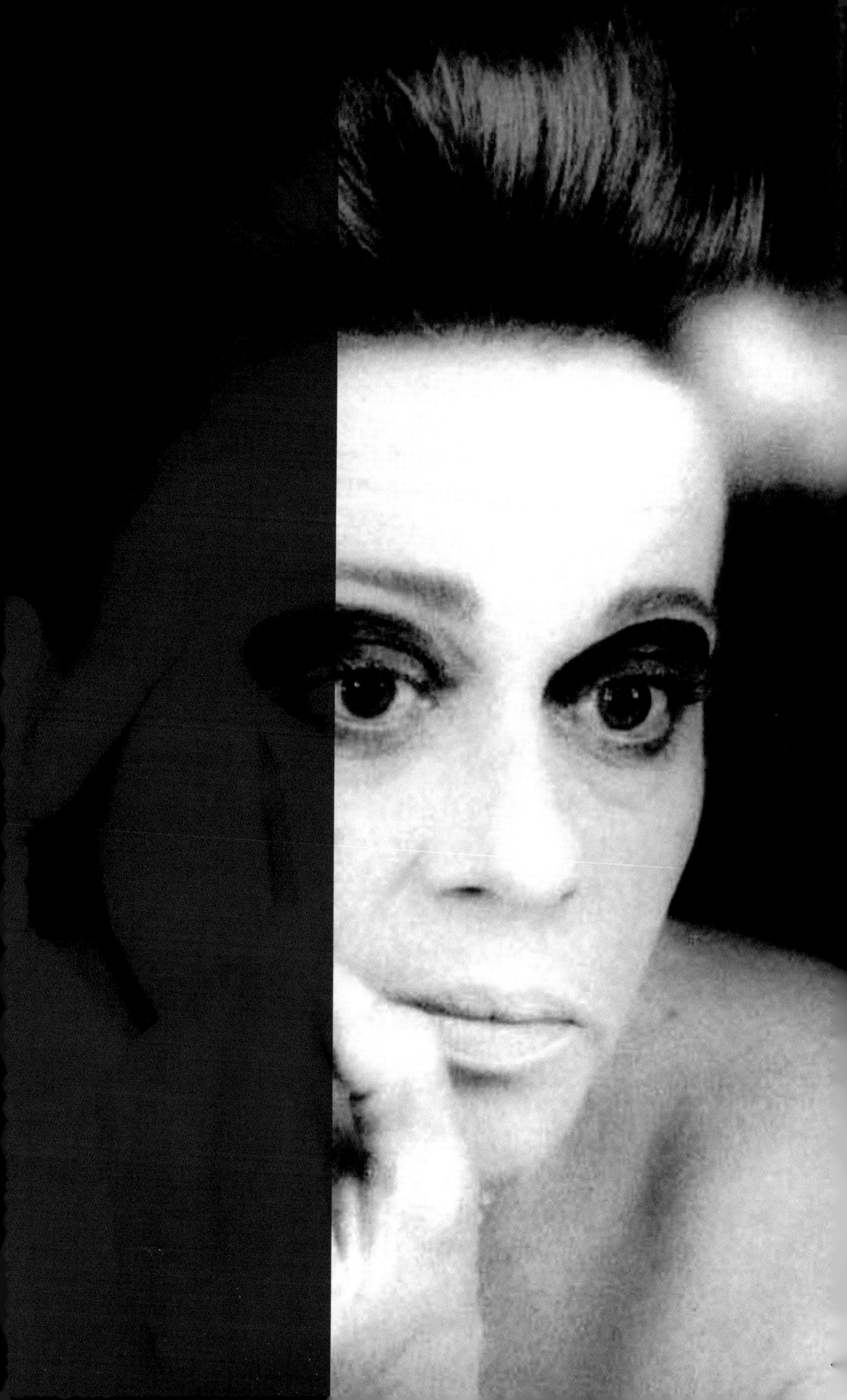

Voltei para o Brasil porque tinha saudade do meu país, da minha cidade, de tudo.

Quando desembarquei no Aeroporto do Galeão, eu usava cabelos soltos, roupas hippies compradas do Village, em Nova York, e uma enorme sandália plataforma. Um policial me detêve:

– Acho que vou abrir esses sapatos para saber o que eles têm dentro – ironizou.

Passaram uma hora nos revistando. Quando liberaram Sandra e eu, o jornalista Zuenir Ventura nos aguardava.

O passado ficara para trás e meus novos amigos eram os amigos de Sandra. Ficamos hospedadas na casa do pai dela, na Tijuca, pois mamãe morava numa casa no Recreio dos Bandeirantes, num terreno que eu dei e depois a ajudei a construir, mas era muito isolado, além de ela não ter telefone. Ou seja, seria perigoso para mim ficar lá.

Apesar da reabertura política iniciada por Geisel, o pesadelo ainda não tinha acabado. O DOPS tentou invadir a casa do pai de Sandra. Eles queriam prendê-la de qualquer jeito, mas um vizinho, que era da Aeronáutica, veio nos ajudar e impediu mais esse arbítrio.

Voltamos a ser monitoradas e, de vez em quando, esbarrávamos na ditadura. Certo dia, eu estava na porta do Fluminense, no bairro das Laranjeiras, eufórica por ter voltado, beijando todo mundo, quando um homem me parou:

– Você se lembra de mim?

– Não! – respondi.

Aí ele se identificou como Mário Borges, um dos homens que haviam me sequestrado cinco anos antes. Ele começou a falar de coisas das quais eu já não queria me lembrar e disse que estava aposentado e

Uma nova mulher chega ao Brasil

agora era segurança daquele clube esportivo e do Hotel Nacional. Fui me afastando, devagar, mas minha vontade era correr, de medo e de raiva do monstro.

Um mês depois, estávamos em pleno verão carioca. Que delícia. Eu estava deslumbrada com minha cidade. Tudo era cor. Fui à Praia de Ipanema, de bata amarela e de mãos dadas com Sandra. Estávamos tão felizes... Tudo era uma grande novidade, até as famosas casas que vendiam sucos naturais. Afinal, apesar da crise política desde 1973, o Brasil vivia o milagre econômico.

Percebemos, no entanto, que as pessoas olhavam, gritavam e buzinavam para nós de um modo agressivo. Um grupo de cinco rapazes começou a rir de nós e nos disse qualquer grosseria. Fingi não ouvir e continuei a andar. Eu estava cansada de brigas. Mas Sandra revidou e os rapazes atiraram uma pedra, gritando:

– O Brasil está decadente!

De repente, a praia toda se pôs a jogar copos de areia sobre nós e a xingar, gritando em coro: "Puta! Lésbica! Macumbeira! Comunista! Fora do meu país!".

A minha bata ficou toda vermelha. Parecia sangue, mas era molho de tomate das carrocinhas de cachorro-quente que nos alvejaram, entre outras porcarias. Olhei para cima e várias cabeças assistiam a esse teatro absurdo da varanda de suas coberturas na Avenida Vieira Souto.

Entramos no carro, mas não conseguíamos fugir. O povo nos segurava pelo para-choque traseiro. Pensei: "O esquadrão da morte hoje veio para a praia!". Quando percebi que seríamos linchadas, veio a coragem. Saltei do carro, tirei os óculos escuros e encarei toda aquela gente nos olhos. Eles largaram o carro e pudemos partir. Sandra ainda quis engatar a marcha-ré e atropelar alguns deles, mas não deixei. Não queria ver sangue.

Era como aquelas pessoas que, como em um circo, assistiram ao massacre de uma mulher na Praia de Ramos. A mulher estava lá, olhando o mar, quando um grupo de quinze homens a forçou a beber cachaça, a fumar maconha e depois a estupraram, um a um. Foram embora, largando a moça desmaiada na areia. Dois deles se arrependeram, voltaram e afogaram a mulher no mar, para que ela não os denunciasse. A praia estava cheia. Ninguém fez nada.

Se fosse cinema brasileiro, eu cobrava barato.

Por isso aceitei o convite de Antônio Calmon para participar de *Paranoia* (1976). Já havíamos trabalhado juntos em *Capitão Bandeira contra o Dr. Moura Brasil* (1971). Em troca de meu nome, beleza e talento, fui pessimamente remunerada por aquele trabalho e, desta vez, sabia que não seria diferente. Eu seria mal paga novamente, mas queria dar uma força ao amigo. Eu também precisava daqueles míseros 25 mil cruzeiros para cuidar de mamãe, que estava com um quadro complicado de diabetes.

A equipe era composta por pessoas de posições políticas diferentes e, claro, o pau comia. Fiquei embasbacada com tantas brigas, problemas e desarmonia no elenco. E eu sempre reagia com um brado retumbante.

Em cena, o diretor tinha atitudes misóginas. Além disso, Pedro Farkas, assistente de José Antonio Ventura, foi demitido pela produtora Ômega Filmes porque se recusava a ser escravo e trabalhar mais de

Uma nova mulher chega ao Brasil

vinte horas por dia. Eu nunca tinha visto tanta falta de respeito e de profissionalismo por parte de uma produção. Aí também me recusei a trabalhar e disse que se Ventura não continuasse, o filme estaria acabado. A loucura era tão grande que eu já estava ficando neurótica e me sentia despreparada para a batalha. Por isso, voltei para o Rio, onde ensaiava *Vestido de Noiva*.

Depois, voltei a São Paulo. O caso Venturinha foi resolvido e fiz o filme até o final, numa boa. O excesso de carga horária de trabalho no cinema e na TV foi, durante anos, uma batalha travada entre os artistas e técnicos com seus empregadores. Hoje, graças a Deus e à nossa articulação, a coisa é diferente.

Todos deviam se perguntar: como é que uma vedetinha pôde chegar à França sem falar uma palavra em francês e conseguir ser a primeira atriz do Théâtre National Populaire, o teatro mais importante da Europa? Esqueceram que tudo se aprende. E aprendi inglês, italiano, espanhol e francês.

Como pude viajar o mundo, conhecer as coisas? De onde vem tanta força?

Meus pais haviam me ensinado que para viver era preciso ter, no mínimo, honestidade. Aprendi a dizer a verdade, pois toda vez que mentia, eu apanhava.

Porém, quando uma mulher questiona, é louca, machona ou comunista. E essa fama me custou caro, não apenas com o governo, mas com a própria classe artística, quando a inquisição começou. "Norma cria problemas onde quer que trabalhe".

Norma Bengell

Um dia me contaram que Antônio Calmon chegava para os diretores e dizia: "Não chama aquela mulher, não; ela cria problema". Se o que ele disse foi verdade, não sei, mas eu reclamava mesmo. Já fui chamada de louca, puta, lésbica, amoral, guerrilheira, comunista, e sobrevivi.

Acredito no socialismo, mas não posso admitir que, dentro de um sistema capitalista, com uma desproporção salarial absurda, as pessoas queiram se comportar como se vivessem no socialismo, onde todos são iguais. Não são.

O meu processo revolucionário foi irreversível.

Imagina o choque que a nova Norma Bengell deve ter causado nas pessoas.

Eu não era mais aquela loura fatal, o estereótipo sensual da mulher brasileira. Mudei muito, e não apenas fisicamente. Minha cabeça havia mudado. Eu era uma nova mulher, havia aprendido muito, inclusive a diferenciar amigos de inimigos – e como lidar com ambos. Antes, eu achava que todo mundo era bonzinho.

Sempre trabalhei como contratada e, nessa condição, era submissa a tudo o que o patrão queria. Tive muitos patrões, durante grande parte da vida. Quando me cansei dessa coisa de ser maltratada, tornei-me uma atriz que fala o que pensa e começaram as minhas reivindicações. A partir de então, deixei de ser individualista e passei a defender os empregados nas produções.

Mas minha imagem incomodava e eu agredia sem perceber. Eu emitia minha opinião aos diretores com os quais trabalhava pensando que eles estavam dispostos a me dar ouvidos, quando, na verdade, eles se

Uma nova mulher chega ao Brasil

ofendiam. Como eu costumava aceitar críticas dos homens, não me dei conta de que os geniozinhos não gostavam de críticas vindas de mulher. Afinal, quem era eu para eles? Uma vedete do teatro rebolado, a gostosa liberada, que trepava com quem bem entendesse. Quem era eu para dar palpites na produção ou direção de um macho?

Quando falo alto, é apenas porque quero ser ouvida. Por outro lado, os diretores, produtores e patrocinadores ficavam acuados. Todo diretor quer sempre que a atriz diga "amém" a tudo. E se ela reclama, ficam com raiva e a põem para fora do filme. Sentiam-se incomodados com meus palpites, na hora pareciam acatar e não revidavam, mas depois falavam mal de mim pelas costas, para me queimar. Era uma caça à bruxa.

Mas, gostassem ou não, eu estava de volta, e com tudo.

Em 1975, a ONU decretou o Ano Internacional da Mulher e, com base nas experiências do movimento feminista na França, pensei: "O que eu poderia fazer pelas mulheres?". Como atriz e cineasta, eu poderia contar a história de grandes mulheres brasileiras. E esse era o projeto ao qual me dedicaria no Brasil.

Pensei em várias mulheres que estavam relegadas ao descaso: Anita Garibaldi, Marquesa de Santos, até que me lembrei de Maria Bonita, que abandonara o marido sapateiro para viver com o cangaceiro Lampião. Quando ele ficou cego, era ela quem atirava por ele; ela era o braço armado dele. Maria Bonita era alegre, morreu antes dos 30, e andava a pé porque não tinha onde guardar o cavalo. Identifiquei-me muito com ela, não como guerrilheira, o que eu nunca fui, mas como mulher. Como Maria Bonita, também fui criada para casar, ter filhos, e optei por guerrear num sertão de pedra, de cimento armado.

Eu nunca havia feito nada de produção no Brasil, mas acreditava que poderia encontrar uma pessoa inteligente que gostasse da ideia de fazer um filme sobre essa personagem fantástica, que fez parte da história do Brasil.

Criei, então, a produtora Fantas, em sociedade com um advogado, que havia sido assessor de Vargas, Juscelino e Jango. Eu o conheci na França, quando ele me ofereceu sua amizade e parceria para produzir o filme. Jamais passaria pela minha cabeça que esse homem estava mentindo, que não tinha dinheiro e que era um oportunista. Ele dizia que daria o dinheiro, mas não deu um tostão.

Sem financiamento, a produção foi sendo estrangulada dia a dia. Comecei a aprender na prática o que era o machismo do brasileiro. Por machismo, não acreditavam em mim como produtora e diziam que eu era uma porra-louca. Durante muito tempo, eu tinha permanecido alienada pelo fracasso das minhas relações pessoais e paixões desenfreadas e não percebi que a minha reputação atingiria meu profissionalismo.

Já tínhamos iniciado a pesquisa e visitado o local da morte de Lampião e Maria Bonita, tirado fotos e montado o figurino do filme. Mas fui ficando esgotada, pois via as pessoas que contratei precisando de dinheiro, a produção devendo... Enfim, uma loucura.

Desde aquele ano, a Embrafilme, uma empresa produtora e distribuidora do Governo, costumava colaborar. Porém, seguindo conselhos de amigos, não a procurei. Haviam me dito que a Embrafilme distribuía muito mal. Na verdade, eu nem sabia que se tratava de uma estatal brasileira, o que seria, inclusive, de meu feitio apoiar. Achei que era apenas uma produtora como outra qualquer.

Uma nova mulher chega ao Brasil

Um dia, no entanto, resolvi telefonar para a Embrafilme. Mas a resposta foi que não dariam dinheiro, pois Neville d'Almeida, que estava na direção, já estava tocando um outro projeto com a estatal. Dois seria impossível.

Fui obrigada a desistir do projeto. Para isso, contei com pessoas boas, que entenderam o problema. Encerrei a produtora e entrei com um processo contra o tal advogado para a dissolução da empresa, pois não queria meu nome vinculado a ele por nada neste mundo.

Durante todo o tempo em que estive envolvida na produção de *Maria Bonita* (1976), recusei vários trabalhos. Fiquei muito triste, pois lutei por um elefante branco que já havia nascido morto, e sem o meu conhecimento.

Mamãe foi internada.

Eu não tinha dinheiro para pagar pelo seu tratamento e fiquei desesperada.

Ela faleceu em outubro de 1975, aos 62 anos, oito meses depois da minha volta.

Guardei um luto intenso. Andava para lá e para cá, tentando aliviar a agonia daquela perda. Mamãe previa que eu, sendo tão ligada a ela, sofreria muito quando ela se fosse. Por isso, ela dizia que a gente nasce, vive e morre, e que, pela ordem natural das coisas, ela morreria antes de mim.

Eu sempre rezei para morrer primeiro. E agora, eu cogitava se, talvez, esse não fosse o motivo de tantas vezes eu haver tentado me matar. Mas depois que Dona Maria da Glória de Almeida Guimarães morreu, entretanto, eu só pensava em viver. E fui procurar minha madrinha, que também andava doente há anos.

Toda vez que a madrinha tinha que enfrentar um problema, tentava se suicidar ou se deixava adoecer, até que adoeceu de vez. Eu a imitei algumas vezes, pois via que isso sempre dava algum resultado.

Passei muitos anos tentando me matar e dar a volta por cima. Eu não enxergava o mundo em cores, a não ser às vezes, no cinema. Agora sei que existem flores de todas as cores. Optei por mudar de atitude buscando uma vida nova, e me renovei. Entendi que a vida é preciosa. Ninguém pode morrer enquanto não entende o que é viver.

Quando minha Dinda me viu, disse:

– Oh, meu anjo da guarda!

Só depois de todos esses anos entendi, afinal, por que ela me chamava de anjo da guarda. Eu era sua vigia enquanto ela namorava. Eu devia ficar olhando pela janela, atrás de uma cortina de veludo, para avisá-la quando o marido estivesse voltando para casa: "O homem está chegando!", eu gritava.

Ela ficou feliz em me ver; parecia que estava só esperando minha chegada para dizer que me amava e morrer. Dei a ela uma guia branca de Oxalá e um casaco, e perguntei se ela queria se olhar no espelho para ver como estava linda. Ela disse que não se olhava mais no espelho para não ver o quanto de sua mocidade já tinha ido embora. Ela usava uma peruca vermelha, mal encaixada, que deixava à mostra os cabelos brancos. Diziam que estava esclerosada. Não estava.

Dinda era muito lúcida, mesmo presa à cama há uns vinte e cinco anos. Ela sempre me perguntava o que eu queria que ela me deixasse quando morresse. Eu dizia: "O teu tamanco, igual o da artista tal", mas tinha vontade de dizer "O teu anel", pois sabia que ele resolveria todos os meus problemas financeiros.

Uma nova mulher chega ao Brasil

Fui até o outro quarto, onde ela costumava dormir, e abri uma gaveta, relembrando minha infância. Antigamente, eu abria aquele armário e as gavetas como se fossem coisas mágicas, repletas de plumas, chapéus, bolsas, joias e retratos. Mas as gavetas estavam vazias, com exceção de uma caixa com fotos, de onde peguei uma fotografia que eu gostava mais.

Encostei a cabeça na barriga dela, como se implorasse por uma carícia, querendo ser de novo a criança de que nunca fui. Sabia que não veria mais Dinda com vida, a não ser se ficasse ali, velando por ela, até a hora final.

Ela ficou em paz, entrou em coma e morreu.

Em uma tarde chuvosa de Finados, telefonei para Gabriele, que mal parecia se lembrar de mim.

Estávamos separados há treze anos, precisamente. Depois disso, escrevi uma carta a ele:

> *"Cresci muito nestes anos, sofri muito, mas o sofrimento é compensado pelas alegrias e pelas minhas convicções políticas, que estão cada vez mais fortes. Eu te amo, meu marido divorciado e bígamo. Aqui você continua casado. Engraçado ter um marido bígamo. Uma grande comédia. Fiquei aqui, engolindo o meu amor e minha heterossexualidade. Por que não vem aqui fazer comigo aquele filho que repudiou quando engravidei de você? Seria uma boa ter este fruto do nosso amor."*

Minha readaptação estava muito difícil.

Quando voltei, entrei em choque com a posição ideológica da minha classe. Ninguém acreditava em reabertura. Nas festas, reuniões e eventos, ninguém falava nada sobre isso. O Brasil era outro mundo. Havia muitas caras novas.

Eu começava a sentir as realidades brasileiras da massa sonâmbula e a da elite privilegiada que "fazia cultura". Não conseguia trabalhar na televisão, apesar dos vários convites que recebi e da grande pressão que me impelia a isso.

Conheci pessoas massacradas pela cultura machista, egoísta e totalitária. Testemunhei o fim do desbunde. Lá fora, aprendi a respeitar o espaço alheio para também ter o meu espaço respeitado. Mas ter sido usada por tanto tempo me ensinou algumas lições. Fui ficando antipatizada por certas pessoas da classe artística, principalmente aquelas que enriqueceram com o nosso medo, dor, sangue e exílio. Aprendi que a corrupção é uma arma das elites. Essa gente que agora estava ainda mais burra, apesar de serem os donos da Cultura.

Fiquei completamente sem dinheiro e tive discussões terríveis com pessoas que não entendiam a minha mudança, a minha liberdade. Liberdade que usava com igualdade, igualdade entre homens e mulheres, mulheres e mulheres, homens e homens, todos caminhando em direção a um mundo melhor.

Até que, em 1976, estreei a peça *Vestido de Noiva*, uma das primeiras encenações após meu retorno ao Brasil, no Teatro do BNH, no centro do Rio, com Nelson Rodrigues na plateia. O diretor Ziembinski já

Uma nova mulher chega ao Brasil

havia encenado, em 1943, a primeira montagem dessa peça que é considerada pela crítica um divisor de águas do teatro brasileiro. Mas, naquela segunda montagem, pudemos aprimorar tudo. Ganhava dez mil cruzeiros para interpretar a prostituta Madame Clessi, o que era pouco para uma atriz do meu gabarito. De qualquer modo, estive insuperável nesse papel. Foi um estrondo.

Nessa época, um dia andando na rua, um homem correu até mim para perguntar se, por acaso, me lembrava dele. Eu estava tão empolgada com a peça, que não me lembrei. Ele disse:

– Lembra-se da visita à Rua Cruz Lima, Dona Norma?

Tive um flashback. Aquele era Cláudio, um dos gorilas que invadiram minha casa. Tive vontade de gritar, de pedir socorro. Mas me contive, dizendo que me lembrava dele, sim. Ele, então, respondeu:

– Eu agora estou lá no DOPS, se precisar de alguma coisa...

Saí andando rápido, no meio da chuva, em direção ao teatro.

Nesse momento me lembrei...

Que no ano de 1968, eu poderia ter feito algo para impedir as injustiças e os assassinatos.

Que nada...

Na realidade, fui uma grande espectadora, ajudando as pessoas que me pediam auxílio. Fazia o que eu podia. Mas de forma alguma queria me imiscuir em assuntos de poder e política. Aquele bichinho do poder nunca me mordeu. Tampouco conseguiu me contaminar.

Todas as organizações, no fundo, eram dissidentes. Brigavam entre si. Ninguém se encontrava.

Na verdade, todos falavam muito e nada se resolvia efetivamente porque nossa expressão era mínima. Poucos eram respeitados. As mulheres, quase nada.

Para mim, o povo, os artistas deveriam se unir contra um inimigo em comum: a miséria, a repressão, a ditadura.

A Guerra do Vietnã estremeceu o mundo. Aqui foi um Vietnã mudo. Os jornalistas, os professores da PUC nunca falaram das guerreiras brasileiras, só de Jane Fonda e Joan Baez...

Em meio a isso tudo, finalmente entendi que, nesse jogo de xadrez, fui apenas um peão.

Somos a mistura de muitos povos. Deveríamos ter mais força por toda esta mistura de sangue em nossas veias.

Jango supostamente morreu de ataque cardíaco no dia 6 de dezembro de 1976. Quando soube de sua morte, chorei e escrevi um poema para ele. Embora os boatos insinuassem, por muitos anos, que éramos amantes, eu perdia, na verdade, um grande e querido amigo. Uma pena, porque eu adoraria ter sido primeira dama ao menos uma vez.

Na sua missa de sétimo dia eu li, pela primeira vez, a palavra "anistia".

Em 1977, parecia que eu havia me encontrado definitivamente, ao menos artisticamente.

Realizei uma pesquisa com a compositora e violinista Rosinha de Valença e reunimos canções de doze mulheres, de diferentes épocas: Chiquinha Gonzaga, Joyce, Sueli Costa, Rita Lee, Maysa, Dolores

Uma nova mulher chega ao Brasil

Duran, Marlui Miranda, Glória Gadelha, Lule e Lucinha, além da própria Rosinha de Valença e eu, que compus *Em Nome do Amor*. Queríamos revelar o lado feminino da história, sempre tão sufocado.

Assim, gravamos, pela Elenco-Phonogram, meu segundo disco, o LP *Norma Canta Mulheres* (1977), produzido por Guilherme Araújo. Roberto Menescal queria que o álbum tivesse outro nome, porque este tinha duplo sentido. "Vamos colocar 'Ponto de Vista'", sugeriu. "Não, porque eu não sou ótica", revidei.

Participaram músicos de peso, como Sivuca e Célia Vaz (arranjos), Rosinha de Valença (arranjos e violão), Tião Neto e Jamil Joanes (baixo), Jacques Morelenbaum (violoncelo), Ed Maciel (trombone), Pascoal Meirelles e Chico Batera (bateria).

A canção *Ser Inteira*, de Luli e Lucinha, e o samba *Outra Você Não me Faz*, de Dona Ivone Lara, ganharam as rádios. O disco também foi um sucesso no verão de Roma e recebeu bastante atenção da crítica. Mas, apesar de ser facilmente encontrado nas lojas, vendeu apenas dez mil cópias.

Nesse mesmo ano, ainda estrelei outro ótimo filme, *O Abismo* (1977), do genial Rogério Sganzerla. Também assino a coprodução desse filme bastante experimental que tem na trilha sonora músicas de Jimi Hendrix, um dos meus maiores ídolos, e que faz uma antológica performance ao vivo. Madame Zero, a minha personagem, tinha tiradas de efeito que também tinham muito a ver com meu universo pessoal. Ela dizia coisas como: "Não era arqueologia o que eu fazia, era *poesia*", ou: "Por enquanto, ainda sou terrestre, meu mundo é alegre". Ou ainda, em um dos diálogos: "Encontrou o tesouro? Não, achei a mim mesma." Quando eu não estava em cena, ficava atrás das câmeras, observando.

Outro filme no mesmo ano foi *Nas Quebradas da Vida* (1977), que coestrelei com Elza Soares.

Em 1978, estreei o admirável *Mar de Rosas* (1978), primeiro longa-metragem de ficção de Ana Carolina. É um dos filmes mais inquietantes do cinema brasileiro, com uma complexa trama de relações de poder. Um poético *road movie* que, com um humor feroz, denuncia a alienação e o autoritarismo ao traçar um retrato contundente da burguesia brasileira. Felicidade, a minha personagem, tem 40 anos e representa uma mulher que dá os primeiros passos em busca de sua emancipação. É um papel cheio de conflitos e contradições, que se vê em cada diálogo, silêncio e olhar, em uma de minhas melhores atuações da carreira.

Nesse papel, tive a oportunidade de botar para fora o que vi minha mãe sofrer e ser massacrada. O mesmo massacre que eu mesma poderia ter sofrido, se tivesse aceitado um casamento como minha família queria, e tivesse sido taquígrafa ou datilógrafa. Em uma entrevista dada na época, destaquei a percepção da diretora em relação às vivências feministas e disse que o papel tinha muito da minha própria vida.

O *Mar de Rosas* causou uma forte impressão no público e na crítica, no Brasil e no exterior.

Nesse ano também foi lançado o filme *Na Boca do Mundo* (1978), de Antônio Pitanga, em que atuei como Clarisse. Minha personagem estava bem deslocada no contexto do filme. Mesmo assim, fiz um ótimo trabalho. Ficou fantástico.

Uma nova mulher chega ao Brasil

Participei ainda do documentário de Ana Maria Magalhães, *Mulheres de Cinema* (1978), no qual é discutido o papel feminino na Sétima Arte no Brasil, além de estrear no Rio de Janeiro a peça *Fico Nua*, em que dividia o palco, o texto e a direção com Ítala Nandi. O título da montagem, não por acaso, fazia referência à vida de nós duas. Um sucesso.

Aqueles eram anos loucos.

O Rio de Janeiro continuava lindo, mas ainda mais colorido. A vida era uma festa sem perigos, um passeio sem medo (a não ser da polícia). Tudo estava disponível, todos estavam disponíveis. Como já bastava a censura, cancelava-se a autocensura. Hora de tirar a vida para dançar até se acabar, até a ressaca amanhecer.

Eu me sentia com tudo. Mas os cineastas têm ciúme se uma atriz faz mais sucesso do que eles. Por isso, eu já tinha resolvido ignorar o egocentrismo deles, que sempre querem deixar os atores em segundo plano. Quando o filme fracassa, nunca assumem a responsabilidade, culpam alguma parte da equipe. Sei que fiz alguns filmes ruins. Mas quando estou filmando e sinto a fraqueza da direção ou do roteiro, tento dar a volta por cima e fazer o melhor personagem.

Nós, atores, não tínhamos direito a nada, nem à nossa imagem. Quando assinávamos um contrato, assinávamos um testamento. A nossa imagem podia ser mandada para a lua que não receberíamos um tostão. A consciência de classe não existia e os próprios atores, os principais interessados, não se articulavam.

Assumi, então, um papel de destaque na luta pela regulamentação da profissão de ator no Brasil, uma antiga reivindicação de alguns artistas. Na ocasião da assinatura da lei, conheci Geisel e me senti muito honrada em apertar sua mão. Foi uma grande emoção. Olhei profundamente em seus olhos e vi que era um homem honesto, incorruptível. Até dele eu ouvi que a classe artística era desunida.

Geisel, um grande estadista, me fez lembrar o meu pai, um homem muito severo e íntegro que nunca teve nada além de um carrinho que mais tarde transformou em táxi. Era a sua formação, de imigrante do pós-guerra.

Geisel foi o primeiro presidente a levar a sério a condição do artista e a regulamentar o nosso ofício. Era um homem que respeitava a fala dos íntegros e inteligentes. Um amigo meu, na época, disse que Geisel era como marido: ruim com ele, pior sem ele.

―

Havia lido uma entrevista de Sônia Braga na qual ela falava que fazer TV era ótimo, pois os atores criavam junto com o diretor e o autor. Por isso, topei quando fui convidada para atuar na novela *Dancin' Days* (1978), da TV Globo, ao lado de Sônia Braga. Ela faria a protagonista e eu a antagonista.

Era um desafio novo para mim. Eu estava muito feliz em fazer novela e queria renovar a linguagem televisiva. Escolhi mil roupas e acessórios essenciais para minha personagem, a maquiavélica Yolanda Pratini. Lia e relia o roteiro, fazendo planos mirabolantes. Tudo com muito amor.

Uma nova mulher chega ao Brasil

Uma noite, eu estava em casa lendo os capítulos do dia seguinte, depois de ter gravado até às dez horas, quando toca o telefone. Era um amigo, dizendo que tinha achado estranho o meu nome não aparecer nos créditos iniciais do vídeo de divulgação da novela, e sim em quarto lugar. Eu também estranhei, pois o combinado era que meu nome apareceria como participação especial. Sugeri aparecer deste jeito, pois sabia que iria trabalhar com atores de renome e que merecidamente teriam seus nomes em destaque.

Decidi, então, conversar com Daniel Filho, um dos diretores da novela, que disse:

– Não se preocupe, Norma. Vou resolver este abacaxi.

Telefonei algumas vezes para o autor da novela, Gilberto Braga, para falar da enigmática personagem. Na minha visão, minha personagem, Yolanda, se casou com um homem vinte anos mais velho e era reprimida, um objeto total, e não apenas uma mulher altamente reacionária, como o texto extremamente machista apresentava. Meus telefonemas, porém, não foram bem recebidos. O autor fez queixa a Daniel Filho, dizendo que eu o estava importunando e que, assim, estava difícil escrever o papel. Parei de telefonar, apesar de eu só querer um papo. Eu queria construir, aprender, melhorar... Mas meu jeito e meu tom de voz me criaram vários problemas. Fui mal interpretada. Para mim, voz mais alta é entusiasmo, às vezes, proposital, e não necessariamente significa briga.

Mesmo assim, continuei tentando resolver o caso dos créditos com Daniel Filho, que eu procurava todos os dias, pessoalmente, por telefone, ou através de Sônia Braga. Mas ele já não me atendia, até me revelar que aquilo era um problema "da casa" e não era sua responsabilidade. Passei, então, a procurar os chefões da emissora, que também me ignoravam.

Um dia, encontrei Daniel Filho e lhe dei um forte abraço. Depois do abraço veio sua fala:

– Você está ficando velha.

Foi um soco na minha emoção.

Não que eu tenha algo contra a velhice, mas eu não estava velha, estava mais bonita que nunca. Foi um choque ouvir aquilo, um veneno.

Aí, em uma sexta-feira, dei o ultimato. Eu gravava cenas na discoteca Papagaio, templo da música disco no Rio, e enviei um recado dizendo que, se o problema dos créditos não fosse resolvido naquela noite, eu não gravaria mais. Daniel não gostou e veio falar comigo, dizendo que não aguentaria ataques de estrelismo. Irritei-me e joguei longe o script, xingando o diretor. Resultado: fui substituída por Joanna Fomm, a princípio escalada para um papel muito menor, mas que acabou fazendo uma Yolanda merecidamente premiada.

Doze capítulos precisaram ser regravados às vésperas da estreia, o que quase atrasou o lançamento dessa novela que foi um dos maiores sucessos da televisão brasileira. Porém, um capítulo chegou a ser apresentado com um erro de edição, onde eu apareço numa cena de externa, após a minha personagem deixar a filha na porta de uma escola.

Depois disso, tive de enfrentar uma fase muito ruim com a mídia. Os jornais, que já haviam escrito muitas coisas desde que eu havia sido escalada, agora tinham um prato cheio e publicaram muitas fofocas sobre o assunto. Fui unanimemente criticada pela imprensa, que, em muitos casos, chegou a apelar, denegrindo minha imagem.

Uma nova mulher chega ao Brasil

Pensei seriamente em voltar à Europa, para que recomeçassem a falar de mim e do meu trabalho, do começo da minha carreira até a volta do exílio. Queria começar a segunda etapa da minha vida. Não me queixo do meu sucesso, porém detesto que minha vida privada saia nos jornais, dizendo aonde vou, o que compro e visto.

"Quer saber mais", eu pensei: "E lá vou eu numa boa. Não sentirei saudade da praia. Venho só para as festas de fim de ano para ver os amigos".

Em 1979, puseram fim ao Ato Institucional nº 5, que fortalecia a linha dura do regime militar e recrudescia a censura à imprensa, à música, ao teatro e ao cinema.

Apesar disso, eu me sentia muito desgastada. Havia entregado todas minhas energias aos que precisaram e, agora que eu carecia, ninguém estava afim de me ouvir. Quando precisavam de mim, eu largava tudo e ia correndo ajudar. Mas essas coisas nem sempre são recíprocas. Me sentia como uma laranja chupada, mero bagaço.

Eu pensava: "Por quê? O que eu havia feito? Uma atriz do meu potencial, sem conseguir trabalho?". Não devia ser normal. Telefonava para Brasília e nem era atendida. Pedi um encontro com a TV Bandeirantes, e nada. Pedi um contato com Alberto Sordi, e nada. As portas estavam fechadas. Fiquei preocupada com o que estava acontecendo comigo.

As pessoas que repudiavam minhas posições haviam tomado o meu lugar. Só ouvia fofoca e calúnia. Era só falar o que pensava que lá vinha cacete. Tenho que ser falsa? É inveja, raiva? Preconceito por que vivo com uma mulher? Porque casei e descasei? Sempre fui uma pessoa agressiva, mas minhas posições sempre foram de imensa doçura.

Nunca permiti invasão da minha vida privada. Agora que me posiciono, não me aceitam? Ou me aceitam ou me matam, como fizeram com Vianinha, para faturar com a minha morte.

Apesar de tudo isso, não me dei por vencida e criei a NB Produções Cinematográficas Ltda. para produzir e distribuir meus trabalhos.

Escrevi o roteiro e dirigi do documentário *Maria Gladys, uma Atriz Brasileira* (1979), dando continuidade ao meu projeto de homenagear grandes mulheres brasileiras. Desta vez, o foco era a carreira artística e o cotidiano da minha grande amiga, a atriz Maria Gladys, que conversa comigo diante das câmeras.

No ano seguinte, também escrevi e dirigi outros dois curtas, *Barco de Iansã* (1980), um documentário sobre o candomblé no Rio de Janeiro e os ritos trazidos por nossos ancestrais africanos, e *Maria da Penha* (1976), sobre uma menina de 8 anos, abandonada, que vive pelas ruas do Rio de Janeiro, após passagem pela Funabem, em que abordo a necessidade da construção de creches e a possibilidade da colaboração de famílias para a solução do problema.

O roteiro de *Idade da Terra* (1979/1980), de Glauber Rocha, tinha 400 páginas. O projeto começou em 1973; a epopeia das filmagens, em 1977; o filme foi lançado finalmente em 1980. Somando todos os improvisos glauberianos, já que ele só se decidia na hora de filmar, havia trinta horas de película. Eu só apareço quinze minutos; mesmo assim, minha atuação recebeu menção honrosa no Festival de Cinema de Veneza.

Interpreto a Rainha das Amazonas, que era uma mistura de Maria Madalena com Cristo Primitivo, uma rebeldia. Sem essa rebeldia, não teria criado a personagem do filme. A rebeldia sempre me renova e me salva.

Na hora de gravar, Glauber e eu tínhamos uma sintonia muito forte. Eu pensava: "Vou subir no portão daquela igreja", e ele dizia: "Norma, sobe no portão da igreja".

É o filme mais polêmico e delirante de Glauber e alguns críticos consideraram a obra incompreensível. Mas eu acredito que esse filme ainda será reconhecido como uma grande obra. A produção não ganhou na categoria "melhor filme" do Festival de Veneza e Glauber ficou indignado com a decisão do júri. Por isso, fez um comício-passeata, protestando contra os critérios comerciais de premiação, e foi seguido por dezenas de repórteres e fotógrafos.

Um pouco depois disso, Glauber sofreu um choque bacteriano provocado por uma broncopneumonia e foi internado em um hospital em Lisboa. De lá, ele foi transferido para uma clínica no Rio de Janeiro, onde passou dezoito dias. Acompanhei tudo de perto, numa dedicação total.

Eu estava ao seu lado no hospital no momento em que ele morreu. Era agosto de 1981 e ele tinha 42 anos. O meio artístico compareceu em peso ao seu velório e enterro, que foram caóticos como os filmes dele. A comoção foi geral.

A Idade da Terra foi a última produção de Glauber, por isso falam que foi um filme-testamento. Falou-se muito também em assassinato cultural, o que era moda ser dito à época.

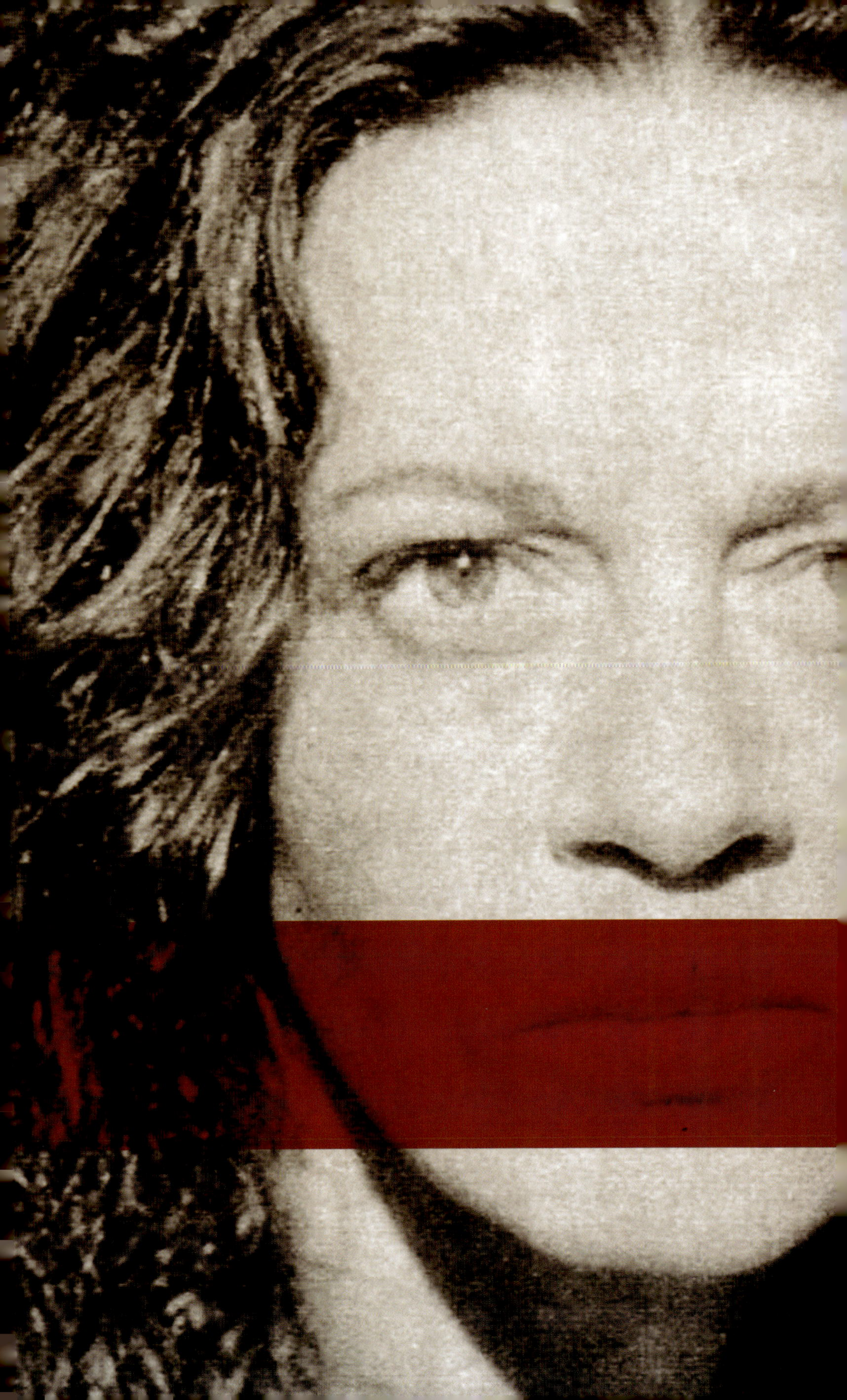

Mãe da
retomada
do cinema
brasileiro

1987
1992

Glauber e eu tínhamos o sonho de montar a peça *A Voz Humana*, um monólogo de Jean Cocteau. Glauber era apaixonado por esse texto que fala de amor, paixão e de relações humanas, mas, em 1978, ele se envolveu com as filmagens de *Idade da Terra* e, em seguida, morreu. Por isso, resolvi tocar a empreitada sozinha.

Comecei fazendo a tradução literal do francês para o português. Depois, adaptei a história da mulher que conversa desesperadamente pelo telefone com o ex-marido, suplicando uma reconciliação, para o contexto atual.

Estreei no Teatro Guaíra, em Curitiba, dirigida pelo amigo Orlando Senna. No palco, eu atuo sozinha, apenas de combinação e casaco. A personagem atende ao telefone, na expectativa de que seja o marido, e veste as luvas dele para sentir o cheiro do homem ausente... É tocante. No final da apresentação, o público, emocionado, aplaudiu de pé. Não consegui conter as lágrimas.

Depois, gravamos um vídeo do monólogo, usando meu apartamento no Rio como cenário. A música *I'm a Fool to Want You*, interpretada por Billie Holiday, era trilha sonora.

Em 1983, voltei à França, mais uma vez, para atuar sob a direção de Patrice Chéreau, desta vez no Théâtre des Amandiers, em Nanterre, perto de Paris. A peça era *Les Paravents* (Os Biombos), último texto de Jean Genet, escrito durante a Guerra na Argélia, em 1958.

Naquele ano, Chéreau estava à frente de uma política teatral de Terceiro Mundo e *Les Paravents* tinha no elenco atores sul-americanos, árabes, além de franceses. A obra, dividida em vinte e cinco atos, fazia uma apologia da revolta contra a opressão e denunciava a sociedade ocidental. Eram mais de cem personagens, totalizando quase cinco horas de representação.

Les Paravents conta o amor de Said e Leila e eu interpreto Warda, que quer dizer "rosa" em árabe, a dona de um bordel. O cenário, lindo, era um teatro dos anos 1950, com cadeiras de veludo e paredes de madeira, imitando mármore. Dava impressão de que não havia cenário.

A década de 1980 seria intensa, com muitos projetos no cinema.

Filmei *Eros, o Deus do Amor* (1981), meu terceiro com o diretor Walter Hugo Khouri. O elenco era repleto de mulheres extraordinárias: Nicole Puzzi, Christiane Torloni, Denise Dumont, Renée de Vielmond, Kate Hansen, Lilian Lemmertz, Kate Lyra e outras.

Em seguida, gravei, em Salvador, um dos pouquíssimos filmes de ficção científica brasileiros, *Abrigo Nuclear* (1981), de Roberto Pires, pioneiro do cinema baiano. O roteiro me entusiasmou tanto que nem quis cobrar, interpretando um dos papéis principais. A pena foi que o filme, hoje um clássico, foi pessimamente lançado, um fracasso. Na época, ninguém dava a mínima para o tema.

Também atuei em *Tabu* (1982), filme de Júlio Bressane, que apresenta um encontro imaginário entre Lamartine Babo e Oswald de Andrade, promovido pelo cronista João do Rio. A película venceu os prêmios de melhor filme e fotografia no Festival de Brasília de 1982.

Norma Bengell

Ainda interpretei Madame Solange, uma cafetina da *high society*, no bom filme policial *Rio Babilônia* (1983), dirigido por Neville de Almeida, e atuei no thriller político *Tensão no Rio* (1982), que marcou a estreia de Gustavo Dahl na direção de longas de ficção.

Participei ainda do drama rural *O Filho Adotivo* (1984), conclusão da Trilogia Sertaneja de Sérgio Reis, iniciada com *O Menino da Porteira* (1976). Escrito por Benedito Ruy Barbosa, foi dirigido por Jeremias Moreira Filho, que já havia dirigido a segunda parte da trilogia, *Mágoa de Boiadeiro* (1977).

Em 1986, apoiei a estreia na direção de longas de ficção do chileno Jorge Durán, protagonizando seu *A Cor do Seu Destino* (1987). Durán, radicado no Brasil desde 1973, já havia feito os ótimos roteiros de *Lúcio Flávio, o Passageiro da Agonia* (1977); *Pixote, a Lei do Mais Fraco* (1981) e *O Beijo da Mulher-Aranha* (1985). *A Cor do Seu Destino* foi o grande vencedor do Festival de Brasília e de outras competições nacionais e internacionais, como o Festival de Havana.

No mesmo ano, participei de *Alba*, terceiro episódio do filme *Fonte da Saudade* (1986), dirigido por Marco Altberg e protagonizado por Lucélia Santos. Contou com trilha sonora original de Tom Jobim. O roteiro, baseado no livro *Trilogia do Assombro*, de Helena Jobim, discute a identidade feminina contemporânea e urbana depois do auge do feminismo e do culto à psicanálise.

Entre tantas representações, fiz até papel de mim mesma. A atuação foi no curta-metragem *Mulher Fatal Encontra o Homem Ideal* (1987), que marcou a estreia premiada de Carla Camurati na direção.

Paralelamente ao cinema, também fiz televisão.

Fui contratada pela TV Bandeirantes para atuar na novela *Os Adolescentes* (1981), de Ivani Ribeiro, na qual interpretei Paula, mãe dos personagens de Júlia Lemmertz, que engravida do namorado, e de André de Biase, que envereda pelo mundo das drogas, quando os dois atores estreavam na televisão.

Participei de *Os Imigrantes* (1982), *na* qual interpretei Nena Coutinho nos primeiros vinte e dois capítulos. Nena é uma mulher sofrida e ocupada, ao lado de um marido de quem gosta, mas não ama. Dentro da dinâmica da família, ela ocupa um espaço de delicadeza, afeto, amargura e, às vezes, até rebeldia, nos olhares. Ela observa muito e fala pouco, mas quando fala, fala certo. Meu par era Rolando Boldrin, em sua última incursão na televisão como ator.

Voltei à Globo para atuar na minissérie *Parabéns pra Você* (1983), exibida entre 16 de fevereiro e 4 de março de 1983, escrita por Bráulio Pedroso e produzida por Daniel Filho. Mara, minha personagem, era uma mulher que vinha de uma família rica e, aos 20 anos, ascendeu como cantora, virou uma estrela, caiu no alcoolismo, rompeu o casamento e morreu num acidente de carro. Mara foi muito comparada à cantora Maysa, que havia morrido num acidente de carro cinco anos antes e era minha amiga. Mara era Maysa, mas também era eu e tantas outras mulheres que conheci. Mara era um símbolo maior. A abertura da novela apresentava os créditos do elenco sob o tema *Hey Jude*, dos Beatles, em ordem alfabética, uma notável exceção nos padrões da emissora. Meu sobrenome aparecia escrito errado: Benguell.

Ainda participei como atriz convidada da novela das oito, *Partido Alto* (1984). Minha personagem, Irene, era uma desquitada que, após dezoito anos de casamento, vai para luta. A obra sofreu inúmeras interferências da censura, por tratar do poder do Jogo do Bicho na vida carioca, justamente no momento em que o país, animado pela possibilidade de votar nas eleições presidenciais, unia-se no movimento das "Diretas Já!".

Até televisão francesa eu fiz. Participei de um episódio dedicado ao cinema brasileiro da série de documentários *Étoiles et Toiles* (1982-1986), da TF1, dirigida por Georges Bensoussan. Fui a guia de um pequeno passeio pelo cinema brasileiro durante o Festival de Cinema do Rio. No filme, são apresentados os bastidores dos filmes *Ópera do Malandro* (1986), de Ruy Guerra, e Nelson Pereira dos Santos filmando *Jubiabá* (1986).

Em 1984, comemorei trinta anos de carreira realizando o sonho de dançar no palco representando a vida de Isadora Duncan no teatro. A bailarina esteve no Brasil aos 40 anos e morreu aos 49, num desastre, após se casar com um poeta.

Neste momento, o povo também estava nas ruas pedindo Diretas Já. Eu queria ver caras novas, não aguentava mais as mesmas caras conservadoras de sempre no poder. Mas achava que democracia não era uma coisa que a gente devia pedir, devia ser pressuposto.

Pensei em processar o Mick Jagger em 1987. Tudo por causa do clipe de três minutos da música que puxava o disco *She's the Boss*, que ele gravou no Brasil. Mas quando vi que contratar o advogado em dólar ia ficar muito caro, desisti.

O motivo foi o seguinte: em 1984, Jagger ia gravar esse filme nos Estados Unidos, custando 4 milhões de dólares. No México, o valor da produção cairia para 2 milhões de dólares. Até ele descobrir que no Brasil ficaria pela bagatela de 400 mil dólares. E os técnicos maravilhosos de cinema que há no Brasil ainda conseguiram entregar o filme para ele em um mês.

Eu nem queria trabalhar com Mick Jagger, mas ele viu uma fotografia minha e ficou atrás de mim. Disse que eu era o *crème de la crème*, aquelas coisas de *high society*, e acabei topando. Foi ótimo, superprofissional, genial.

Eu interpretava uma autoritária e decadente proprietária de uma plantação de bananas, na qual o personagem do cantor, interpretando a si mesmo, trabalha. Eu fazia uma coisa meio Barbara Stanwyck de chapéu, de chibata, era engraçado. Jagger era notado pela fazendeira, que o transforma em seu escravo sexual.

Durante as filmagens, fiquei desconfiada. Como não entendo direito de clipe, perguntei: "Mas clipe não é com vídeo?". Ele disse: "Não, não, agora os clipes são feitos com câmera 35 mm". Eu disse: "Ah, bom, tudo bem".

O meu papel começou a aumentar e, de vez em quando, o diretor dizia: "Vem cá que nós vamos fazer um close. Vou te transformar numa grande estrela internacional", e eu ria, pois ele não me conhecia. Aí eu dizia: "Acabei, *thank you*, e foi ótimo".

Soube, então, que, na verdade, o Mick Jagger fez um longa-metragem, que estreou no exterior como *Running Out of Luck* (1987). Porém, nós, todos os atores brasileiros que participamos do filme – Grande Otelo, Tony Tornado, Jorge Coutinho, José Dumont, Telma Reston –, e os técnicos, fomos pagos para fazer um clipe. Sacanagem, né? E de quem ainda não teria a menor necessidade de fazer isso. Depois, eu é que levo o nome de puta.

―

Nos papéis femininos, a gente entra, faz amor, chora e apanha.

Eu não queria mais isso. Eu queria mostrar a força da mulher por meio do cinema brasileiro.

Por isso, quando comecei a ler os poemas de Pagu, a escritora modernista e militante política Patrícia Galvão, logo me identifiquei com o lado guerreiro da jovem libertária que escandalizava com saias curtas e batom vermelho. Pensei: "Tenho que fazer um filme dela!".

Peguei licença com os filhos, falei com a irmã de Pagu, fiz um projeto e apresentei à Embrafilme em 1983. O projeto, no entanto, foi recusado, pois não tinha roteiro. Mas como eu faria um roteiro se ainda não tinha financiamento para contratar um roteirista?

Busquei, então, o auxílio da jornalista Márcia de Almeida para fazer a adaptação e, em 1987, comecei a rodar o meu primeiro longa-metragem como diretora, em coprodução com a Embrafilme e o Banco Nacional, o *Eternamente Pagu* (1988).

Desisti de interpretar a protagonista porque, àquela altura, não poderia interpretar uma moça de 18 anos. Cristiane Torloni queria o papel, mas a protagonista acabou sendo interpretada por Carla Camurati, que está perfeita. Durante as filmagens, eu tinha a sensação de que era a própria Pagu quem estava ali.

Mãe da retomada do cinema brasileiro

Eternamente Pagu é um filme bem autoral. Minhas histórias e a história dela se misturam. Somos de gerações diferentes, mas, num país conservador, as histórias se cruzam. As cenas de Pagu na cadeia foram filmadas na mesma cela 1, na qual estive presa, no DOI-CODI.

Essa Pagu revelada é romântica, mas também política, e sua história se desenvolve em três momentos. No primeiro, há a alegria por Pagu ingressar no movimento modernista. No segundo, há a busca do amor e o refúgio nas artes. No terceiro, aparece o desencanto com a vida que sempre amou e a golpeou todas as vezes que sorriu. No final, Pagu, sempre bem-humorada, já não sorri.

O filme, que faz uma declaração de amor a Patrícia e à vida, foi lançado no dia 8 de março, como uma homenagem às mulheres. Além de diretora, fui produtora e corroteirista, e acho que fiz uma boa estreia na direção de longas, apesar de algumas críticas negativas recebidas pela obra. As principais falavam da má reconstituição de época, já que o filme não tinha muita verba e teve de ser filmado no Rio de Janeiro, com elenco predominantemente carioca.

Eternamente Pagu foi um grande sucesso de público, ficou nove meses em cartaz e foi indicada como melhor filme em Gramado, onde venceu os prêmios de melhores atriz e trilha sonora.

Parti para o Festival de Cinema de Brasília em uma comitiva com diversas pessoas envolvidas com a sétima arte. Entre os artistas, estava Reginaldo Faria, uma paixão dos anos 1960.

Reginaldo começou a me falar sobre as memórias daqueles anos "transitórios", transcorridos entre a nossa despedida e o nosso reencontro, e de como nós dois havíamos chegado até ali.

Ele se lembrou da minha agente e da minha internação na clínica – episódio no qual teve de se responsabilizar por mim para que eu tivesse alta. Revelou que tinha feito aquilo sob pressão, pois a minha representante lhe havia dito que, se não o fizesse, meu amigo Caio iria matá-lo, porque era mafioso. Mentira, ele era engenheiro, um admirador apaixonado e incapaz de fazer mal a uma mosca.

Reginaldo se lembrava de várias facetas da minha vida, avaliando que eu havia feito bem em ter deixado a Itália, abrindo mão da minha *dolce vita*, quando o cinema por lá começou a entrar em franca decadência. Reginaldo também se lembrou de uma vez em que saímos juntos e inúmeros paparazzi correram atrás de nós com seus flashes, pensando que se tratava de Alain Delon.

Ainda recordou o fato de eu repartir com todos aquilo que tinha, e me agradeceu pelo dinheiro dado a ele. E relembrou o principal: que nos amávamos.

Realmente gostaria de ter me casado com ele, talvez tivesse dado certo. Eu seria uma ótima companheira e não teríamos o problema geográfico que acabou com o meu casamento com Gaby.

Gaby morreu em 1991. Tinha 59 anos e foi vítima de uma parada cardíaca causada pelo câncer de pulmão.

Ficamos casados oficialmente no Brasil por vinte e sete anos.

Mãe da retomada do cinema brasileiro

Eu sonhava em dirigir e produzir *O Guarani* (1996), da obra de José de Alencar.

Para começar, contratei o roteirista José Joffily Filho para fazer a adaptação do livro, pagando-o com recursos próprios. O roteiro ficou pronto em mais ou menos um ano.

Depois, fiz o primeiro orçamento do projeto para apresentar ao Ministério da Cultura e pleitear o direito de fazer a captação de recursos através de uma lei de incentivo. Apresentei o projeto à Embrafilme para ver se ela coproduzia o filme, e o MinC aprovou.

Como era um valor alto para a época, fui aconselhada pelos colegas a refazer o roteiro e baixar o orçamento, embora o projeto já houvesse sido aprovado. O problema era a dificuldade de captação com os empresários, pois a lei exigia da empresa uma contrapartida de 30%, e nenhum empresário gosta de investir em cinema sem ter vantagens totais. Fiz um orçamento mais baixo e reapresentei ao MinC, pedindo a diminuição do valor aprovado anteriormente. A alteração foi aprovada e publicada no Diário Oficial e comecei a procurar recursos para o filme.

Porém, quando Collor assumiu o governo, a Embrafilme foi fechada. Eu já havia investido muito nos roteiros e nos orçamentos. Com a crise, o presidente parou tudo e o filme ficou na gaveta, pois Collor não recebia nenhum cineasta.

Até que fui convidada para um jantar, em Vitória, que seria oferecido ao secretário de Cultura de Collor, Sérgio Paulo Rouanet. Era a oportunidade de que eu precisava para convencê-lo de que o presidente teria de me receber. E assim foi.

No dia 27 de março de 1992, viajei à Brasília para uma audiência com o presidente. Disse a Collor que poderíamos ter nos conhecido vinte anos antes, durante as filmagens de *Joanna Francesa* (1973), realizada pelo alagoano Cacá Diegues numa propriedade da família Collor, no interior de Alagoas, mas, como eu estava exilada na França, tive de ceder o papel a Jeanne Moreau. Collor até fez uma ponta no filme como motorista de uma kombi.

Depois desse quebra-gelo, contei ao presidente sobre a terrível situação do cinema brasileiro após suas atitudes. Eu não sei se ele se comoveu, mas me perguntou o que poderia ser feito. Comentei sobre os recursos confiscados das produções brasileiras, que os lucros dessas produções eram dos cineastas, e falei sobre a lei de incentivo que ele deveria assinar. Também aproveitei para pedir apoio para *O Guarani* e elogiei o secretário Sérgio Rouanet, mas critiquei o secretário Ipojuca Pontes.

Saí da reunião chorando, enxugando os olhos com um lenço de papel que Collor me deu. Na porta, ainda nervosa e emocionada, cruzei com Rouanet, que estava de entrada.

Pouco depois, Rouanet saiu me dando os parabéns: Collor assinaria tudo. Voltei para casa contente, pois havia esperança para o cinema.

Retornei à Brasília com outros cineastas para a assinatura da lei que liberava os recursos confiscados. Collor me cumprimentou e perguntou se agora eu estava feliz. Sim, estava. Mas a felicidade durou pouco. Logo depois dessa reunião, começaram a aparecer as denúncias que culminariam no *impeachment* do presidente. E tudo parou outra vez.

Mãe da retomada do cinema brasileiro

Fiquei esperando o desenrolar dos acontecimentos, como todos os brasileiros, até que Collor renunciou.

Nessa época, eu morava com Sandra em Itaipava, um bairro de Petrópolis, a 70 km do Rio. Era um lugar lindo e mais barato de se viver, e tínhamos uma casa onde plantávamos e recebíamos os amigos para falar de cinema e dos nossos sonhos de produzir filmes.

Sérgio Rezende sonhava com *Canudos,* eu com *O Guarani,* Carla Camurati com *Carlota Joaquina,* entre outros. Ali, assistíamos aos filmes de Glauber e de outros grandes cineastas. E assim, entre uma reunião e outra, um trabalho e outro, o tempo foi passando, até a posse de Itamar Franco.

Os amigos estavam em casa quando resolvi que iria a Brasília falar com o novo presidente. "Ele está isolado no poder, precisa de apoio político dos intelectuais", declarei. Então, peguei o telefone e liguei para o Palácio do Planalto, solicitando uma audiência. Pedido aceito.

Eu, Glaucia Camargo e os presidentes de entidades cinematográficas do Rio e de São Paulo, para não ficar uma coisa carioca, seguimos, então, para Brasília. Eu estava tão dura que fizeram uma vaquinha para pagar minha passagem.

Assim que entramos, Itamar Franco perguntou o que eu queria. Primeiramente, apresentei-o a todos. Depois, pedi a criação da Lei do Audiovisual e a devolução dos recursos que haviam sido tomados dos cineastas com o fechamento da Embrafilme. Itamar nos atendeu.

Após dizer "sim", Itamar Franco se aproximou para me cumprimentar e me deu um beijo na boca. Na hora, surpresa, eu disse:

– Tá dando uma de Clark Gable com Vivien Leigh?

Adorei. Fiquei tão feliz que disse: "Você é lindo, gostoso, é maravilhoso. Eu te amo!". Cheguei a dizer que ele era meu príncipe encantado, que despertou a Bela Adormecida, que estava em Itaipava, há três anos, sem ninguém se lembrar dela.

Depois desse beijo, todo mundo começou a me telefonar. Com o beijo, simbolicamente, fui uma das mães da retomada do cinema brasileiro nos anos 1990, que reabriu o caminho para a produção de filmes no país.

Publicaram que fui eu quem tomou a iniciativa, mas não. Foi uma carícia da qual eu estava precisando muito, porém a iniciativa foi do presidente. Eu seria doida se fosse o contrário.

Eu poderia, enfim, dar continuidade ao *O Guarani*.

Porém, passado um tempo, o dinheiro que eu tinha foi abocanhado pela inflação. O que sobrou não dava para nada. Por isso, pedi ao presidente que repusesse o que a inflação havia comido e ele concordou em fazer uma reposição parcial. Consegui apenas recursos repassados pela Finep, em parcelas de 300 mil reais, até a entrega da última cópia. Seria impossível filmar assim.

Voltei a Brasília e consegui um apoio cultural com o Banco do Brasil, sem precisar das leis de incentivo. Os recursos entrariam como contrapartida do produtor. Assim que recebi os recursos, saí correndo e comecei a pré-produção, em uma sala da Sky Light Cinema, cedida por Bruno Stroppiana, sem nenhum custo, o que também entrou como contrapartida. Arranjei muitas coisas assim, de graça, que custariam muito caro se tivesse sido necessário pagar. Fiz a escolha e os desenhos de locações, cenários e figurinos. Aí já havia uma equipe bastante grande e o dinheiro estava acabando.

Voltei a Brasília novamente com o cineasta Luiz Carlos Barreto e o diretor de fotografia Jorge Monclar. Com a ajuda do secretário-geral Mauro Durante, pedimos que Itamar assinasse a Lei do Audiovisual no dia 5 de novembro, Dia Nacional da Cultura. Entregamos a lei e demos a notícia no *Jornal Nacional*. Nesse início, a Lei do Audiovisual contemplava certificados privados e certificados públicos. Barreto me levou ao Banco BRJ, que me aconselhou a distribuir certificados privados, porém seu valor em reais totalizava menos de 1 milhão, com o que não dava para fazer o filme. O produtor executivo, Jaime Schwartz, refez o orçamento e eu fui à luta para entrar em produção.

Aluguei uma casa na Rua Ipu, que tinha estúdio, salas e um espaço para montarmos uma usina para confeccionar todo o figurino e armas de época, desde os atores principais até os figurantes. Algumas coisas tinham de ser compradas na Funai, o que custava muito caro. Houve um acidente: o caminhão que trazia um barco artesanal feito com casca de árvore que leva dois anos para secar, e que apareceria no final do filme, bateu na estrada, partindo o barco. Então, mudamos o final do filme.

Enquanto isso, eu batalhava na venda dos certificados, que eram de quase 20 mil reais cada um. Vendi para a BR Distribuidora. Levando os croquis dos figurinos, mostrando que já haviam iniciado um trabalho de gabarito, procurei a Equitel Comunicações e a Promon. Tive um pequeno apoio da Secretaria do Estado de Cultura e Esporte e dei início às filmagens, sempre com muita tensão, pois era um filme muito grande para os poucos recursos de que a produção dispunha. Seguimos em frente. Pedi um reforço da Lei Rouanet, mas eu mesma não podia ir atrás de recursos, pois estava filmando.

Alugamos a Fortaleza de Santa Cruz, em Niterói, por um salário mínimo por dia. Levantamos paredes e fizemos uma casa fortificada. E a cada vez que terminávamos um cenário, éramos obrigados a desmanchá-lo e deixar tudo do jeito que havíamos encontrado, com exceção da pintura da fortaleza, que reformamos a pedido do coronel Bueno. Pedimos a permuta de dois lustres de época para devolvê-los após as filmagens, mas o coronel pediu que fossem doados à fortaleza e nos sentimos obrigados a pagar por eles.

Filmamos no Convento da Penha, em Vitória, somente as tomadas de longe, e, para os closes, tivemos que construir, na própria fortaleza, um pedaço do Convento da Penha. Tudo foi confeccionado pela equipe, das botas dos aventureiros às roupas dos atores principais. Filmamos em Xerém, onde contratamos uma onça que nos custou 4 mil por dia e deu muito trabalho, pois estava no cio. Filmamos no Castelo de Petrópolis, onde tivemos que forjar cenários parecidos com os da Fortaleza de Santa Cruz, pois a batalha era na mesma casa.

Mãe da retomada do cinema brasileiro

Depois, partimos para o Ceará, onde só contamos com o apoio do Governo do Estado para o transporte e a alimentação e, assim mesmo, tivemos que brigar. Parecia que José de Alencar não era cearense, já que eles queriam que nós pagássemos a conta, e claro que não pagamos. Partimos para Ubajara, a 450 quilômetros de Fortaleza, onde há um parque nacional com floresta primária e cachoeiras de 1.500 metros de altura. Filmamos na mata o pré-final, contudo, como não podíamos nos aproximar das cachoeiras, foi necessário que a equipe se deslocasse para a cachoeira do Ipu, onde poderíamos fazer os closes. E ainda fomos a Icapuí, a 350 quilômetros dali, onde filmamos outra grande parte do filme.

Só quando um *cameraman* reclamou que não havia recebido seu pagamento, percebi que estava com um rombo na produção. Telefonei para o Rio, e era verdade. Tinha 17 mil reais meus e paguei o *cameraman*, voltando, assim, ao estado de miséria que me encontrava no começo. O filme estava quase todo filmado, faltando apenas o final.

Quando cheguei ao Rio, o produtor executivo disse que ia embora e fiquei enlouquecida, cheia de dívidas com a equipe, sem dinheiro para terminar o filme, contando com o apoio de Marcelo Torres, diretor de produção, que ficou comigo até o fim, acreditando em minha capacidade e honestidade.

Um corretor conseguiu, com a Lei Rouanet, o patrocínio das empresas Liquid Carbonic, que não existe mais, Knoll Produtos Químicos e Farmacêuticos e Biscoitos Aymoré, pelo qual cobrou 20% de comissão.

Enquanto isso, consegui vender três certificados para o Banco Nacional, um para a Interunion e dois para o Banco Pactual. Outro corretor vendeu 80% de certificados da Lei do Audiovisual para o Banco BCN, recebendo também a sua porcentagem. Depois desse trabalho todo, eu estava dura, porém, com os recursos adquiridos pela Lei Rouanet, paguei todos a quem devia.

Filmei, então, o grande final no Pantanal, fiz a revelação do negativo, gravei a Orquestra Petrobrás Sinfônica interpretando a trilha sonora original composta por Wagner Tiso (o que não se fazia em um filme brasileiro desde 1937, com *Descobrimento do Brasil*, de Humberto Mauro), e fiz a edição em Avid (não linear). E, finalmente, exausta, entreguei a obra para a Rio-Filme distribuir.

Começamos a filmar no dia 4 de abril de 1995 e a estreia foi em 31 de maio de 1996. Com dois meses de pré-produção, três meses de produção e quatro meses de finalização, *O Guarani* havia sido rodado dentro do prazo previsto em lei.

Antes da estreia, porém, *O Guarani* foi detonado pela revista *Veja*. O crítico Okky de Souza disse que o filme era tão ruim que ele resolveu sair da sessão com apenas dez minutos de projeção. Houve um grande complô da imprensa contra o filme. Como fora do eixo Rio-SP os jornais se limitam a ecoar as críticas destas duas cidades, isso bastou para acabar com o filme. Taxaram o enredo de maniqueísta, o que prova que não entendem nada, pois se trata da adaptação de um livro que não é um romance histórico, e sim uma obra literária, escrita na primeira fase do nosso Romantismo.

Comparando o filme com outras produções brasileiras da época, *O Guarani* possui qualidades e defeitos, como as outras obras. Felizmente, nem todo mundo aderiu ao coro das críticas negativas, e recebi flores e elogios pela minha direção. Junto com as centenas de pessoas que participaram direta ou indiretamente do filme, sinto-me uma vencedora.

Honrei todos os meus investidores e as pessoas que confiaram em mim.

Lancei o filme praticamente sozinha, conseguindo uma publicidade enorme. Fui a todos os programas de TV, até na Xuxa, que pôs o filme no ar por mais de dez minutos. Fui entrevistada por Boris Casoy, Márcia Peltier, Marília Gabriela. E tudo de graça.

Mesmo assim, nas salas de cinema, *O Guarani* foi um fracasso de bilheteria, arrecadando pouco mais de 140 mil reais. Conversei, então, com a Europa Vídeo, que quis fazer a distribuição dos VHS. Para manter o melhor resultado de imagem possível, encomendei uma cópia do negativo, visando preservar o original. Havia feito o filme em Dolby Stereo e faria o vídeo em Hi-fi, a primeira no país a usar essa tecnologia. Uma vez feita toda a transposição da película em vídeo, entreguei o material pronto ao distribuidor, que fez apenas os cartazes e as cópias em VHS e ficou com 75% dos lucros, tendo investido praticamente zero. Vendi oito mil cópias em vídeo.

Quando vi que teria dificuldade para distribuir o filme fora do eixo Rio-SP, fui à TV Globo e falei com Walter Lacet, que se prontificou a mostrar o filme para o diretor José Bonifácio de Oliveira Sobrinho, o Boni.

Assim, o filme entrou no *Intercine*, desbancando dois filmes americanos por votação popular. Apenas entre Rio e São Paulo, teve 4 milhões de expectadores, e uns 18 milhões em todo o Brasil.

Melhor do que se tivesse ficado naquele pinga-pinga miserável da distribuição, já que as produções nacionais praticamente não têm acesso às salas de cinema no próprio país, ocupadas por filmes americanos de quinta categoria. Não temos proteção nenhuma. Aliás, o próprio exibidor tira o filme brasileiro de circulação, rendendo dinheiro ou não, pois eles têm contratos com as empresas americanas.

Pergunto: vale a pena fazer cinema no Brasil?

Gasta-se uma fortuna e não se ganha nada. Os exibidores ficam com 50% da renda bruta, o distribuidor com 25%. Pagando-se as despesas do filme e os investidores, pouco sobra. As emissoras de TV pagam uma miséria, pois querem tudo para si. Por toda a divulgação que fiz sozinha, eles me devem muito mais do que disseram que eu devia a eles.

Com o filme concluído, acho que sofri muito e ganhei pouco, mas aprendi algumas lições e provei a minha capacidade de produção.

Após *O Guarani*, enfrentei brigas na justiça e passei a ter dificuldades para realizar outros projetos. A carreira, pela qual eu havia entregado a minha vida, estava comprometida.

Mãe da retomada do cinema brasileiro

Em 2007, sofri um novo grande golpe da vida: Sandra, minha grande amiga há trinta e nove anos, faleceu. Fiquei abalada, mas resignada. Conheci a morte muito cedo, e talvez, por isso, eu seja um pouco animal.

Tenho consciência da morte e ela não me assusta, não a mitifico. Mitifico a vida, porque é colorida, e eu adoro cores. A morte é cinza. Depois de tantos suicídios e operações com anestesia geral, a morte é mais tênue.

Gosto demais de um poema de Garcia Lorca em que ele conta que um caracol estava passeando quando viu várias formiguinhas batendo numa que já estava quase morta. Ele perguntou por que faziam aquilo. As formigas responderam: porque ela viu uma estrela. As formigas andam sempre de cabeça baixa.

Eu não. Queria homenagear Sandra com minha volta aos palcos. Por isso, apesar da dor, retornei ao teatro com *O Relato Íntimo de Madame Shakespeare*, primeira adaptação mundial da obra do escritor inglês Robert Nye, na qual interpretava Anne Hathaway, a mulher de William Shakespeare. Fui convidada especialmente para encarnar a personagem na velhice, enquanto a atriz Maria Manoella faria a mesma personagem na juventude.

Porém, a comédia, que estreou em 1º de março de 2007 no Teatro CCBB, em São Paulo, com direção de Emílio di Biasi, tornou-se um drama para mim. Ainda muito abalada, eu vinha esquecendo as falas. Na quarta noite de apresentação, quando pisei no palco, tive uma crise. Olhei para o público e confessei:

– Desculpem-me, mas esqueci as falas.

E, em seguida, caí no palco.

Fui levada ao hospital, abandonando o teatro lotado e cancelando a temporada. Alexandre Brazil, produtor do espetáculo, informou à imprensa que eu, ao longo de todo o processo, mantive-me a mesma profissional exemplar de sempre, mesmo com a perda de uma pessoa querida, não parando um só dia de ensaiar. Eu e a equipe achávamos que reencontrar o público me fortaleceria, porém o efeito foi exatamente o contrário.

Mais duas quedas abalaram minha vida.

A primeira foi num tapete, que não puxaram, mas escorreguei. Tive de operar a coluna e o cotovelo.

Quando ainda estava me recuperando, sofri a segunda queda. E certo dia, durante uma gravação do humorístico semanal da TV Globo, *Toma Lá da Cá*, com Miguel Falabella, ao ouvir a palavra "ação" não consegui me levantar da cadeira. Não conseguia mais andar. E passei a usar cadeiras de rodas.

Mesmo assim, queria continuar trabalhando. E continuei gravando, mas só podia aparecer sentada.

Eu ainda queria ser diretora. Afinal, poderia dirigir da cadeira.

Mas todos sumiram. Todos sumiram.

DURANTE A MINHA VIDA, ME ACUSARAM DE SER MUITAS
COISAS: PUTA, COMUNISTA, SAPATÃO, SAPATILHA.
MAS NUNCA PODERÃO ME ACUSAR DE UMA COISA:
DE QUE FUI COVARDE.

1993-2013

Vivi muito, amei muito

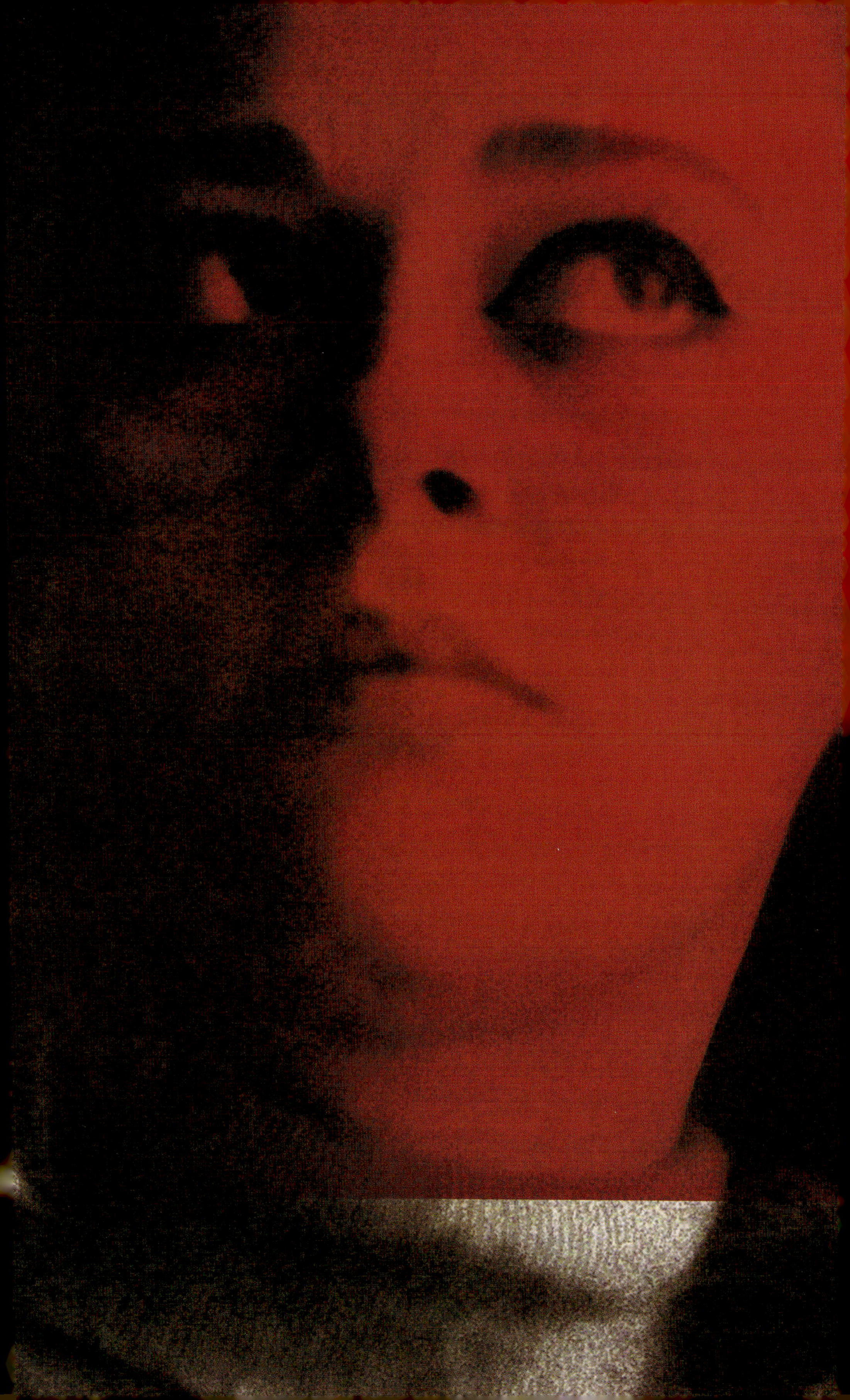

Certa vez, fui receber uma homenagem no Grande Prêmio do Cinema Brasileiro, em 2011, no Rio de Janeiro. Entrei no palco devagar. Quando começaram a me aplaudir, diminuí a marcha da cadeira de rodas. E aí os aplausos aumentaram. Foi um êxtase de carinho, como se todos os aplausos entrassem pelos meus poros. Quando cheguei ao meio do palco, pensei em como era bom carregar comigo tudo aquilo que conquistei. Falei algumas palavras e chorei muito. Pedi que continuassem a aplaudir, pois é disso que um artista necessita.

O artista vive a oposição do mundo vivido e do mundo sonhado. E o que no fundo realmente nos faz viver é saber que milhares de pessoas estão entrando em salas de cinema de todo o mundo para nos assistir nas telas.

Todas as músicas que já ouvi passam por mim, o que às vezes dói. Meus movimentos já não são os mesmos, pois os gestos estão limitados pelo próprio corpo, mas lembrem-se de que sou uma grande atriz, e alguém pode se perguntar: "Será que ela está atuando?".

Não, desta vez não estou. Infelizmente.

O quanto de minha juventude já se perdeu?

Pensando melhor, nada se perdeu. Muito de minha juventude está impressa no tempo, nos celuloides, como a beleza fixada para sempre no inconsciente de todas as pessoas, imagem que se reproduz na infinitude da arte, em todos os filmes que fiz.

Não sou imortal.

Sou tão mortal quanto qualquer um, sou humana. Muito humana, da espécie dos que têm o dom de sorrir e chorar, muito além do meu dom de fazer rir e chorar.

Sou invencivelmente frágil. Uma sobrevivente que vive com intensidade.

Não preciso me lembrar de tudo, pois prefiro imaginar as coisas, como faria aquela mesma menina do Lido brincando nos meus olhos, ou como a mesma musa sedutora, a rebolar em minha boca. Sou um ser humano de verdade, dos que renascem como a fênix.

Posfácio

Norma Bengell amava nadar, amava o mar, a luz do sol do Rio de Janeiro. E, numa tarde de outubro de 2013, suas cinzas foram arremessadas para as ondas que arrebentavam nas pedras do Arpoador, por três amigas indicadas. Como ela queria.

Duas semanas antes, no Cemitério do Cajú, apenas quinze pessoas fecharam seu caixão, após uma oração e aplausos – os últimos, que foram fortes e emocionados. Um dos presentes era o cineasta Luiz Carlos Barreto, que, consternado, lamentou: "Só estive em um enterro como este em toda a minha vida, o do Assis Chateaubriand". Em comum com Chatô, no entanto, além do dramático velório, Norma possui poucas coisas além da notável biografia, da irreverência e da ousadia. Porque Norma é mais facilmente identificável com as personagens que, enquanto diretora, buscou retratar: a valente Maria Bonita, a rebelde e artística Pagu, a injustiçada Maria da Penha.

A vida, sem liberdade, só faz sentido se for para lutar por ela. E Norma levou isso às últimas consequências. Resistiu contra o destino de taquigrafa, esposa exemplar, prostituta. Ela queria ser artista.

Norma desfilou, cantou, compôs, atuou, produziu, escreveu e dirigiu. Fez cinema, teatro, música, televisão. Participou de dezenas de filmes, muitos excelentes, vários clássicos, alguns ruins – Norma não era filha da burguesia, trabalhava também para sobreviver. Não teve tempo de ser mãe.

Norma foi aplaudida de pé, no palco, após representar textos políticos e existenciais. Nas ruas, foi xingada e alvejada com tomates. Foi perseguida pela polícia porque queria dizer a verdade. E pelos conservadores, porque usava minissaia e gostava de namorar.

Norma lutou pelo que acreditava, pela sua vida e pela dos outros. Defendeu as mulheres, os oprimidos e as minorias. Acolheu, escondeu e deu dinheiro a perseguidos políticos durante a ditadura militar. Por tudo isso, a vida de Norma Bengell foi cheia de altos e baixos, "uma montanha-russa", como ela dizia.

No entanto, na última década de sua vida, prevaleceram os baixos. Após as ações judiciais contra o filme *O Guarani*, Norma enfrentou dificuldades para continuar a fazer aquilo a que dedicou toda a vida: o cinema. Em 2007, sua companheira de tantos anos se foi. Além disso, duas quedas comprometeram seus movimentos e a adaptação à cadeira de rodas foi difícil. Por fim, aos 78 anos, ela não resistiu ao último golpe, um câncer no pulmão – Norma fumava dois maços de Marlboro, o "dourado", por dia. Começou aos 20 anos, como "macaca de imitação".

Norma era afetuosa, maternal. Adorava receber os amigos, fazer moqueca, feijoada. Mas a casa que vivia cheia, aos poucos, foi ficando vazia, até que ficou menor. Com dificuldades financeiras, Norma mudou-se do endereço na Gávea para um pequeno, porém digno, apartamento na Rua Barata Ribeiro, em sua velha Copacabana. Apenas alguns amigos antigos e fiéis a visitavam.

Apesar de tudo, Norma manteve o humor, ácido, até o fim da vida. No hospital, reparou no paciente na cama ao lado e disse: "Esse aí está pior que eu, olha a cara dele, com essa língua pra fora", e imitou. Não deixou de ser atriz nem na maca.

Norma escolheu a vida que quis viver e pagou em vida o preço de sua rebeldia. Para isso, mais do que força, é preciso coragem. Muitas vezes, ela foi recompensada à altura. Outras, nem tanto. Muitos podem se perguntar: será que valeu a pena?

De fato, Norma não passou pelo século XX e pelo início do XXI ilesa. Encarou guerra, ditadura, preconceito e opressão. Mas, se Norma Bengell não teve uma vida plenamente feliz, ao menos foi rica em aventuras, como Arnaldo Jabor bem notou. Por isso, essa história contém um ensinamento e também um questionamento.

Talvez uma informação possa ajudar o leitor a encontrar uma solução: Norma se despediu da vida, enfim, com a sensação de papel cumprido. Realizar esse livro era um grande sonho da artista, uma obra escrita com o corpo e com a alma ao longo de setenta e oito anos. "Vivi muito, amei muito", confessou. A nós, só resta aplaudir.

Bravo, Norma.

Agradecimentos

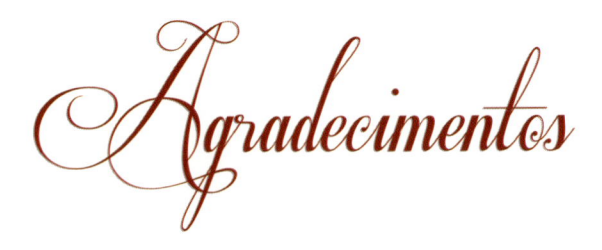

André Mello, Aderi Costa & Assessoria, Arquivo Nacional, Cesar Villela, Chico Buarque & Wagner Homem, Christina Caneca; Cinemateca Brasileira, Denise Del Cueto, Daniel Camargo, Eva Wilma, Bibi Ferreira, Tônia Carrero & Agenciamento Montenegro e Raman, Eliane Loss & Jornal do Brasil; Editora 2AB, Fábio Vellozo, Glauber Rocha & Copyrights Consultoria, Gabriela Sousa de Queiroz & Cinemateca Brasileira; Hebe Camargo & Claudio Pessutti, Jair Rodrigues & Glaucia Terazzi, Jorge Ribas, José Wilker; Karin Rodrigues, Paulo Autran & Luque Daltrozo, Liège Monteiro, Lucélia Santos, Luciene Silva, Moacyr Franco & Empório Artístico; Marcelo Laffitte, Nina de Pádua, Magaly & Pulsar PNL e Arte, Pelé & Assessoria, Ricardo Duarte, Ruy Guerra & Vavy, Rede Globo de Televisão, Suzane Sabbag, Siân Addicott & Elio Sorci, Tatiana Issa, Veridiana Lutti & Lilian Comunica, Wilfred Khouri, William Medeiros, Yasmin Alishav & Bruno Bernard (Bernard Hollywood).

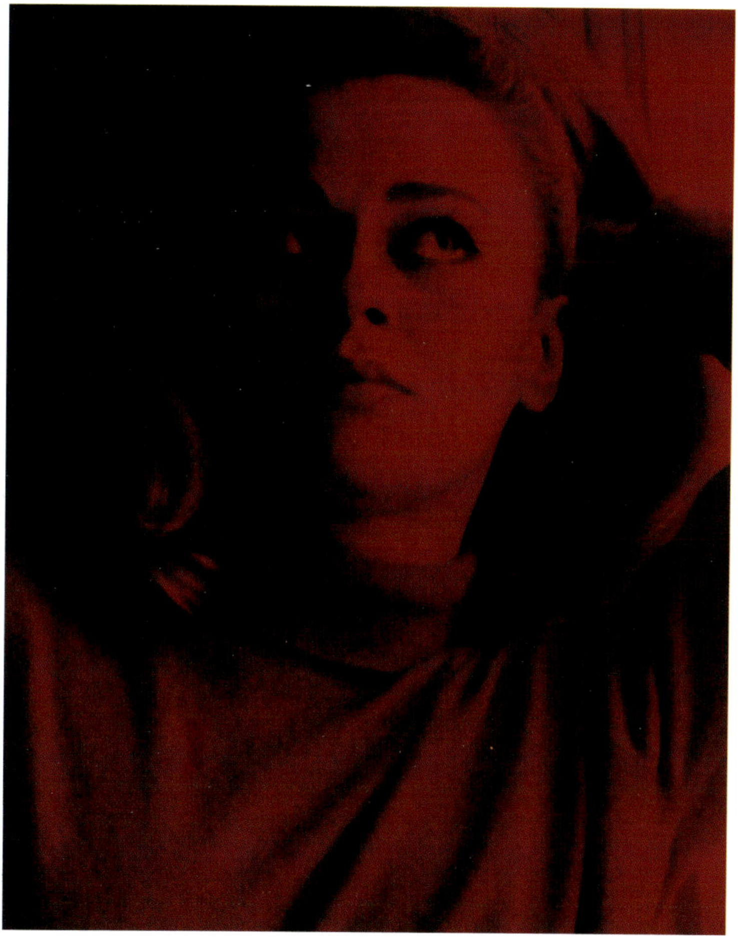

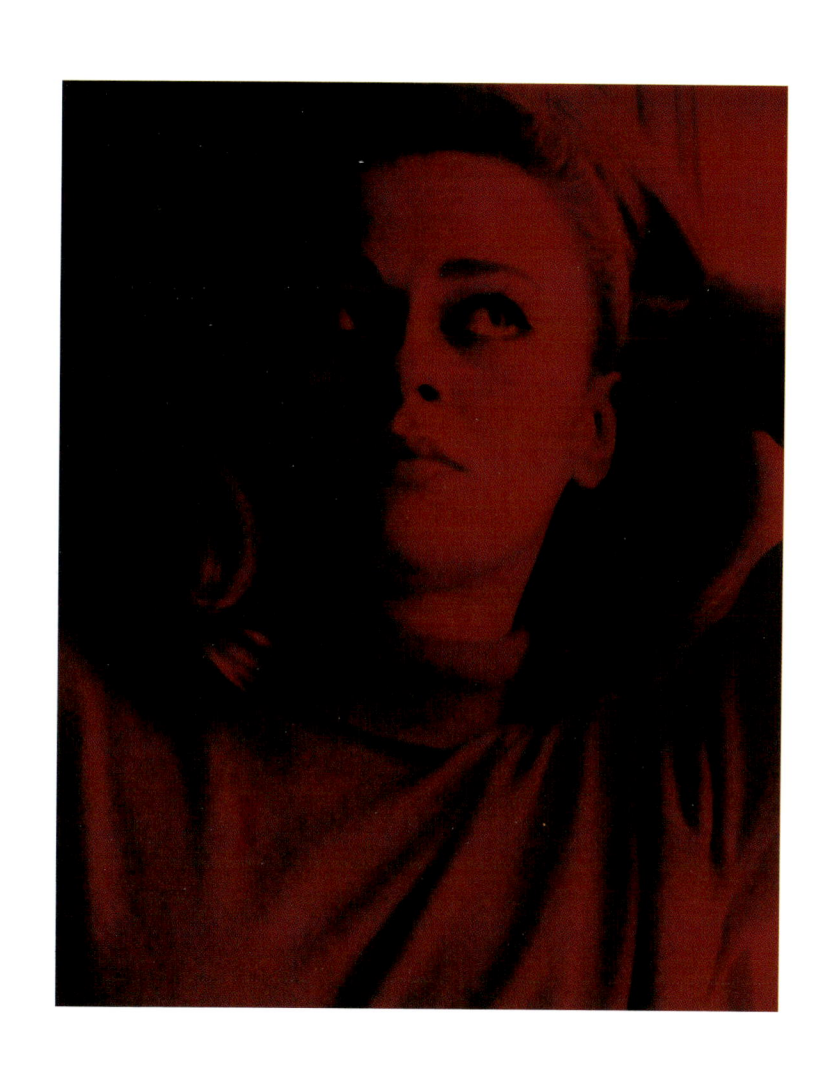

que fica lindo. Elas enchem
a casa fica toda escrita
nas paredes. Aqui na Europa
mundo faz isto é muito

Aqui vai um desenho ma
pais não sou desenhista

Beijos
Isaias
e
todo

Se você não entender
acudo foto de uma
aqui.

Beijos saudades

Eu abaixo assinado fui sempre uma subversiva

Minha mãe, Maria da Glória, no Rio de Janeiro.

Casamento dos meus pais, Christian e Maria da Glória, no Rio de Janeiro, em 1934.

Aos 3 anos, no Rio de Janeiro.

Aos 10 anos, na Praia de Copacabana.

A Primeira Comunhão, aos 11 anos.

Aos 12 anos, em Copacabana.

Na Praia de Copacabana, aos 13 anos.

8

Aos 16 anos, no concurso "Rainha das Rosas" no Copacabana Palace.

9

Aos 17 anos, em um desfile da Casa Canadá no Rio de Janeiro.

Aos 18 anos, em um desfile da Casa Canadá no Rio de Janeiro.

Em 1954, aos 19 anos, na estreia do show *Fantasia das Emancipadas* no Copacabana Palace, no Rio de Janeiro, com Martha Rocha de vestido preto.

Em 1960, no show *A Viúva Alegre* de Carlos Machado no Rio de Janeiro.

Em 1958 e 1959, quando fui capa da revista *Manchete*.

EM DESFILE · OS AMÔRES DE KIM NOVAK

Show de Carlos Machado em 1958.

Show de Carlos Machado em 1958.

Show *Meia Noite* no Copacabana Palace.

19

Show de Carlos Machado no Copacabana Palace, em 1959, no Rio de Janeiro.

Em 1959, no Rio de Janeiro.

Show de Carlos Machado em 1959, no Rio de Janeiro.

21

Bastidores do show de
Carlos Machado em 1959,
no Rio de Janeiro.

Cena de *O Homem do Sputinik*, de 1959.

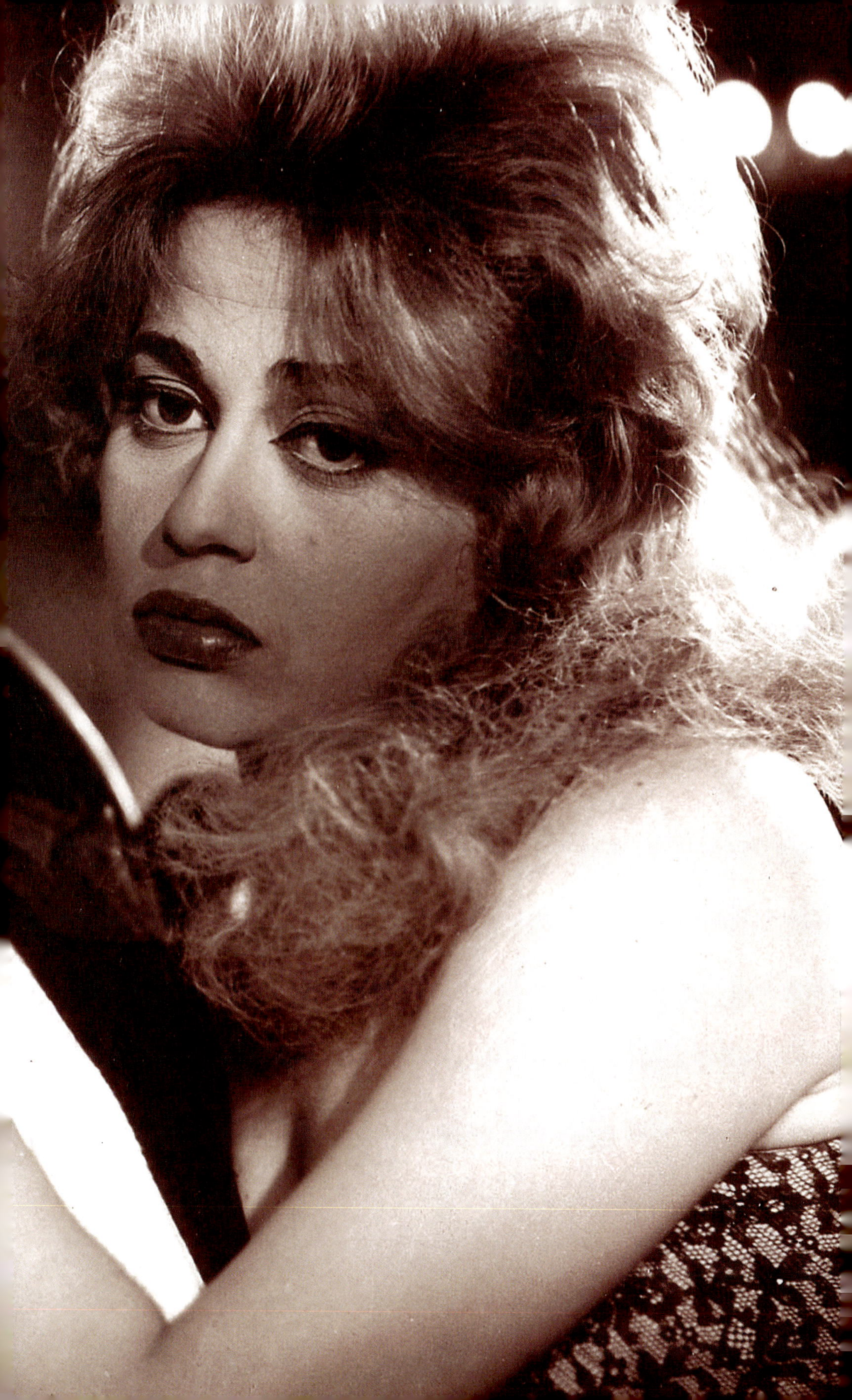

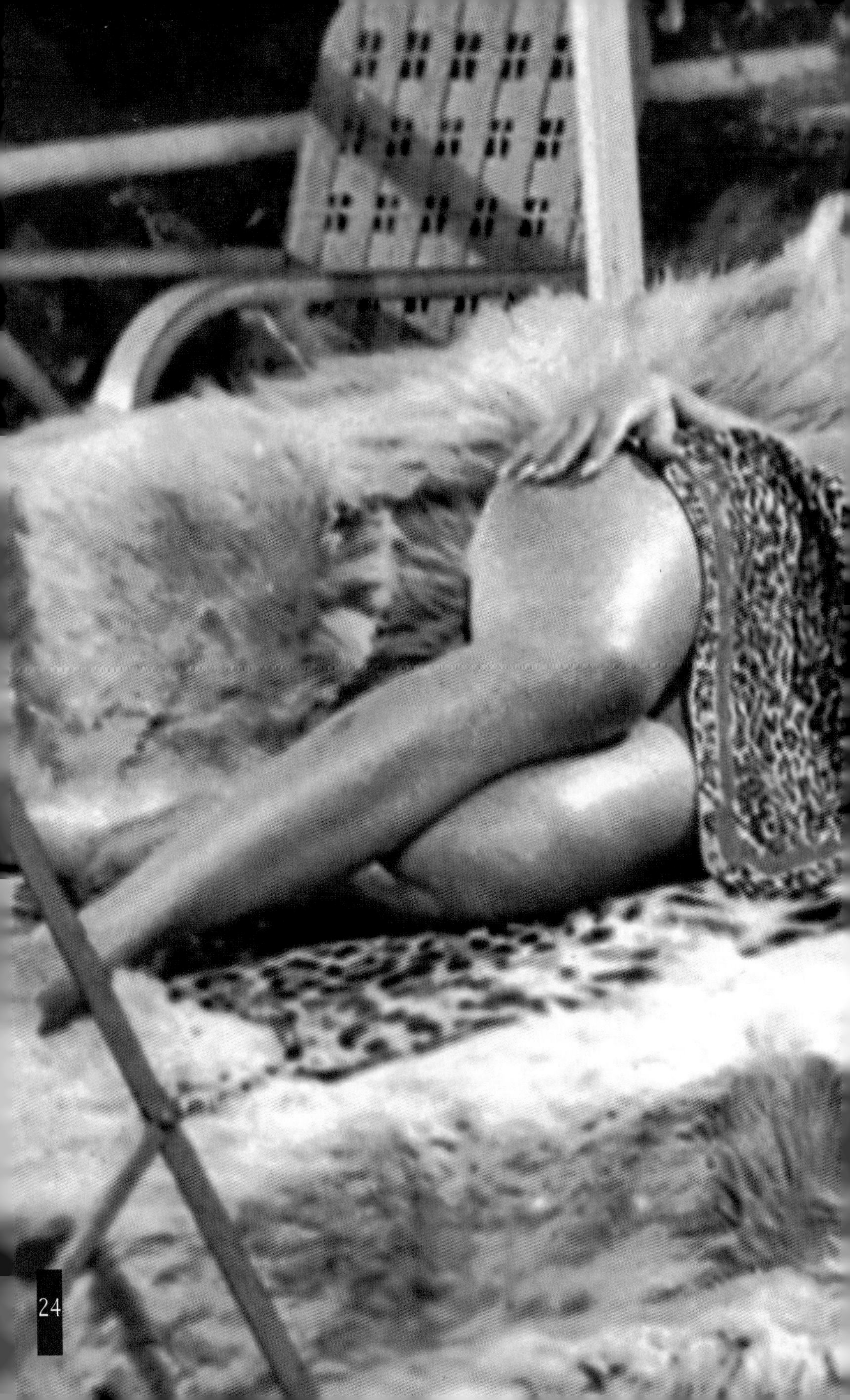

Cena de *Mulheres e Milhões*, de 1961.

Cena de *O Homem de Toledo*, de 1965.

25

26

Cena de *O Pagador de Promessas*, de 1962, com Glória Mene

OSWALDO MASSAINI apresenta um filme de ANSELMO DUARTE

O PAGADOR DE PROMESSAS

LEONARDO VILAR
GLORIA MENEZES
DIONISIO AZEVEDO

GERALDO D'EL-REY
ROBERTO FERREIRA
e NORMA BENGELL

Cena de *Mulheres e Milhões*, de 1961.

ULHERES & MILHÕES Direção JORGE ILELI · Produção INBRACINE · NORMA BENGUEL · ODETE LARA · LUIGI PICCHI · AURÉLIO TEIXEIRA · JECE VALADÃO · MÁRIO BENVENUTTI · JOSÉ MAURO DE VASCONCELOS · NORMA BLUM · GLAUCE ROCHA · BEILA GENAUER · ANDRÉ DOBROY

Cartazes de diversos filmes dos quais participei.

9

10,000 YEARS AGO
OR 10,000 YEARS TO COME
Are they beings of the Future or of the Past
these "men" who rule the DEMON PLANET?
AMERICAN INTERNATIONAL
presents
PLANET OF THE VAMPIRES
COLORSCOPE
ARRY SULLIVAN · NORMA BENGELL · ANGEL ARANDA · EVI MARANDI

30

O ABISMO
um filme de
ROGÉRIO SGANZERLA
música de
JIMI HENDRIX
fotografia: Renato Laclete
produção: Rogério Sganzerla
NORMA BENGELL
JOSÉ MOJICA MARINS
WILSON GREY
JORGE LOREDO
EDSON MACHADO
MÁRIO THOMAR

HELLBENDERS
THE HELLBENDERS

32

oswaldo massaini apresenta um Filme de
anselmo duarte
O PAGADOR de PROMESSAS
leonardo vilar
glória menezes
dionizio azevedo
geraldo del-rey
e
norma bengell
cinedistri

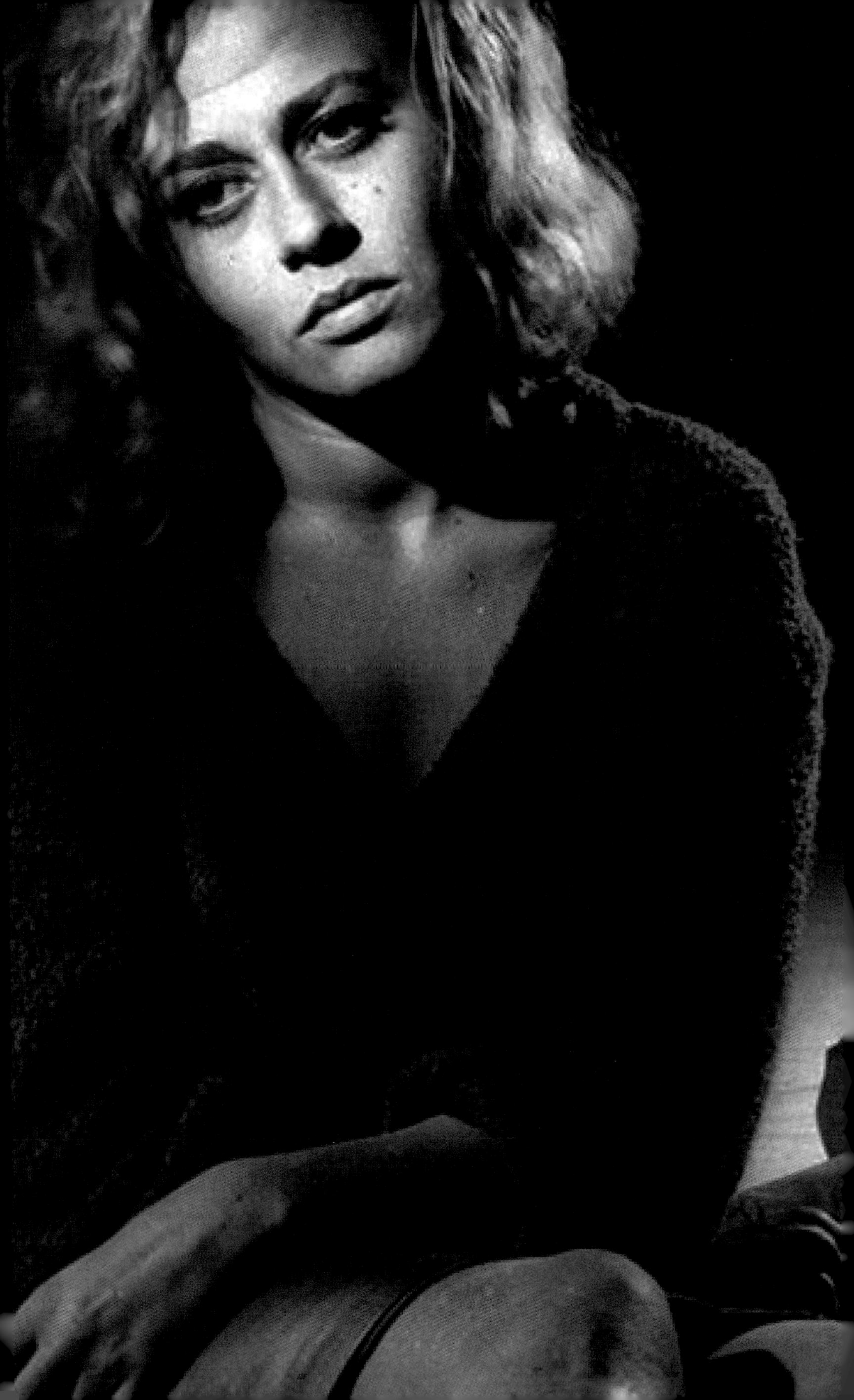

Cena de *Os Cafajestes*, de 1962, com Jece Valadão.

OS CAFAJESTES

uma produção MAGNUS FILMES LTDA.

)RMA BENGUEL – JECE VALADÃO – DANIEL FILHO
.UCY CARVALHO   part. especial GLAUCE ROCHA
gumento MIGUEL TORRES e RUY GUERRA   música LUIS BONFÁ
fotografia TONY RABATONI   direção RUY GUERRA

PALME D'OR

DU

FESTIVAL INTERNATIONAL DU FILM

CANNES 1962

CATÉGORIE LONG MÉTRAGE

DÉCERNÉE A

O PAGADOR DE PROMESSAS
(LA PAROLE DONNÉE)
PRODUIT PAR OSWALDO MASSAINI
(Brésil)

Le Président, *Le Délégué Général,*

Convite oficial do Festival de Cannes de 1962.

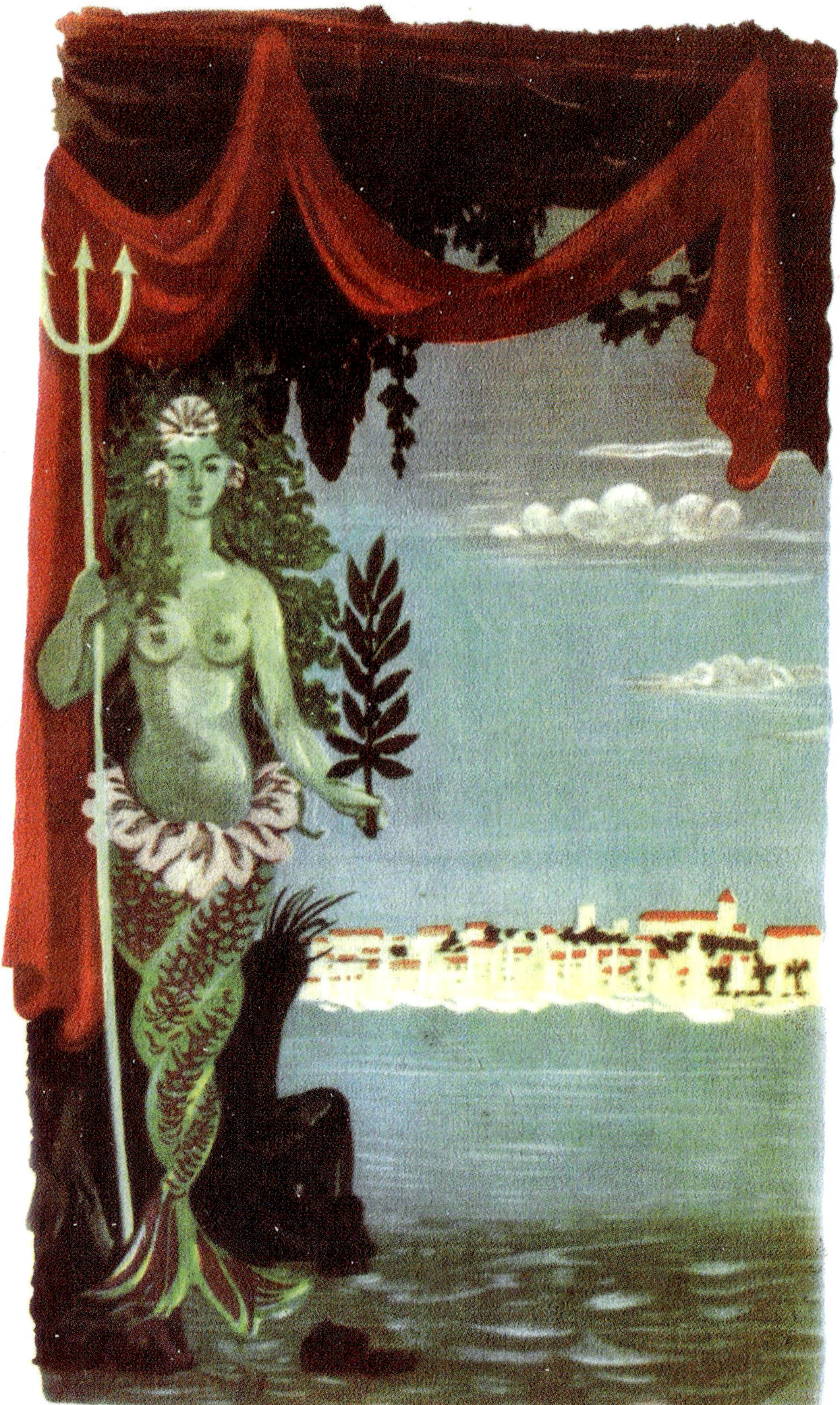

Com Glória Menezes na festa da premiação do Festival de Cannes, em 1962.

Com Glória Menezes e Reginaldo Faria na festa de premiação do Festival de Cannes, em 1962.

Hollywood, em 1959.

260 — SETEMBR...
QUINZEN...

inelândia

(PARA ADULTOS)

40

O DE 1961
Cr$ 35,00

Norma Benguel: "É BOM SER ESTRÊLA"

Cinelândia

N.º 247 — FEVEREIRO DE 1963
2.ª-QUINZENA — Cr$ 70,00

41

NORMA BENGUEL

"ELA SOUBE CONQUISTAR ROMA"

Cinelândia

N.º 260 — SETEMBRO DE 1963
1.ª QUINZENA — Cr$ 90,00

42

RIO GRÁFICA EDITORA LTDA.

"O REI E EU..."
DORIS Brynner fala de seu marido
YUL BRYNNER

O grande plano de
SOPHIA LOREN

43

Cena de
I Cuori Infranti,
de 1963, Itália.

44

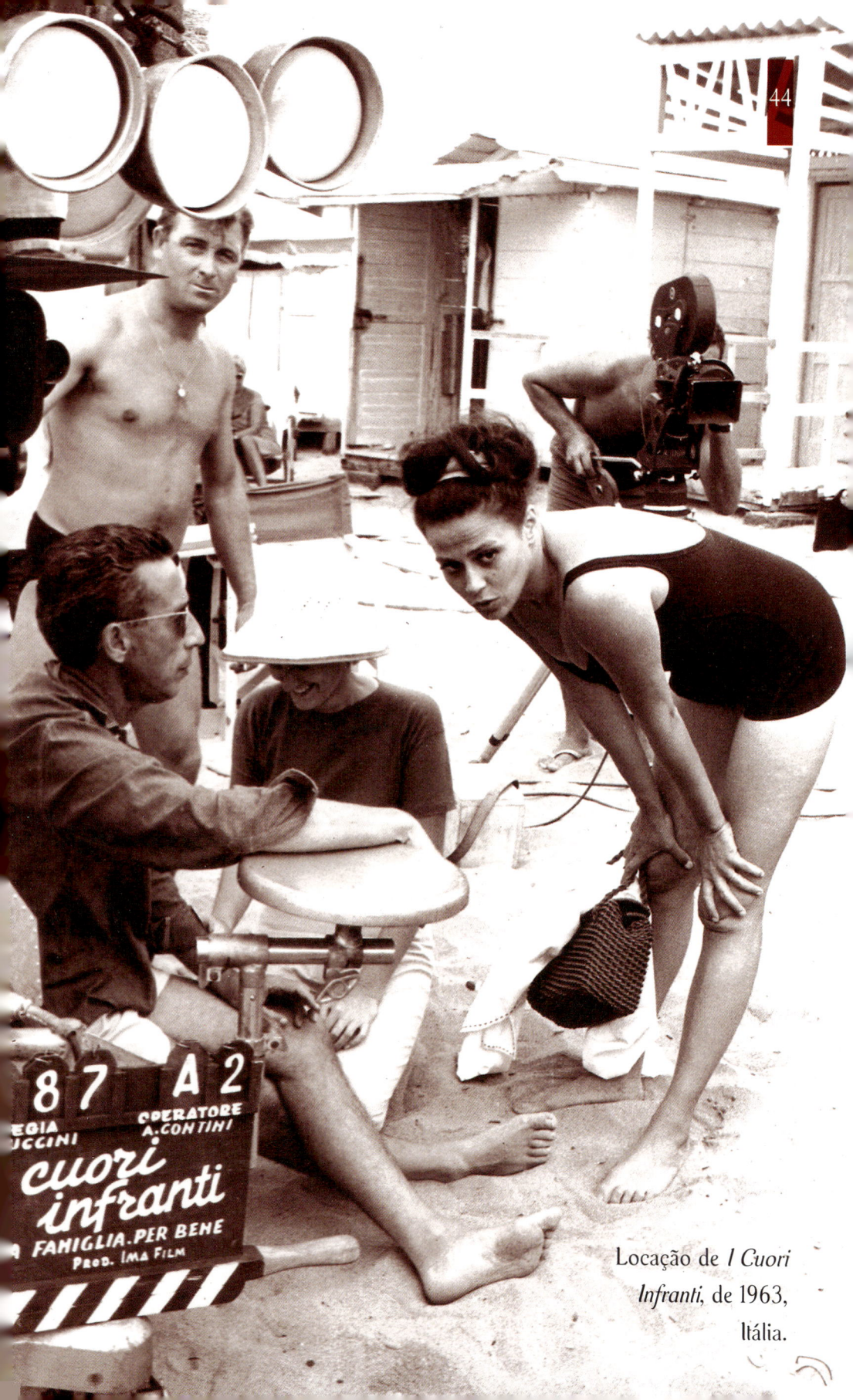

Locação de *I Cuori Infranti*, de 1963, Itália.

45

Cena de
I Cuori Infranti,
de 1963, Itália.

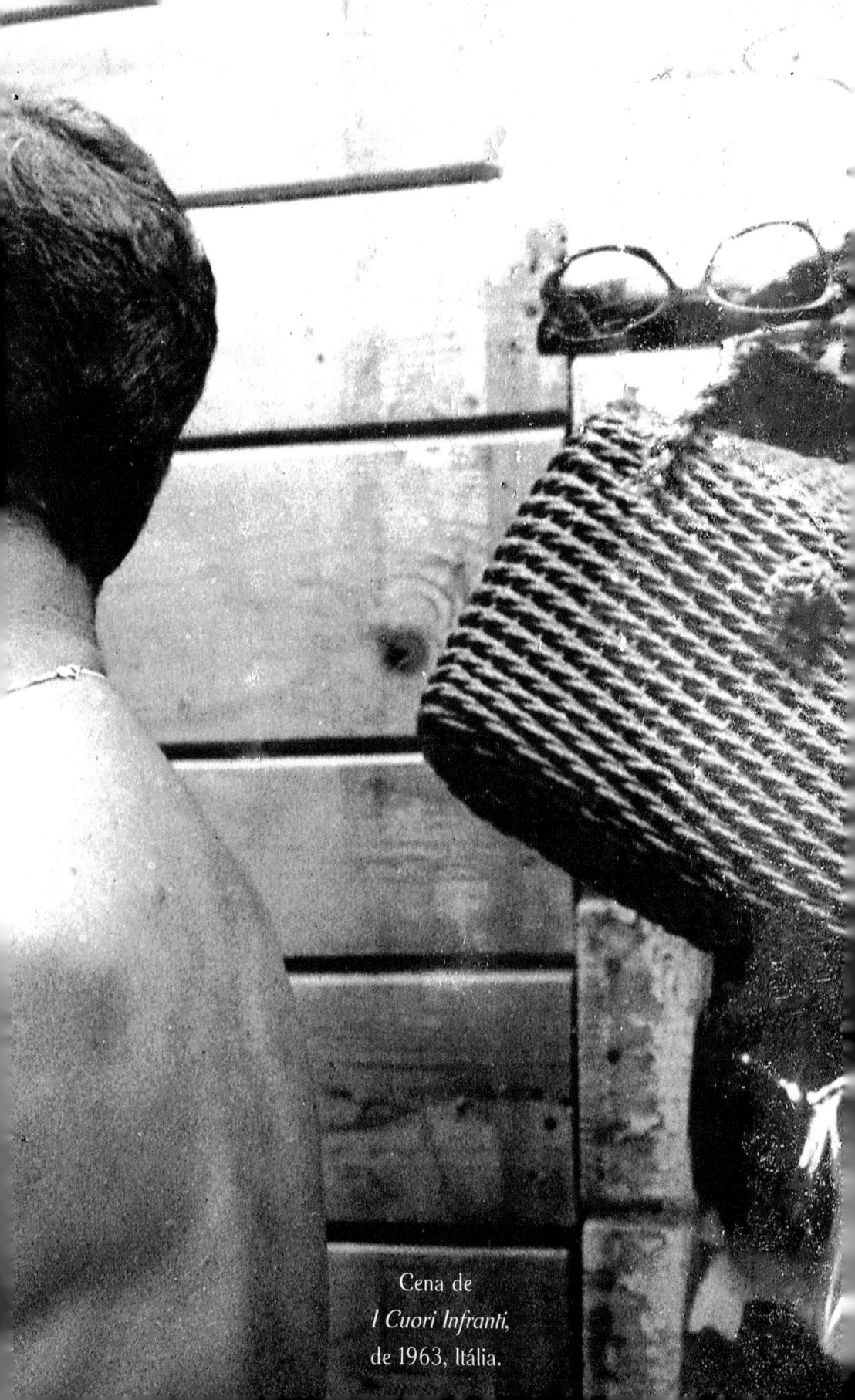

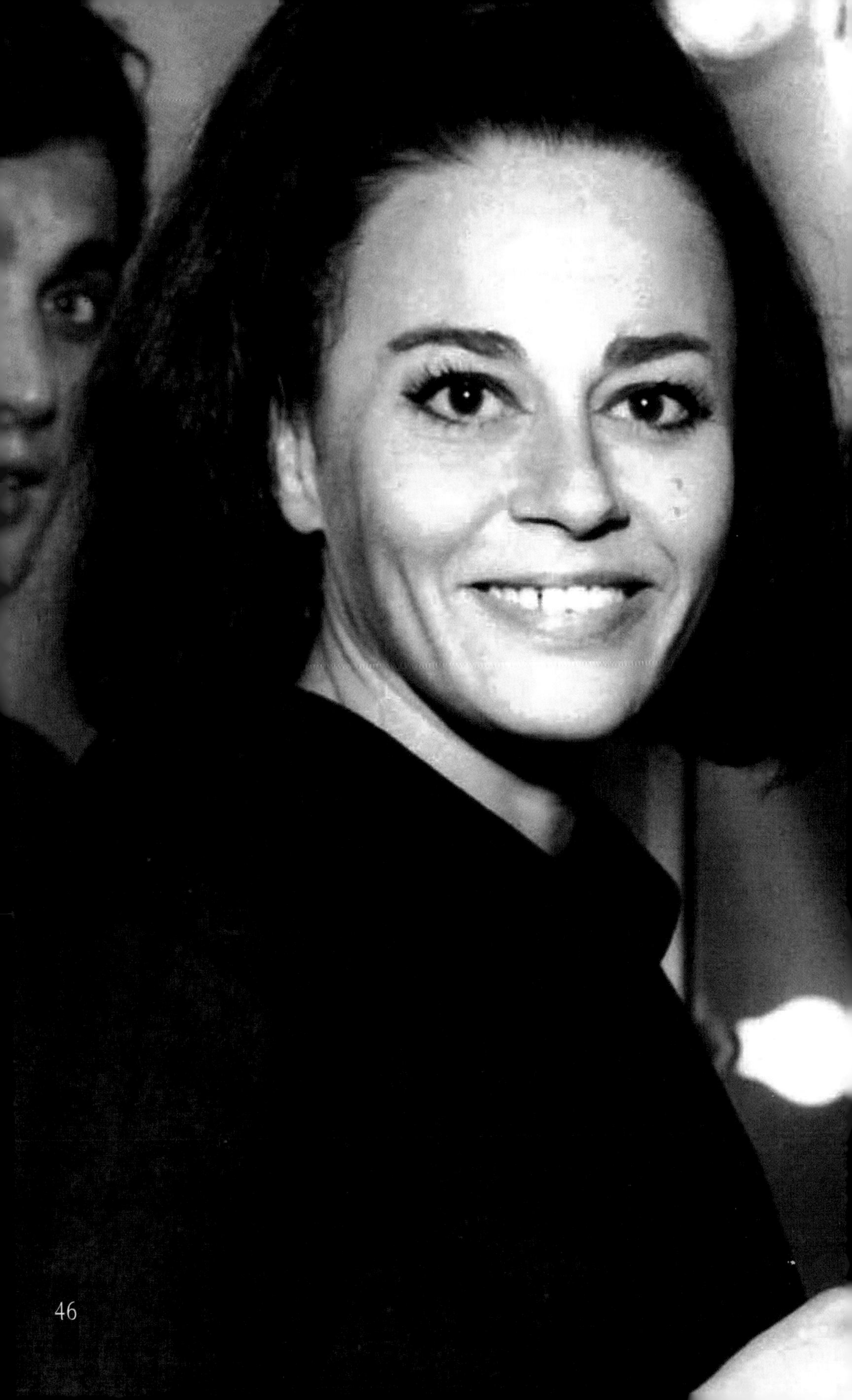

Com Gabriele Tinti,
Fernanda Montenegro e
Leonardo Vilar em 1963.

Festa e cerimônia de casamento com Gabriele Tinti, em 1964, São Paulo.

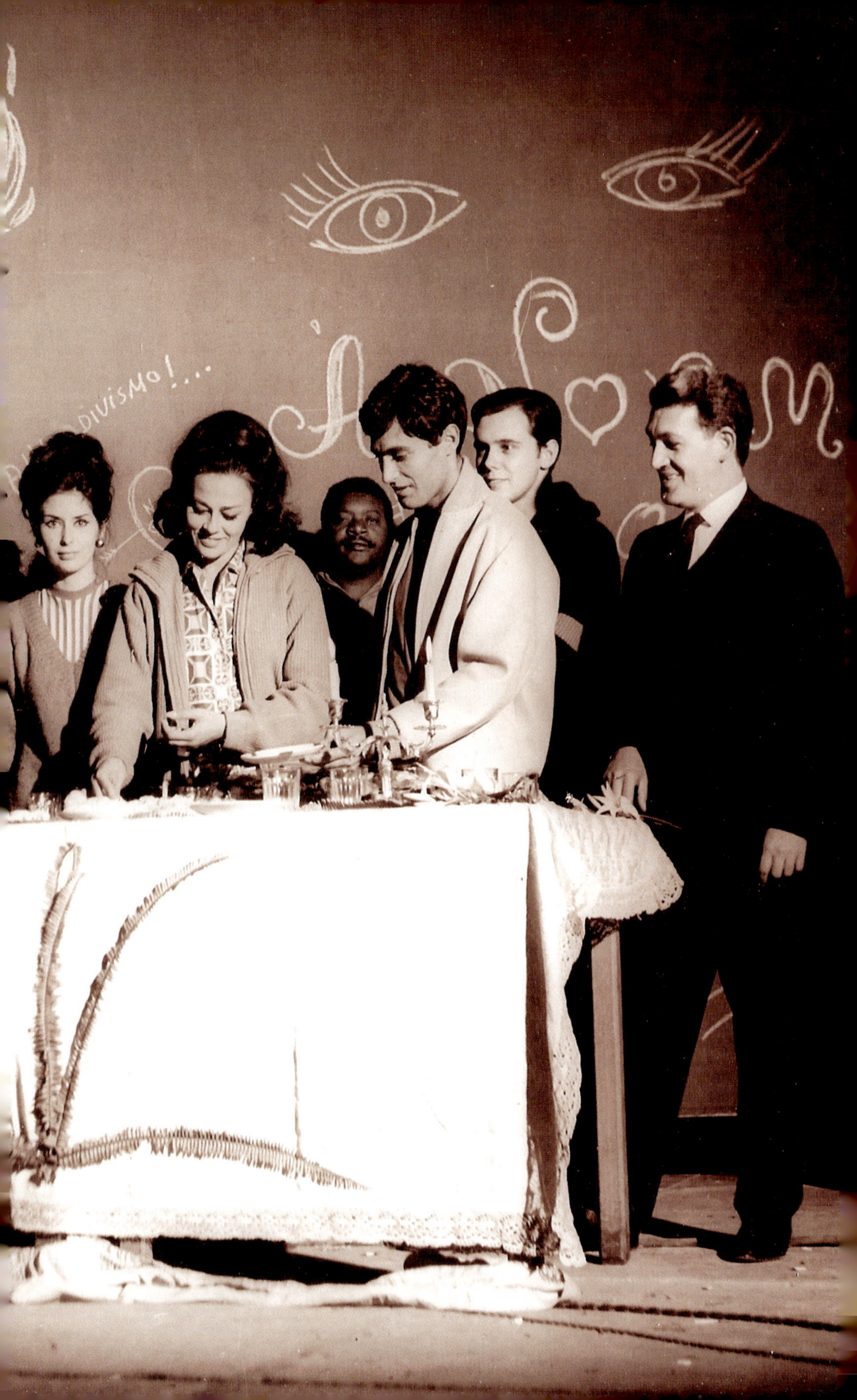
DIVISMO!...

48

Com Gabriele, chegando ao Brasil em 1963.

Com Gabriele na Itália, em 1963.

Itália, em 1964, e Estados Unidos, em 1965.

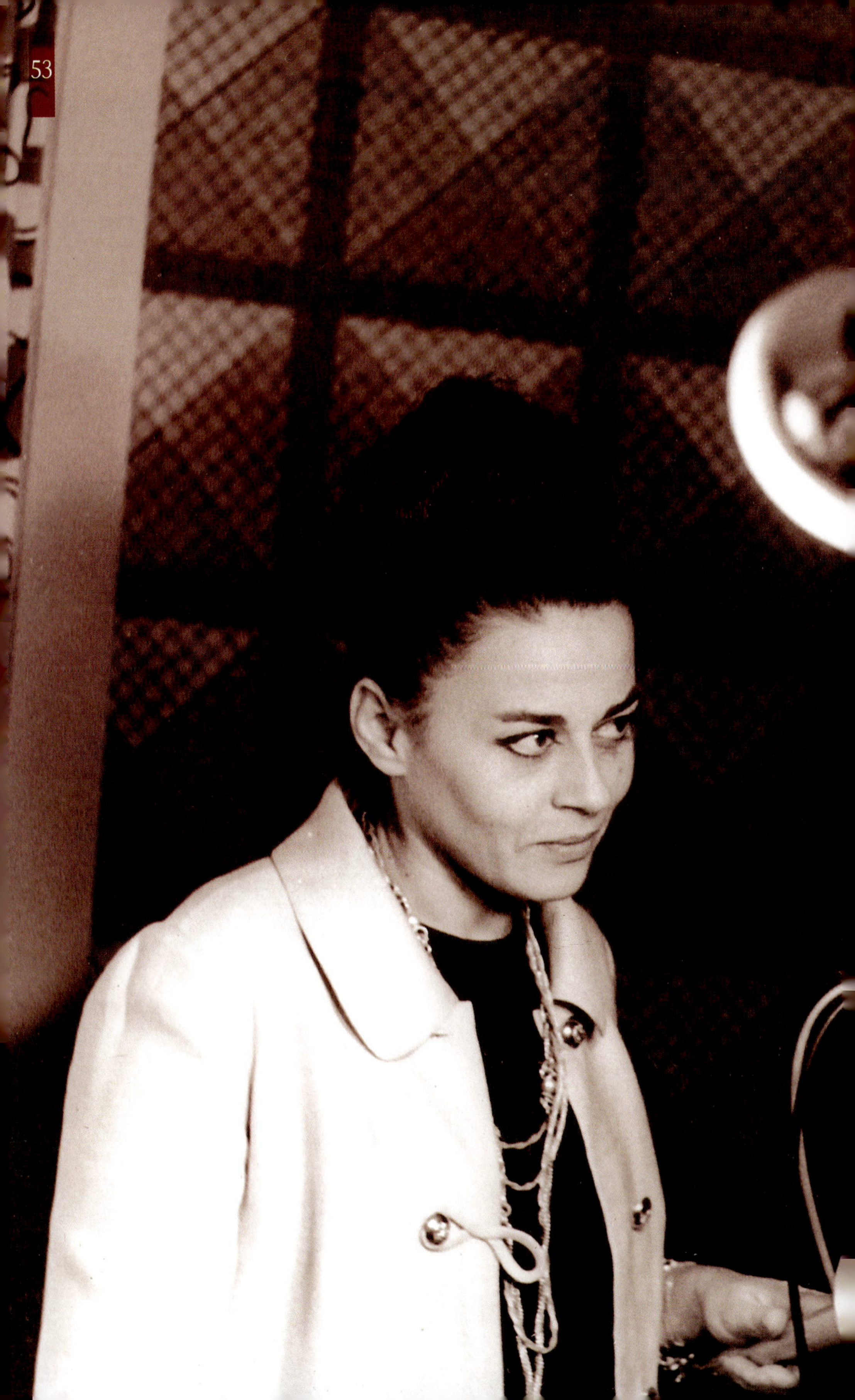

Em 1965, nos Estados Unidos.

contigo

CASAL ANO:
ORMA
NGELL-
BRIELE
NTI

QUEM
É QUEM
NO CINEMA
EUROPEU

FOTONOVELA:
O SORRISO
ROUBADO

54

55

CARNAVAL:
A VOLTA AO MUNDO
EM TRÊS DIAS

56

Manchete

ODA
ARA O
UTONO

nsacional
MISTÉRIO
O GENERAL
ELGADO

m cores
IS RUSSOS A
M PASSO DA LUA

VIETNÃ
M CHAMAS

nas Gerais
HORA DO
OGRESSO

NORMA BENGELL
em Hollywood

57

Revista do Rádio

N.º 553 — a primeira em rádio e televisão — Cr$ 15,00

e TV

ÂNGELA DIZ O QUE
DE EMILINHA

vejam nesta edição:
O SACRIFÍCIO DE NORMA BENGUEL

O CRUZEIRO

CR$ 30,00 — 22 DE JULHO DE 1961

O romance de Miss BRASIL

São Paulo
No rastro de MENGELE o Carrasco Nazista

NORMA BENGUEL em suspense

59

Com Gabriele na Itália, em 1962.

TERRORE NELLO SPAZIO

BARRY SULLIVAN

NORMA **BENGELL** — ANGEL **ARANDA** — EVI **MARANDI**

STANLEY KENT - FRANCO ANDREI - FERNANDO VILLENA - MARIO MORALES - IVAN RASSIMOV
MASSIMO RIGHI - RICO BOIDO - ALBERTO CEVENINI

REGIA DI **MARIO BAVA**

UNA PRODUZIONE:
ITALIAN INTERNATIONAL FILM - Roma
COOPERATIVA CASTILLA CINEMATOGRAFICA - Madrid

REALIZZATO DA **FULVIO LUCISANO**

TECHNICOLOR WIDESCREEN

Tratto dal racconto "UNA NOTTE DI 21 ORE" di RENATO PESTRINIERO pubblicato sul n. 3 di "INTERPLANET" Antologia di Fantascienza

Em *Terrore Nello Spazio*, em 1965, na Itália.

62

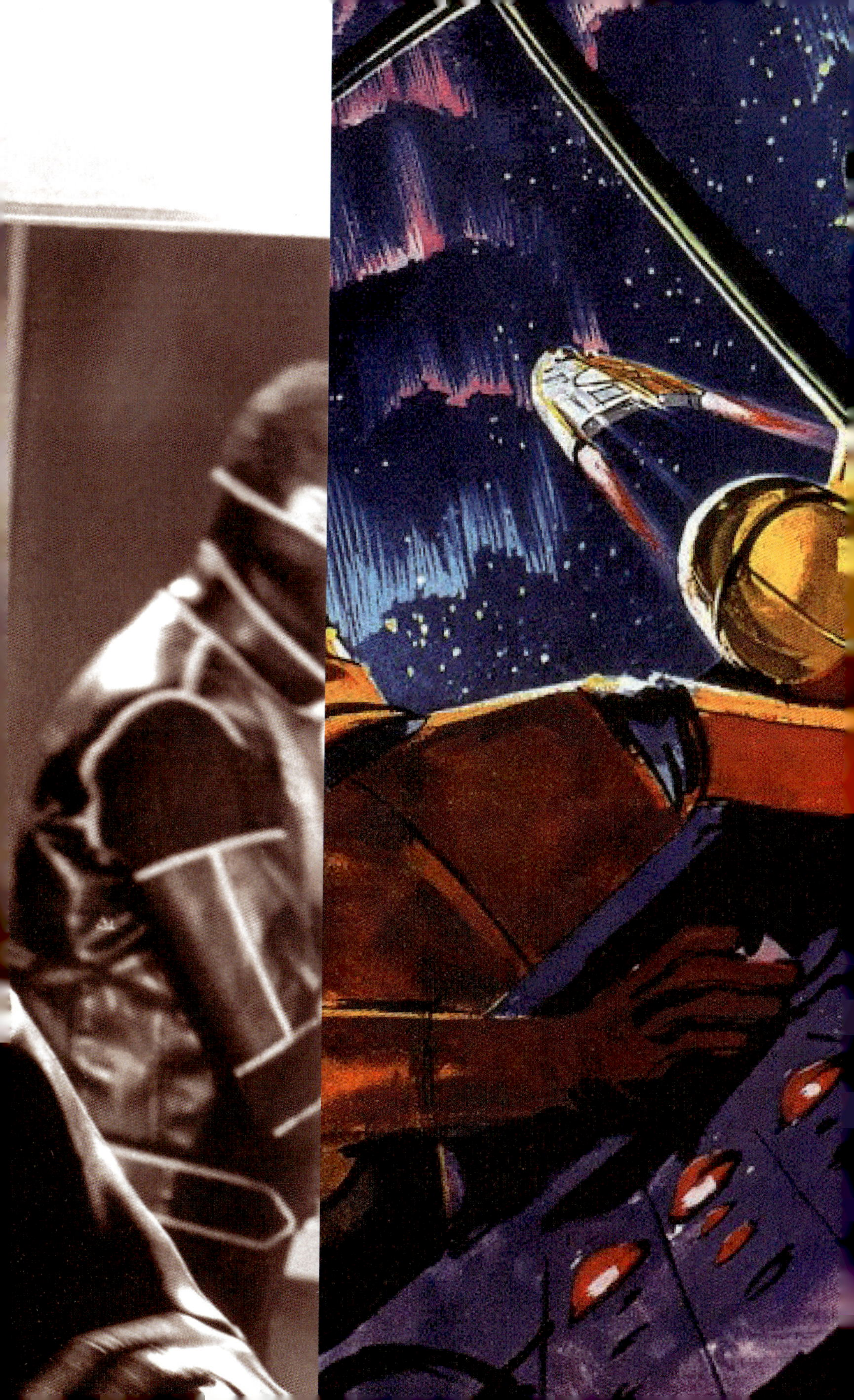

Com Jair Rodrigues.

Com Nara Leão, Caetano Veloso, Gilda Grillo e Antonio Pitanga, no Rio de Janeiro.

Com Vinícius de Moraes na Disneylândia, Estados Unidos, em 1965.

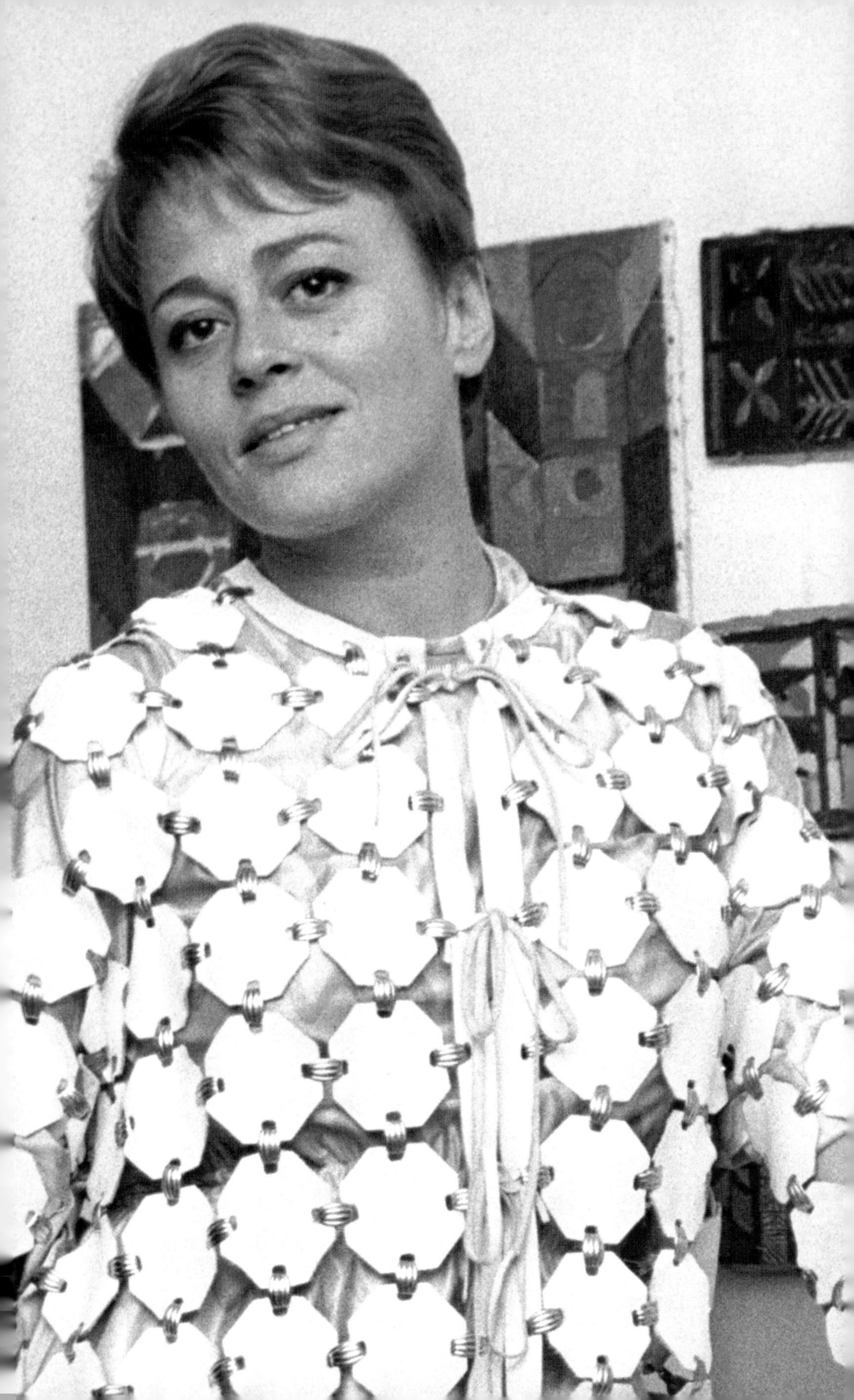

Foto para o jornal *O Dia*.

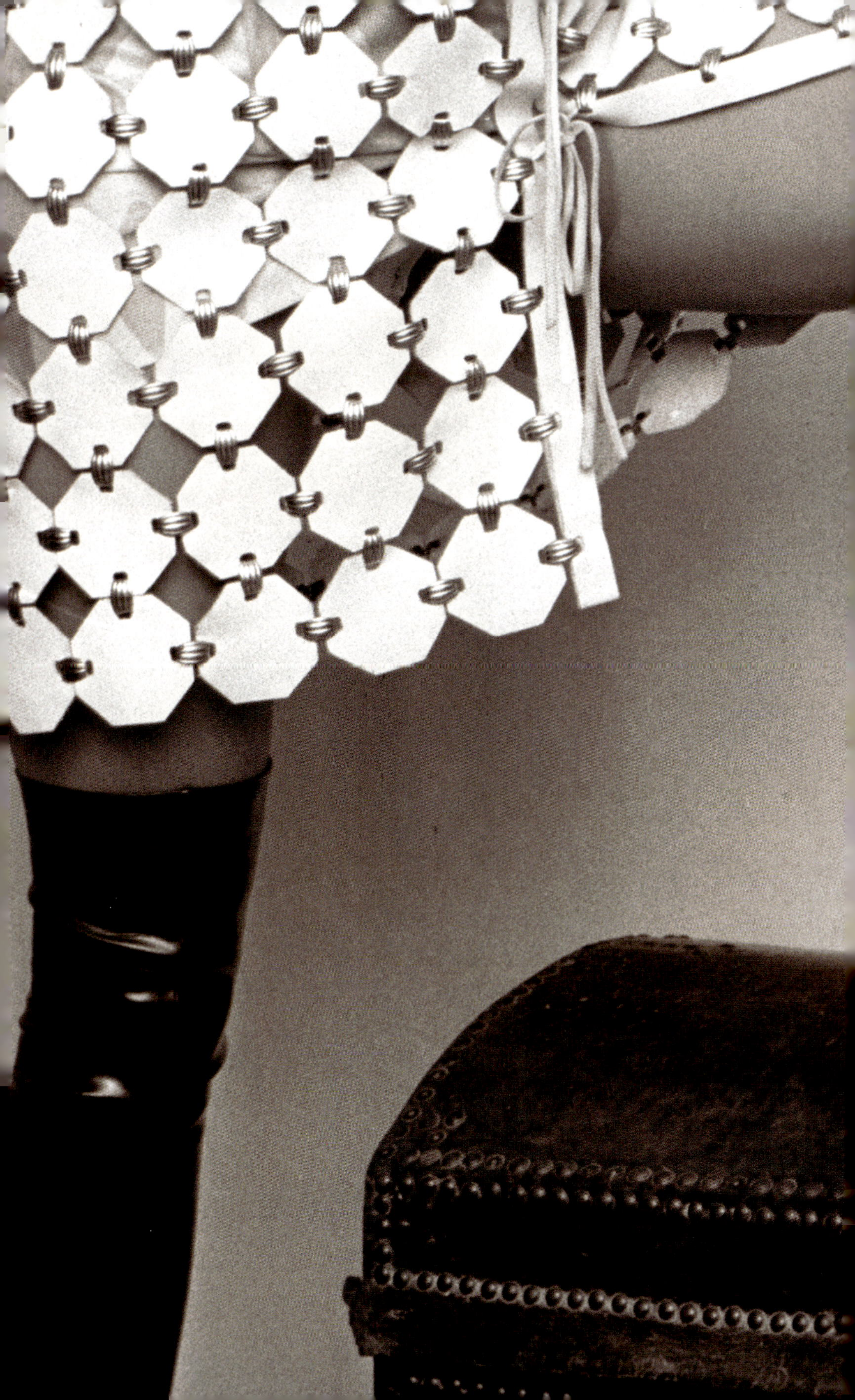

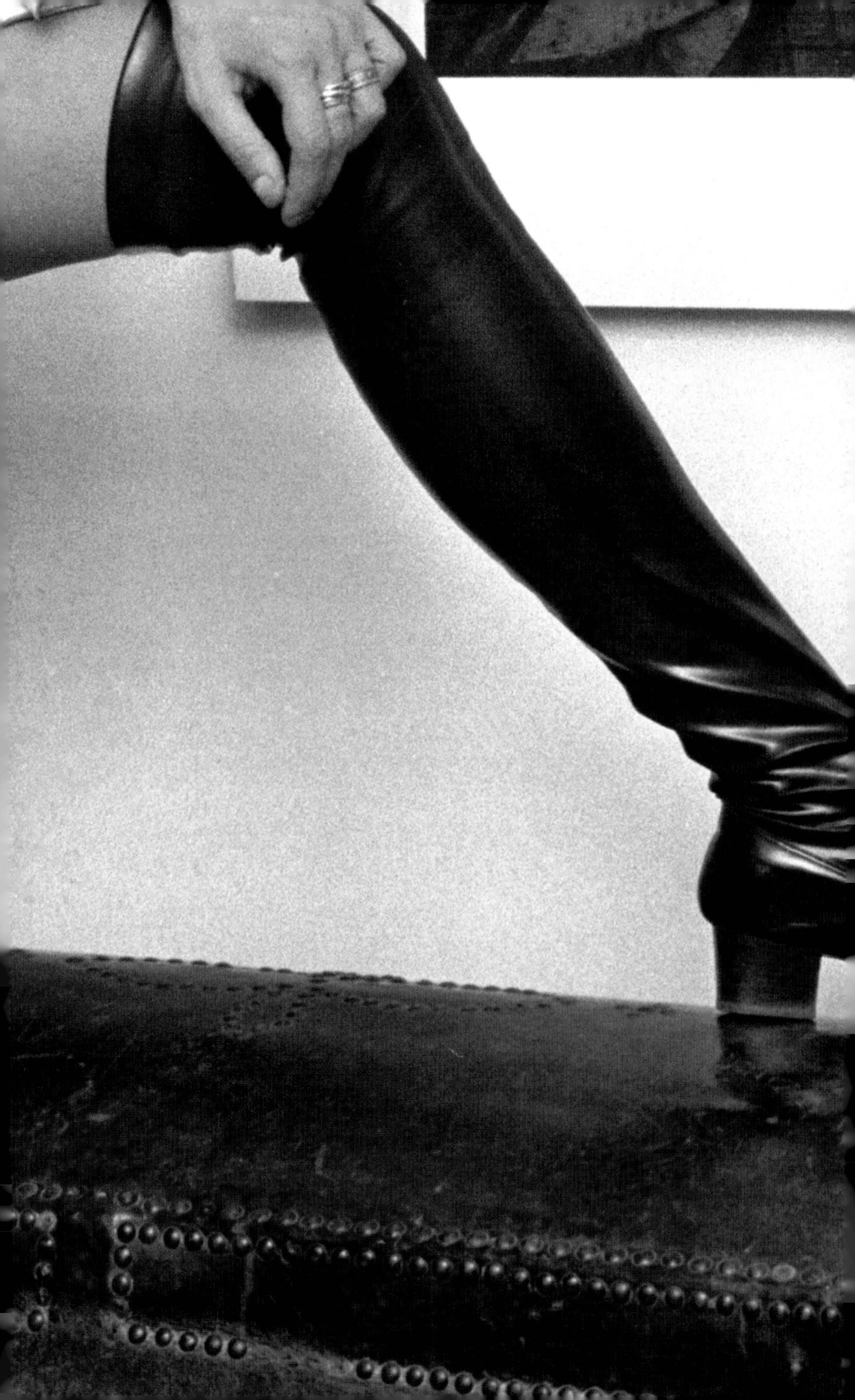

NORMA BENGELL e

TEATRO DE A

NORMA B
COR
de ANTONIO
EMILIO DI BIASI e
Direção de EMIL
Somente 4 seman

O Teatro de Arena, no Rio de Janeiro, onde apresentei o espetáculo *Cordélia Brasil*, em 1968.

Cena da peça *Cordélia Brasil*, Rio de Janeiro, 1968.

Passeata dos Cem Mil, em 1968 no Rio de Janeiro, com Tônia Carrero, Eva Vilma, Odete Lara e Ruth Escobar.

Na manifestação com Odete Lara, no Rio de Janeiro, em 1968.

Glauber Rocha em Paris, 1972.

Locação de *Idade da Terra*, com Glauber Rocha, em 1980 na Bahia.

73

Mãe, tu fas saudades

Norma

↓ MINHA CASA

1972, em Paris.

Paris, 1974.

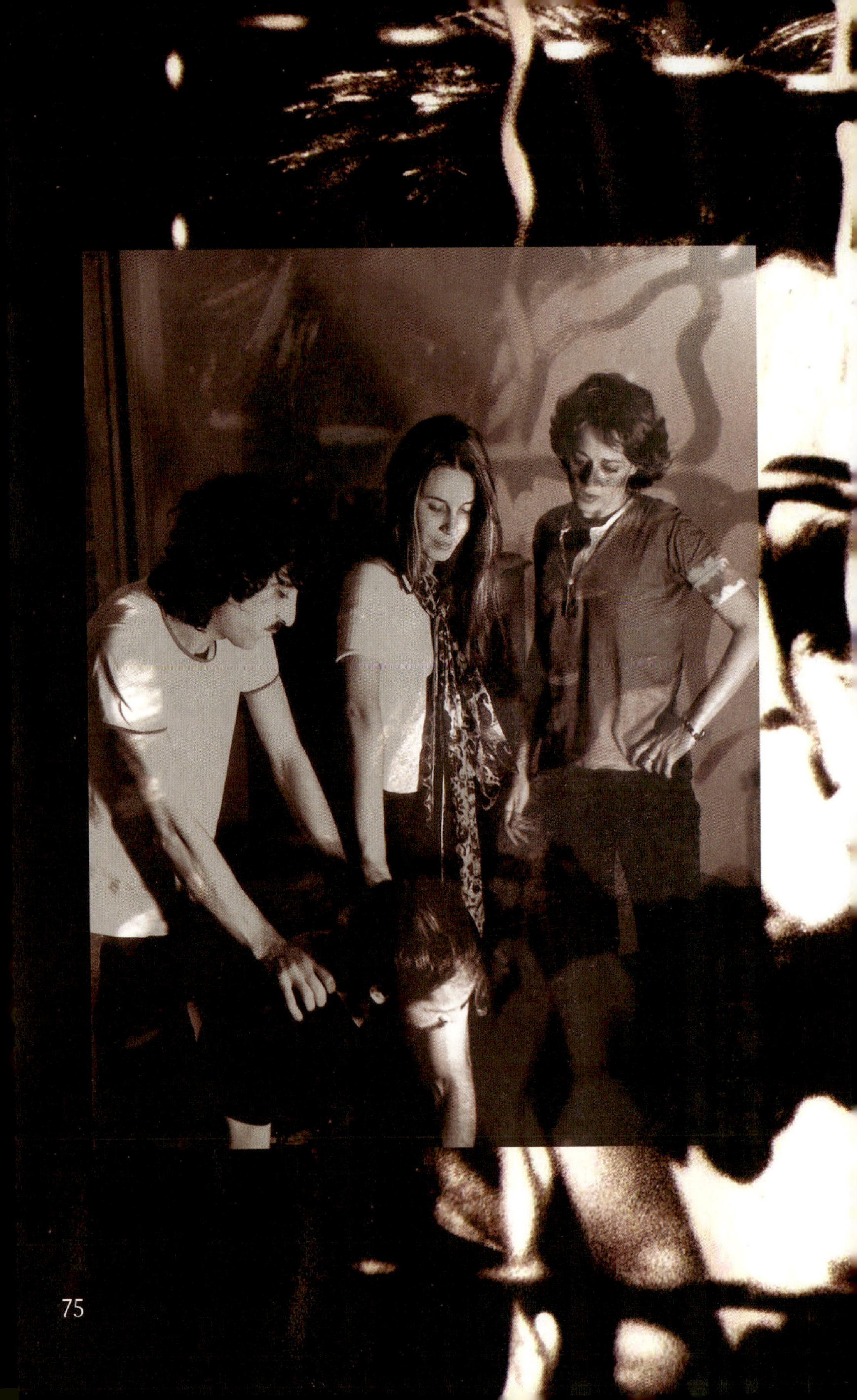

Cena de *Os Convalescentes,* com Emílio Di Biasi, Lorival Pariz e Renata Sorrah, em 1970, Rio de Janeiro.

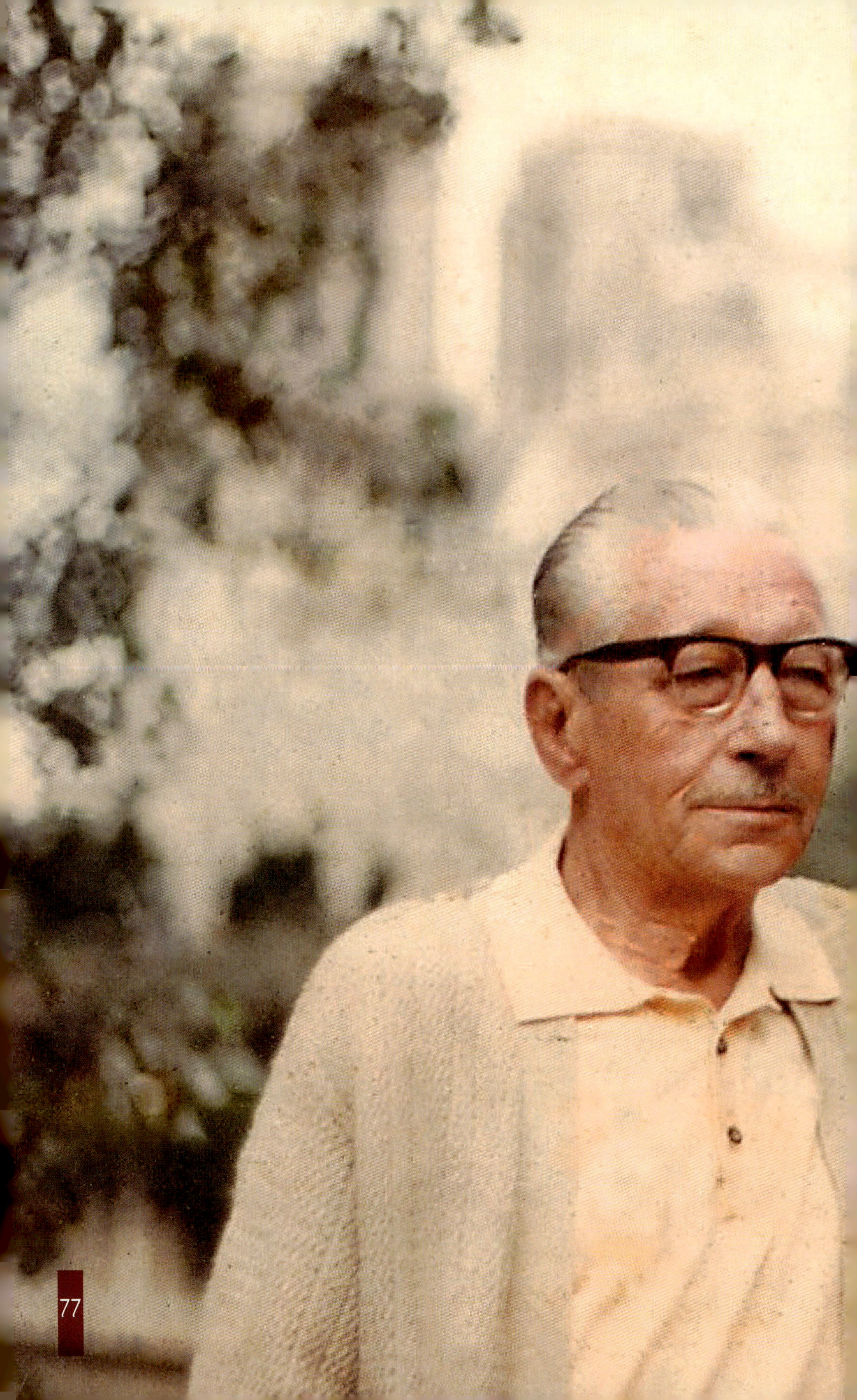

Com meu pai Christian, em Paris, 1973.

Peça *Vestido de Noiva*, no Rio de Janeiro, em 1976.

79

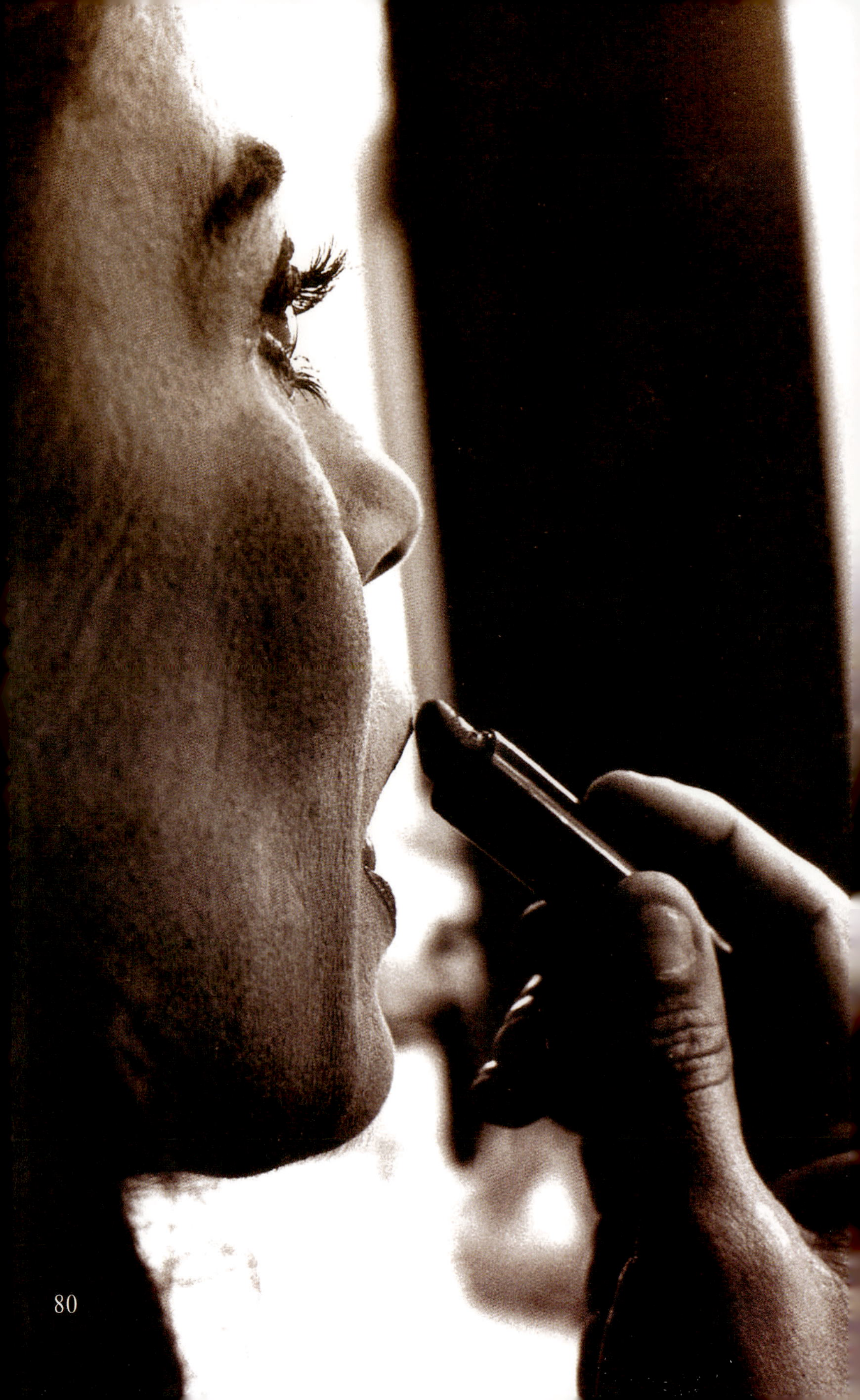

81

82

1981.

Revista *Manchete*.

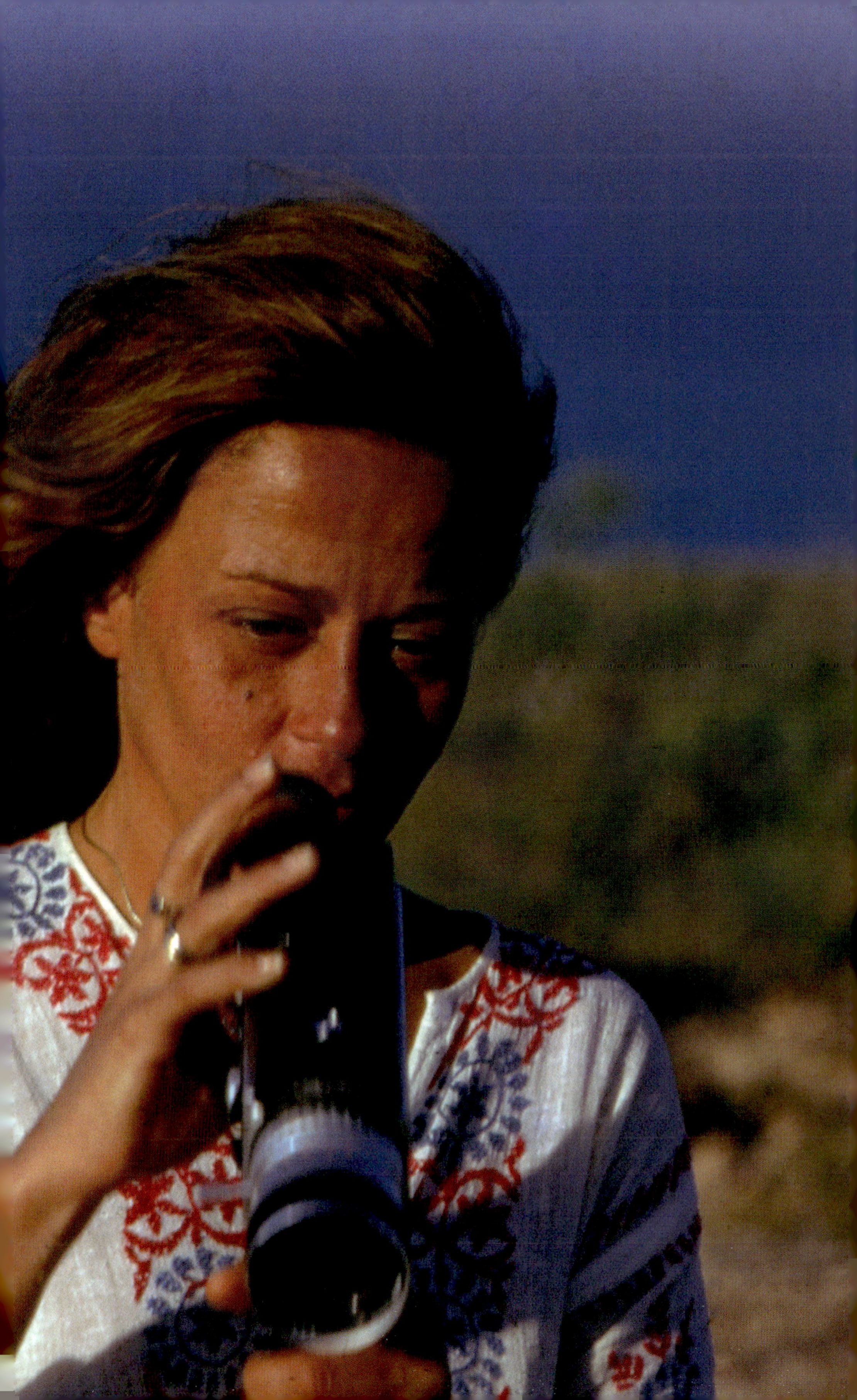

No Ceará, em 1998.

87

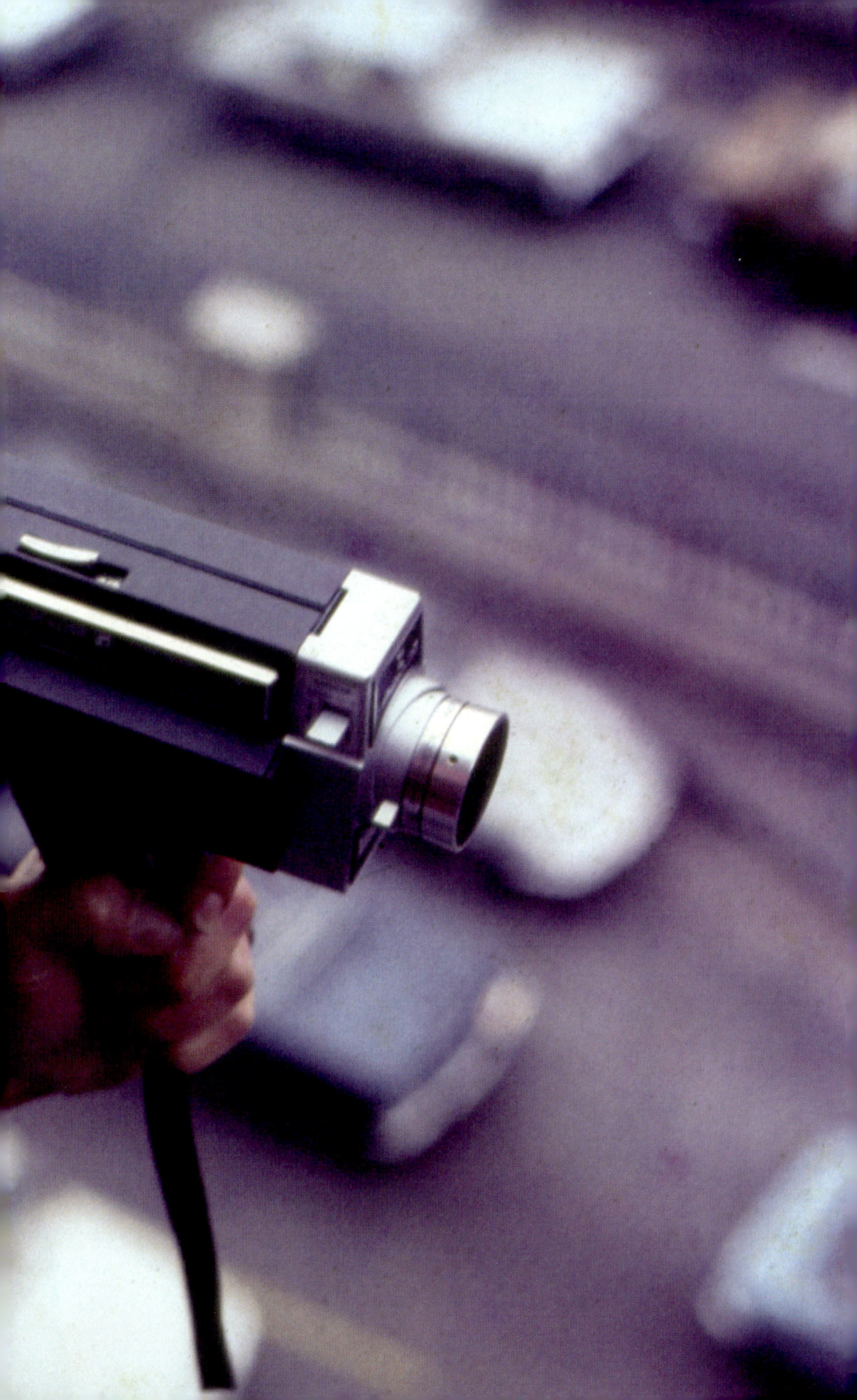

FOREVER Pasolini

A film by
NORMA BENGELL

88

Em 1998, no Ceará.

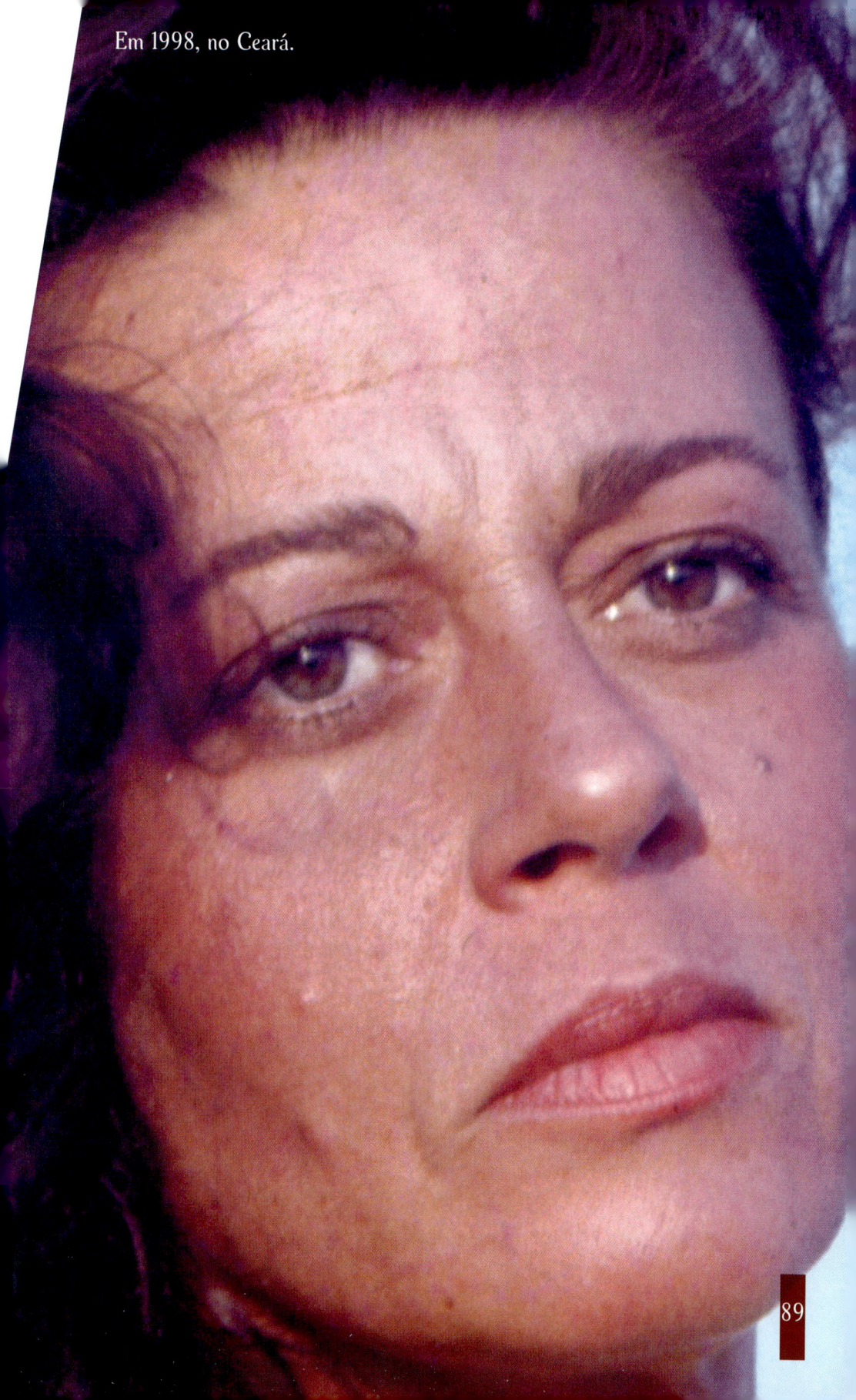

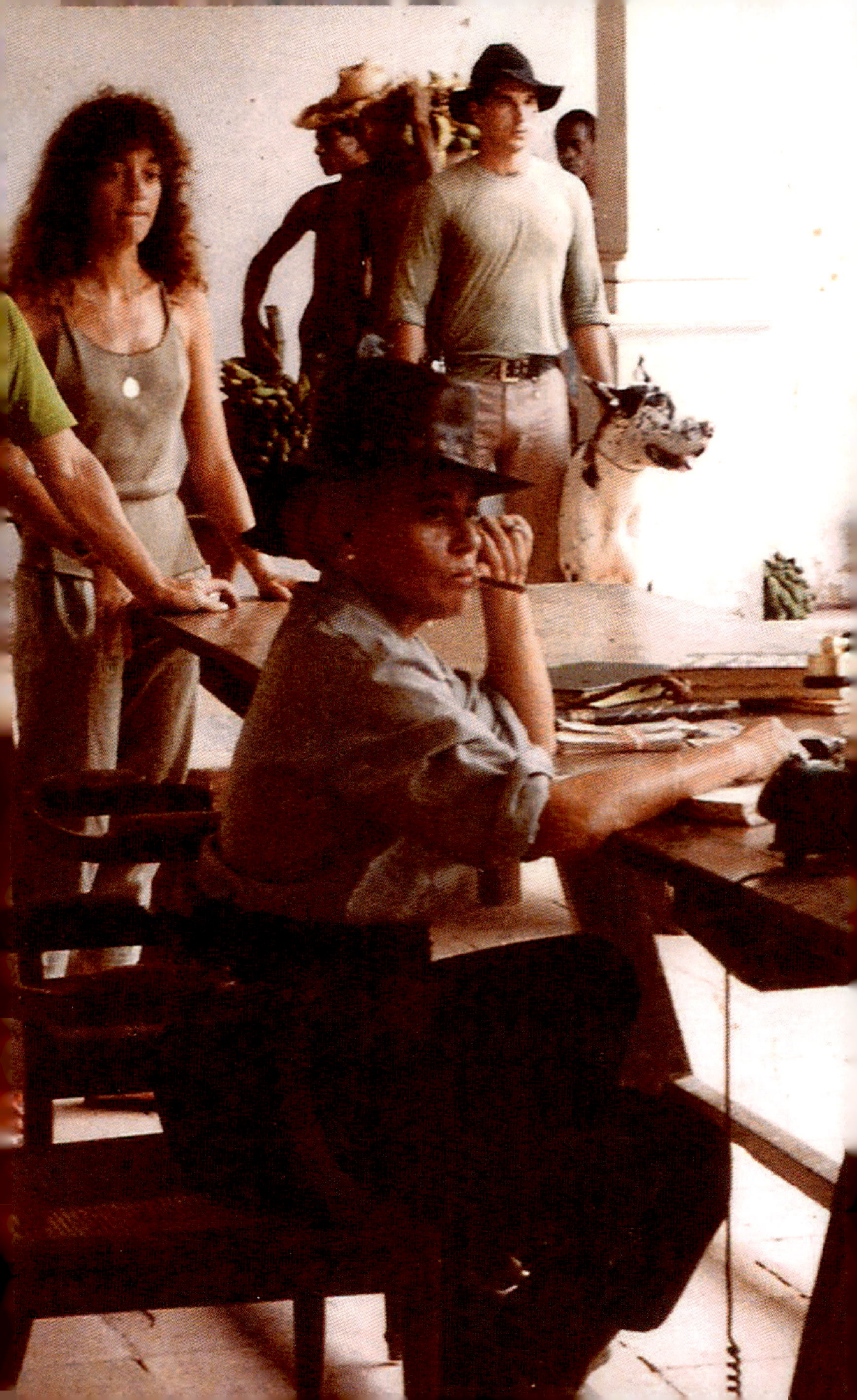

Cena de *Running out of Luck*, com Mick Jagger, no Rio de Janeiro, 1987.

Filmagem de *O Guarani*, em 1996.

91

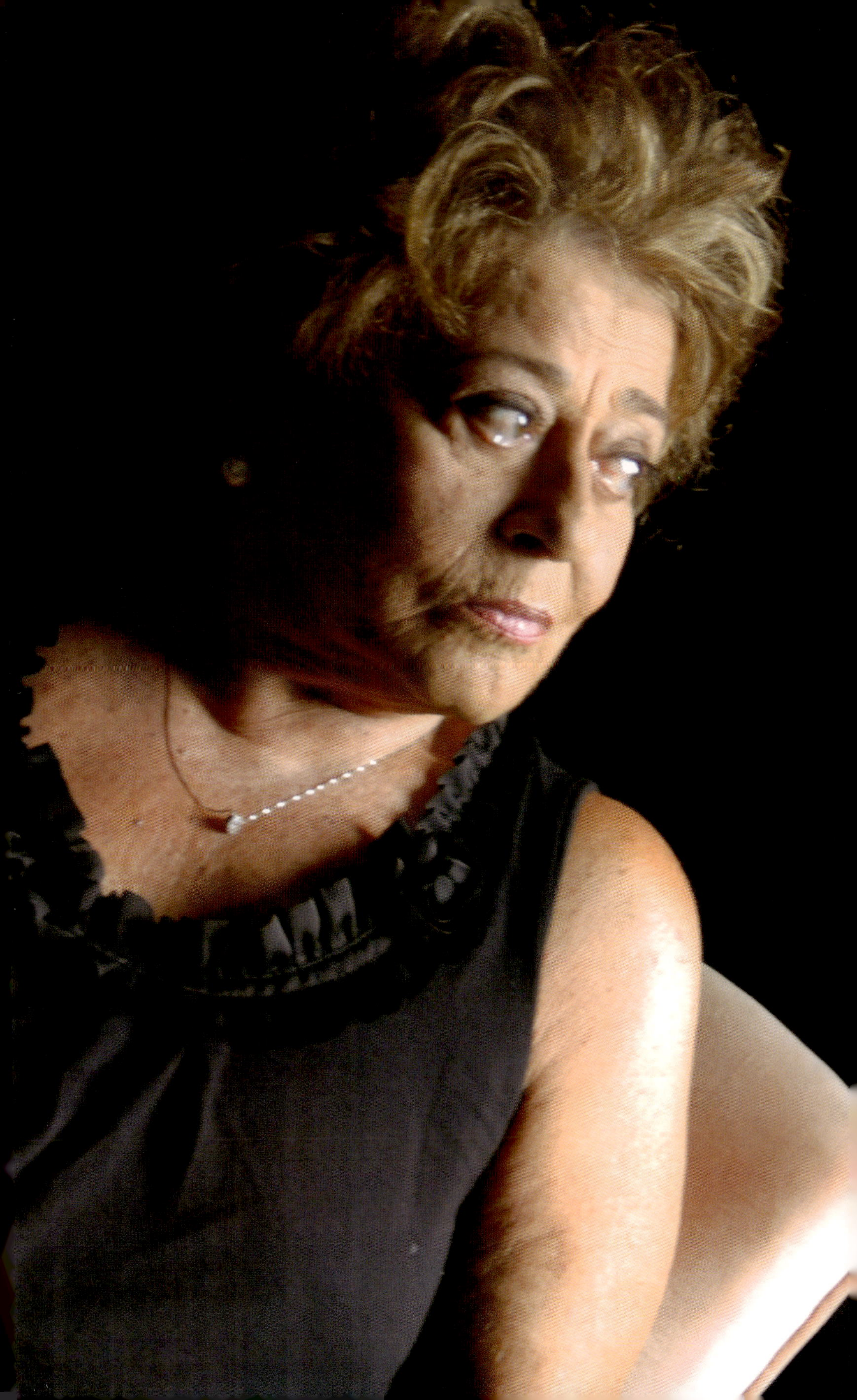

NÃO TENHO NOSTALGIA
DE NADA, SÓ MESMO
SAUDADE DO MAR.
PORQUE VIVI MUITO, AMEI
MUITO E NUNCA QUIS
ETIQUETAS.
O QUE EU SEMPRE QUIS
ERA UM MUNDO SEM
DISCRIMINAÇÃO.
O QUE EU QUERO É
NÃO MORRER MUDA.

Créditos das imagens

Aberturas de capítulo

Apresentação – Acervo pessoal.

Sumário – Acervo pessoal.

Pág. 16 – Acervo pessoal.

Pág. 42 – Elio Sorci.

Pág. 68 – Acervo pessoal.

Pág. 122 – Acervo pessoal.

Pág. 160 – J. Antônio, Agência JB.

Pág. 202 – Ary Brandi.

Pág. 226 – Acervo pessoal.

Pág. 250 – Acervo pessoal.

Os autores das imagens das páginas 1 e 7 não foram identificados.

Caderno de imagens

1. Acervo pessoal.
2. Acervo pessoal.
3. Acervo pessoal.
4. Acervo pessoal.
5. Acervo pessoal.
6. Acervo pessoal.
7. Acervo pessoal.
8. Acervo pessoal.
9. Acervo pessoal.
10. Acervo pessoal.
13. Arquivo Nacional.
16. Arquivo TV Rio.
17. Arquivo TV Rio.
19. Arquivo TV Rio.
20. Ribas Fotografia.
21. Arquivo TV Rio.
22. Arquivo TV Rio.
36. Pierre Manciet.
38. Cine Ottica.
39. Bruno Bernard.

43. Licio D'Aloisio.
44. Licio D'Aloisio.
45. Licio D'Aloisio.
47. Acervo pessoal.
48. Acervo pessoal.
49. Arquivo Nacional.
50. Acervo pessoal.
51. Angelo Frontoni.
52. George Torok.
53. George Torok.
59. Acervo pessoal.
63. Acervo pessoal.
64. Acervo pessoal.
65. Acervo pessoal.
66. Agência O Globo.
71. Acervo pessoal.
73. Acervo pessoal.
77. Acervo pessoal.

78. Ary Brandi.
79. Ary Brandi
80. Ary Brandi
81. Ary Brandi
82. Ary Brandi.
83. Acervo pessoal.
84. Acervo pessoal.
85. Revista Manchete.
86. Acervo pessoal.
87. Acervo pessoal.
89. Acervo pessoal.
92. Suzane Sabbag.

Os autores das imagens 11, 12, 18, 37, 46, 67, 69, 70, 72, 74 e 91 não foram identificados.